Hellmut Geißner/Rudolf Rösener (Hrsg.)

Medienkommunikation

D1719369

Sprache und Sprechen
Band 18

Beiträge zur Sprechwissenschaft und Sprecherziehung
1968 begründet durch Prof. Dr. W. L. Höffe und Prof. Dr. H. Geißner

Herausgegeben im Namen der
DEUTSCHEN GESELLSCHAFT FÜR SPRECHWISSENSCHAFT
UND SPRECHERZIEHUNG E.V.
von Hellmut Geißner, Landau

in Verbindung mit
Geert Lotzmann, Heidelberg
Klaus Pawlowski, Göttingen
Rudolf Rösener, Münster
Christian Winkler, Marburg

Hellmut Geißner/Rudolf Rösener (Hrsg.)

Medienkommunikation

Vom Telephon zum Computer

Scriptor

CIP-Kurztitelaufnahme der Deutschen Bibliothek

Medienkommunikation: vom Telephon zum Computer
Hellmut Geißner; Rudolf Rösener (Hrsg.).
Frankfurt am Main: Scriptor 1987.
   (Sprache und Sprechen; Bd. 18)
   ISBN 3-589-20846-5
NE: Geißner, Hellmut [Hrsg.]; GT

Reproduktion, Druck und Binden: Druckerei Parzeller, Fulda
Printed in West-Germany
Auslieferung: Cornelsen-Velhagen & Klasing Verlagsgesellschaft mbH,
Bielefeld
ISBN 3-589-20846-5

INHALTSVERZEICHNIS

JÖRG JESCH

1933 - 1987

ZUM GEDENKEN

VORWORT

Jahrmillionen hindurch, vielleicht auch nur durch Jahrhunderttausende, in jedem Falle aber durch einige zehntausend Jahre, ging es nur um das unmittelbare, das unvermittelte Sprechen von Menschen mit Menschen. Freilich gab und gibt es auch 'sprechende Blicke', 'sprechende Handbewegungen' oder die Möglichkeit, 'durch die Blume zu sprechen'. Die Rauchzeichen nordamerikanischer Indianer können 'sprechend' genannt werden oder die Pfeifsignale der südamerikanischen Indianer, die Buschtrommeln afrikanischer Neger, die Handzeichen in Sizilien, die Flaggenzeichen auf hoher See, die Steinmale im Hochgebirge oder die Gaunerzinken. In all diesen und ähnlichen Fällen wird 'Sprechen' in übertragener Bedeutung verwendet, als Metapher.

Sprechen bedeutet ursprünglich, also nicht-metaphorisch, etwas ganz anderes: Das unmittelbare, leibhafte, wechselseitige Austauschen von sprachlichen Bedeutungen durch vergesellschaftete Menschen, die in diesem Vorgang immer zugleich etwas und sich austauschen mit dem Ziel, etwas zur gemeinsamen Sache zu machen, sich zu verständigen.

So verstanden kann ein isoliertes Individuum überhaupt nicht im vollen Sinn des Wortes 'sprechen'. Kein isoliertes Kind kann sprechen lernen, so wenig "der verinselte Mensch" - wie schon Humboldt bemerkte - auf den Einfall gekommen wäre zu sprechen. Sprechenlernen und Sprechen sind immer gebunden an Hören; Hören, das wieder zum Sprechen wird. Insofern ist Sprechen immer Miteinandersprechen. Deshalb ist - noch einmal Humboldt - der "Urtypus der Sprache" das Gespräch.

Allerdings hat sich - gemessen an der unübersehbaren Geschichte der Menschheit, der Geschichte der mündlichen Verständigung, der mündlichen Dichtung und Überlieferung - erst in jüngerer Zeit neben dem unmittelbaren Gespräch das Medium der Schrift entwickelt. Es erlaubte, sich von der Unmittelbarkeit zu distanzieren, das Distanzierte aufzubewahren (zeitliche Unabhängigkeit) und das Aufbewahrte an anderen Orten zugänglich zu machen (räumliche Unabhängigkeit).

Nach der Erfindung des Buchdrucks zu Beginn der Neuzeit konnte diese raum- und zeitunabhängige Form der Mitteilung massenhaft genutzt werden. Ein großes, geschichtliches Kulturgedächtnis wurde möglich, und damit konnte das subjektive

Gedächtnis erweitert werden. Neben der Sprech- und Gesprächskultur entwickelte sich eine Buch- und Lesekultur.

Diese Lage hat sich seit Ende des vergangenen Jahrhunderts nachhaltig verändert. Technische Mittler lassen sich zwischen die sprechenden und hörenden Menschen schließen. Neben der unmittelbaren mündlichen Kommunikation (im Miteinandersprechen) und der schriftvermittelten Kommunikation (durch Lesen von Geschriebenem oder Gedrucktem), gibt es jetzt eine vermittelte mündliche Kommunikation. Das hat kommunikationspraktische und -politische Folgen, folglich auch theoretische und pädagogische.

Die Beiträge in diesem Band beschäftigen sich nicht mit der Auswirkung der elektrischen und elektronischen Medien auf die "Gutenberg galaxy". Für Sprechwissenschaft und Sprecherziehung liegt es vielmehr nahe, sich mit den Auswirkungen der "Medienkommunikation" sowohl auf das unmittelbare Miteinandersprechen zu beschäftigen als auf das Sprechen mit oder in den Medien: Telefon, Schallplatte, Radio, Tonband/Kassette, Tonfilm, Fernsehen, Video, Computer.

Ein Teil der Aufsätze stammt von Vorträgen, die 1985 anläßlich der Tagung "Sprechkultur im Medienzeitalter" der Deutschen Gesellschaft für Sprechwissenschaft und Sprecherziehung in der Frankfurter Universität gehalten worden sind, andere wurden zu diesem Themenband neu geschrieben. Leider konnten wir unseren Mainzer Kollegen Jörg Jesch nicht mehr um einen Beitrag bitten. Er hat sich früh und immer wieder mit Fragen der Medienkommunikation beschäftigt. In diesem Frühjahr ist er gestorben. In seinem menschlichen Anstand und seiner fachlichen Kompetenz war er uns viele Jahre ein geachteter Kollege. Wir mochten ihn sehr und widmen diesen Band seinem Andenken.

Danken möchten wir allen Kolleginnen und Kollegen für ihre Mitarbeit. Wir danken vor allem Frau Annette Krause, Saarbrücken, für die wiederum äußerst sorgfältige Herstellung des Typoskripts.

Im Mai 1987

Hellmut Geißner, Landau   Rudolf Rösener, Münster

"AN ALLE FERNSPRECHTEILNEHMER" *
SPRECHWISSENSCHAFTLICHE ANMERKUNGEN ZUM TELEPHONIEREN

NORBERT GUTENBERG

1. Telephonieren als sprechwissenschaftlicher Gegenstand

"Telephon! - Der Draht, an dem wir hängen" ist der Titel eines 1986 erschienenen, sich kulturkritisch gebenden Werkes, das versucht, im Telephon den Inbegriff der maroden Kommunikationskultur unserer Zeit zu sehen. Ob wir wirklich an diesem Draht hängen, ob wirklich im Gebrauch des Telephons sich Kommunikationsdefizite, -süchte und -sehnsüchte unserer Kommunikationskultur spiegeln, mag vorerst dahingestellt bleiben. Zumindest macht das erwähnte Buch aufmerksam auf ein Forschungsfeld für Sprechwissenschaft und ein Arbeitsfeld für Sprecherziehung, die bislang nur am Rande erwähnt wurden: Telephon-Kommunikation.

Als allererstes ist die Selbstverständlichkeit, mit der Telephon-Kommunikation ein sprechwissenschaftlicher Gegenstand zu sein scheint, zu hinterfragen. Es gilt, den Trugschluß zu vermeiden, mit dem die 'Bibliographie zur linguistischen Gesprächsforschung' aufwartet: "Telephongespräche sind per se der linguistische Analysegegenstand, da die Interaktion auf den auditiven Kanal beschränkt ist" (Mayer/Weber, 1983, S. 46). Berens sagt offen, daß forschungsmethodische Gründe für diese Sicht verantwortlich sind: "Auf die überaus schwierige Analyse nonverbalen Verhaltens kann und muß verzichtet werden" (Berens, 1981, S. 403). Aber um "sprachliche Handlungen beobachten" - erst recht sie begreifen - "zu können, mit denen für soziale Interaktionen konstitutive nonverbale Handlungen ersetzt werden" (Berens, 1981, S. 403), müßte man die 'nonverbalen Handlungen' erst einmal begriffen haben. So ist der methodische "Vorteil" der Telephongespräche trügerisch. Daß die Kommunikation (nicht die 'Interaktion'!) 'auf den auditiven Kanal' beschränkt ist, macht die Sache nicht einfacher, sondern schwieriger: Nicht nur der visuelle Faktor fällt weg, auch der taktile und der olfaktorische, deren Funktion in der menschlichen Kommunikation überhaupt noch nicht ausreichend erforscht sind. Unter 'visuell' schließlich verbergen sich Mimik, Gestik, Kinesik und Proxemik, deren Rolle beim Miteinandersprechen erst allmählich erforscht wird. Was heißt schließlich 'beschränkt auf den auditiven Kanal', wenn dieser Kanal das Sprechen und Hören sowohl im Tonhöhenumfang als auch in der Lautstärke durch die Eigenart der Kanaltechnik selber beschränkt durch Reduzierung des normalen Frequenzbereichs, durch Rauschen, durch Normabstand des Hörers zu Mund und Ohr, durch (im Normalfall) einohriges Hören, durch Schallüberlagerung beim gleichzeitigen Sprechen, die eben nicht wie im Face-to-face-Gespräch hörend auseinanderdifferenziert werden kann?

Solche Hinweise zeigen, daß die Eigenart von Telephon-Kommunikation eben als spezifische Abweichung von Face-to-face-Kommunikation verstanden werden muß. Fragen, die hier auftauchen, sind.

- Welche beim Telephon 'wegfallenden Kanäle' werden durch sprachliche und/ oder sprecherische Mittel ersetzt und in welchem Ausmaß?

- In welchem Ausmaß können sie nicht ersetzt werden, und inwiefern ist dadurch die Kommunikationsleistung des Mediums beschränkt?

- In welchem Ausmaß eröffnet der nicht ersetzbare Wegfall aber auch Kommunikationschancen, die Face-to-face-Kommunikation nicht bietet?

Derartige Fragen ließen sich nur beantworten, wenn die spezifischen Ausprägungen bestimmt werden könnten, die die 'Faktoren mündlicher Kommunikation' (Geißner, 1981) durch das Medium Telephon erfahren. Dies ist hier so wenig zu leisten wie die Beantwortung der daraus sich ergebenden Frage: Ob es spezifische Telephon-Sprechstile und Sprachstile gibt. Die Grundfrage aller sprechwissenschaftlichen Überlegungen zur Telephon-Kommunikation heißt: Was macht das Telephon aus dem Dialog?

2. Telephon und Dialog

Mit genau dieser Frage beschäftigen sich Genth/Hoppe (1986) ohne sie explizit zu stellen. Ihre Antwort ist pessimistisch. Was sie beschreiben sind "Alltagsplaudereien" (S. 10) und "Dauerplaudereien" (S. 11) an der "Quasselstrippe" (S. 85) Telephon, an der sich "die Neigung gefühlvoll zu sprechen" noch stärker "als im Normalfall des Gesprächs" (S. 89) behaupte: induziert durch die Raumungleichheit und die Trennung von Sprechen/Hören und übrigen Tätigkeiten sei das Telephon ein Gebrauchsgegenstand des Alltagsnarzißmus, das "Ferngespräch" ein "Selbstgespräch mit dem akustischen Spiegel" (S. 92); aus dem Gebrauch des Telephons als "Übergriffsinstrument" (S. 130) bei "Telephonterror" (S. 131) "Telephon-Überfall" - die "akustische Vergewaltigung" (S. 129) -, dem in Abhören und Mithören sich manifestierenden "Ecouterismus" (S. 131) (richtiger: Ecouteurismus) schließen sie auf das Telephon als eine "hilfreiche Maschine" (S. 92) zur Herstellung von Kurzzeitverbindungen ("Momente erfüllter Sehnsucht" (S. 95)) in einer Zeit fundamentaler Beziehungsarmut: das Telephon als Medium für Pseudo-Kommunikation oder Gesprächs-Surrogate.

Gewiß ist es verführerisch, die 'Telefonitis' (Liedl, 1983) oder 'Telephonie' (Wetzel, 1985) kulturkritisch zu deuten, um so mehr als das Telephon erlaubt, den Tauschwert von Kommunikation exakt in Geld auszudrücken, was ein jeder an seiner Telephonrechnung leidvoll erfahren kann. Dennoch sind die von Genth/ Hoppe lustvoll beklagten Erscheinungen zwar die telephonspezifische Ausformung 'phatischer Kommunikation' im Geißnerschen Sinne (1981, S. 143-152), sowohl unentbehrlich als "entlastende Routinierung" (Geißner, 1981, S. 151) des Alltagslebens als auch problematisch als "Vollzugsformen des Alltagswissens" (S. 151), mitwirkend an der "gesellschaftlichen Borniertheit" (S. 151). Dafür aber das Medium qua Medium verantwortlich zu machen, wie Genth/Hoppe suggerieren, verwechselt Ursache und Wirkung, verkennt die von Genth/Hoppe selbst amüsant erzählte Geschichte des Telephons, in der deutlich wird, daß nicht ausschließlich die technische Eigenstruktur des Mediums, sondern genauso die psychosozialen, sozioökonomischen und politischen Funktionsbedürfnisse der Gesellschaft die Nutzungsform und den kulturellen Stellenwert des Mediums bestimmen. So betonen Genth/Hoppe zwar: "Die Neigung des Mediums, eine ganz neuartige elektrisch vermittelte Intimität zu produzieren, stand einer öffentlichen Darbietung im Wege" (S. 33) (in Zusammenhang mit den Schwierigkeiten, das Telephon einzuführen), zeigen aber sehr deutlich, daß das Telephon in seiner Anfangszeit weniger massenhaft genutztes Privatkommunikationsmittel war als ein vereinzelt eingeführtes Massenkommunikationsmittel: die "radioähnliche Nutzung des Telephons" (Genth/Hoppe, 1986, S. 45) als "Théatrophone" (S. 44). Darüber hinaus zeigen Genth/Hoppe, daß es gerade die militärische Nutzung des Telephons im ersten Weltkrieg war, die, vor allem in Europa, entscheidend zur massenhaften Durchsetzung des Mediums beitrug (vgl. S. 56-84). Dies spricht nicht unbedingt dafür, daß die 'Geschwätzigkeit' (vgl. Geißner, 1981, S. 152) vom Telephon kommt!

So führt kein Weg daran vorbei, statt ausgewählte Erscheinungen ausschließlich im Sinne eines modisch gewordenen technikfeindlichen Kulturpessimismus zu interpretieren, die Erscheinungsformen von Telephonkommunikation durchzumustern, ihre Sprech- und Hörmuster ideologiekritisch zu rekonstruieren, um erst dann zur Antwort auf diese Frage vorzudringen: was macht das Telephon aus dem Dialog: Oder besser: was für eine Art von mündlicher Kommunikation ist Telephonkommunikation?

Das Buch von Genth/Hoppe deutet immerhin darauf hin, daß das Telephon in nahezu allen Bereichen des gesellschaftlichen Lebens eine spezifische Rolle spielt. Das heißt umgekehrt, daß nahezu alle Formen mündlicher Kommunikation in einer 'Telephonvariante' vorkommen. Stimmt diese Annahme, so müßten alle auf Formen mündlicher Kommunikation bezogenen sprechwissenschaftlichen Kategorien als Ansatzpunkte für eine heuristische Klassifikation nutzbar sein. Eine solche Klassifikation möchte ich im folgenden versuchen.

3. Telephonkommunikation im Licht sprechwissenschaftlicher Formbegriffe

3.1 Gesprochene Sprachwerke vs. transitorische Sprechhandlungen

Aus der Geschichte der sprechwissenschaftlichen Gegenstandskonstitution ist es plausibel, mit dieser Unterscheidung zu beginnen (vgl. Bühler, 1978; Geißner, 1969; Gutenberg, 1981, S. 63 ff., 231). Erkenntnisträchtig ist dieser Gesichtspunkt weniger für die transitorischen Sprechhandlungen am Telephon (diese werden weit differenzierter unter dem nächsten Gesichtspunkt, dem der Sprechhandlungstypologie, gesehen) als für die Sprachwerkformen am Telephon. Unter dem Aspekt von 'gesprochenem Sprachwerk' sind die zahlreichen Telephonansagen und -durchsagen zu begreifen, sowohl die öffentlichen Ansagen der Post (23 'Telephonansagen' sind in meinem Telephonbuch angeboten) als auch die geschäftlichen und privaten auf den automatischen Anrufbeantwortern unterschiedlichen Typs.

In den Ansagediensten der Post und in den nicht von der Post, sondern von eingetragenen Vereinen oder Stellen der städtischen Kulturämter betriebenen Poesie-Telephonen hat sich etwas von der 'radioähnlichen Nutzung des Telephons' erhalten, die als spektakulärste Verwendungsweise seine Einführung im vorigen Jahrhundert bestimmte. 'Aktuelles aus dem Gesundheitswesen', 'Börsennachrichten', kirchliche Nachrichten', 'Wettervorhersage', um nur einige der Telephonansagen der Post zu nennen, sind Formen, die auch in Rundkunk und Fernsehen vorkommen. Es berührt merkwürdig, daß der Sprechstil dieser Ansagen ebenso wie der von Ansagen bei gesperrten Anschlüssen oder von 'Bitte-warten-Ansagen' von Firmen, Behörden oder der Telefonauskunft in seiner melodischen, dynamischen und temporalen Isotonie Computersprechweisen schon vorwegnahm, bevor noch sprechende Computer wirklich serienreif sind. Die Ideologie der Sachlichkeit und Nichtpersönlichkeit, die wir auch in den informierenden Sendeformen von Rundfunk und Fernsehen antreffen, treibt hier mitunter dilettantische Blüten. Diese meist aufgrund geschriebener Texte erzeugten gesprochenen Sprachwerke unter den Kriterien von Leselehre und Textsprechen (außerhalb ästhetischer Kommunikation) zu untersuchen, dürfte kuriose Ergebnisse zeitigen.

Ähnliches mag gelten, um die Aspekte der mitgeteilten Inhalte und des Sprachstils erweitert, für die meist nicht gelesenen Anrufbeantworteransagen. Das höchst unterschiedliche Verhalten von Anrufern, die mit einer Ansage statt mit dem gewünschten Gesprächspartner konfrontiert sind, illustriert, in welchem Ausmaß das Telephon spezifische Sprech- und Hörmuster erzeugt hat: immer noch gibt es Leute, die aus dem Bewußtsein von 'Ferngespräch' zu laut, fast schreiend telephonieren, andere, die, ohne zu schreien, die technisch induzierte Ohr-zu-Ohr-Intimität (eigentlich die äußere Situation von flüsternder Vertraulichkeit) durch eine an die Beschaffenheit des Raumes, in dem sie telephonieren, angepaßte Klangfülle und Lautstärke verletzen. Zahlreicher sind die Zeitgenossen, die noch nicht über Hör- und Sprechmuster für Anrufbeantworter verfügen, also Ansagen nicht verstehen, bei ihren eigenen Mitteilungen Formulierungsschwierigkeiten haben, manchmal übehaupt nicht reagieren können, wenn das 'Bitte sprechen sie jetzt - piep' erklungen ist. Diese (neuen) Schwierigkeiten zeigen, welche "Konzentrationsleistung eigentlich ganz normal mit jedem dummen Telephongespräch verbunden ist" (Genth/Hoppe, 1986, S. 103).

Der Anrufbeantworter ist nur die erste Stufe einer komplexen technischen Erweiterung des Telephons, die nicht nur in einer Vervielfältigung seiner Übermittlungsfunktionen besteht (Telephonieren usw.), sondern auch immer Anteile des eigentlichen Telephongesprächs automatisiert (Anrufverweigerung, selektive Anrufannahme aufgrund von Programmen mit höflicher Tonbandstimme, automatische Anrufrückverfolgung bei telephonischen Belästigungen usw., vgl. Castro, 1987).

Die Anrufbeantworter, in der Bundesrepublik Deutschland zumindest die nicht postalisch zugelassenen Geräte, erlauben das Konservieren transitorischer Sprechhandlungen, stellen also Dokumente her, die zumindest von einem Gesprächspartner nicht als gesprochene Sprachwerke intendiert waren. Hier liegt der eigentliche methodische Reiz der Telephonkommunikation für die interessierten Wissenschaften. Vom Mitschneiden eines Gesprächspartners ist nur ein kleiner Schritt zum Mitschneiden von ab- und mithörenden Dritten, was zur kriminell-kriminalistischen und zur polizeilich-politischen Dimension des Telephonierens führt.

3.2 Gespräch vs. Rede, öffentlich oder privat

Nicht nur ist Telephonkommunikation selber eine Form des Sprechens, auch innerhalb dieser Form setzt sich die Tatsache der "notwendigen Formhaftigkeit" allen Sprechens (Gutenberg, 1981, S. 42) durch.

Bei der Durchmusterung der Übersicht über die 'Formen sprachlicher Kommunikation' (Gutenberg, 1981, S. 23 und 1983 a, S. 259) zeigt sich als erstes, daß es heutzutage keine monologische Form des Sprechens (Rede) am Telephon gibt, die nicht unter die Rubrik 'gesprochenes Sprachwerk' fällt. Dies ist anders als zu den Anfangszeiten, als man "durch Einwerfen eines Obulus (...) ein ästhetisches Bedürfnis befriedigen" konnte, etwa das "des Anhörens einer guten Declamation" (Zeitschrift für El. Technik, 1980, S. 389, zitiert nach Genth/ Hoppe, 1986, S. 44). Diese Life-'Declamationen' sind die Vorläufer der heutigen Poesie-Telephone, die 'gesprochene Dichtung' auf Anrufbeantworter anbieten. Auch hier ist das Telephon analog zum Rundfunk genutzt. Welche Dichtung oder Autoren dafür geeignet sind, in welcher Weise sich das Hören der Sprechfassung durch das Telephon verändert, welche künstlerischen Sprechstile sich fürs Telephon entwickeln und andere Fragen sind in sprechwissenschaftlicher Sicht als 'ästhetische Kommunikation am Telephon' zu untersuchen (zum Poesietelephon vgl. auch Keiler, 1983). Andererseits bieten Anrufbeantworter mit Aufnahmeautomatik sehr wohl ihr gesprochenes Sprachwerk 'Ansage' als Teil eines zeitverschobenen Dialogs mit dem Angerufenen an, wobei auch der Anrufer ein gesprochenes Sprachwerk als Dialogstück produziert. Je nachdem ob man den gesamten Kommunikationsprozeß zwischen Anrufer und Angerufenem oder das einzelne Sprachwerk im Blick hat, je nachdem wie stark Ansage und aufgesprochene Nachricht auf eine Reaktion des jeweiligen Adressaten hinarbeiten, mag man Ansage und Nachricht eher als monologische oder eher als dialogische Form auffassen.

Unmittelbar auf die technische Eigenart des Telephons zurückzuführen ist die Tatsache, daß in der Regel das Telephon den Dialog zum Zwiegespräch macht. Dieser prinzipiellen Dyadisierung der Telephonkommunikation steht nicht entgegen, daß sogenannte Konferenzschaltungen möglich sind. Auch diese können nicht ablaufen wie Gruppengespräche ohne Sichtkontakt, weil die Technik eine kommunikative Bewältigung (ohne Nutzung) von Phänomenen wie Gleichzeitig-Sprechen unmöglich macht. Die Gesprächsdisziplin, die bei Konferenzschaltungen nötig ist, macht gerade deutlich, wie sehr das Telephongespräch ein Zweiergespräch ist. Die Verbindung ist kommunikativ exklusiv, was gerade die Mithöreinrichtungen am Apparat (Lautsprecher, zweite Ohrmuschel) und die Hilflosigkeit anwesender, beteiligungswilliger Dritter illustrieren.

Der dyadische Charakter der Telefonkommunikation ist noch in zweierlei Hinsicht bedeutsam. Erstens gibt er den 'Schweigehandlungen', die zu allen Sprechhandlungen dazu gehören (vgl. Gutenberg, 1981, S. 23; Geißner, 1955, 1975 a), einen besonderen Stellenwert. Zweitens ist er es, der das Telephon zu einem privaten, ja intimen Kommunikationsmedium schlechthin zu machen scheint, zum Gegenteil von öffentlicher Kommunikation. Macht es das Fehlen visueller Wahrnehmung schon schwer, über längere Zeit still zuzuhören ohne ein gelegentliches 'Hm', so macht es die 'Zweisamkeit' des Telephons noch schwerer zu schweigen, da es ja ohnehin schwierig ist, im Zweiergespräch alleine zu schweigen, was eben nicht gleichbedeutend ist mit still zuhören. Kann es noch möglich sein, daß im Gruppengespräch einer schweigt, und dabei unter anderem auch zuhört, so müssen im Zwiegespräch schon beide Partner miteinander schweigen, damit das Schweigen beredt ist und nicht nur ein Zuhören oder Stummsein des einen vor dem Redeschwall des anderen. Am Telephon scheint ein Schweigen oder auch nur Stummsein doppelt schwierig, da paradoxerweise das Schweigen hörbar werden muß, durch das Geräusch des Atmens etwa, damit es nicht mit einer Unterbrechung der Verbindung verwechselt wird und sofort das antwortheischende 'Hallo' provoziert. So scheint das so intime Medium des Zweiergesprächs die letzte Intimität, die ein Gespräch erreichen kann, miteinander Schweigen, zu versagen. In ähnlicher Weise ist auch die Privatheit des Telephons weniger radikal als es auf den ersten Blick scheinen mag. Privatheit oder Intimität scheint eine so vorherrschende Eigenschaft des Telephons zu sein, daß sogar noch das berühmte 'rote Telephon' (zwei Anschlüsse, einer in Washington, einer in Moskau) wie ein Spezialanschluß für zwei Privatpersonen wirkt (auch ein Ausfluß der show - (down)-mäßigen Personalisierung der Politik).

Aber in die scheinbar vollkommene Zweisamkeit des Telephonierens sickert Öffentlichkeit auf unterschiedliche Weise ein: Dritte sind bei dem einen und/oder anderen Gesprächspartner zufällig, gebilligt, ungewollt, eingeladen, geduldet anwesend, hören mit, eventuell auch über Zusatzgeräte beide Gesprächspartner: erweiterte Intimität? Öffentliche Telephonzellen erlauben den Wartenden, Mimik und Gestik eines Telephonierenden zu beobachten, evtl. Gesprächsfetzen aufzuschnappen (je nach Lautstärke), bei den türlosen, halboffenen Gesprächskabinen gar noch mehr; manchmal reklamieren Wartende klopfend oder gar türöffnend lautstark ihren Benutzungsanspruch. Das Telephonieren ist öffentlich, ist das Gespräch noch intim?

Telephonzentralen in Hotels, Nebenstellen eines Anschlusses im Haus, die Abhörmöglichkeiten der Nachrichtendienste, Mitschneidemöglichkeiten durch den Anrufbeantworter - potentielle Öffnungen der Abgeschlossenheit bedrohen das Gefühl der Intimität des Zwiegesprächs am Telephon: wie 'privat', wie 'intim' rede ich noch, wenn ich die Möglichkeit einräume, daß Dritte unberufen für ihren privaten oder öffentlichen Zweck Gesprächszugang erhalten. Was schließlich ist von der Privatheit eines Mediums zu halten, das dazu benutzt wird, gerade in Privatheit einzubrechen: bestellt der Weck- oder Auftragsdienst, unbestellt das antwortheischende Klingeln zu Zeiten, zu denen ein Klingeln an der Haustür ein Notfall oder eine Frechheit wäre, Dauerklingeln in Situationen, deren Intimität keine Störung verträgt? Wie 'privat' ist ein Medium, das anderen die Möglichkeit gibt, mit Obszönitäten in das Privatleben einzubrechen bei den Telephon-Überfällen, das es möglich macht, zu sogenannten 'privaten Zeiten' geschäftlich oder politisch belästigt zu werden (vgl. weiter unten)?

Gegenüber der eine Intimität der Kommunikation induzierenden Zweisamkeit des einzelnen Telephongesprächs macht der Telephonanschluß den 'Fernsprechteilnehmer' erreichbarer, zwar auch für Privatkontakte, aber insgesamt auch öffentlicher. Die Geheimnummern der 'öffentlichen Personen', die eine Privatsphäre behalten wollen, illustrieren das. Ebenso sind die Telephon-Bars ein Ausdruck für diesen Doppelcharakter, in denen öffentlich von Tisch zu Tisch telephoniert wird, um Intimes anzubahnen. Die Telephonnummern der Anbieter von Telephonsex sind in Zeitungen veröffentlicht, der intime Telephonkontakt ist innerhalb des Fernsprechbordells zum Mithören öffentlich, die Privatnummer des Kunden auch, wenn er nicht bezahlt. Was wird aus der Privatheit des Telephonierens, wenn· es in den Medien Rundfunk und Fernsehen ganz und gar öffentlich geschieht?

3.3 Sektorale Rhetoriken am Telephon

Bislang wurde allenfalls auf so etwas hingewiesen wie das mögliche und graduell unterschiedliche Rhetorischsein von Sprechen am Telephon überhaupt, erfaßt würde damit ein auf die Bewältigung des Mediums qua Medium orientiertes Rhetorischsein. Nur das könnte als eine spezifische 'Rhetorik des Mediums Telephon' gelten. Vermutlich aber folgt, nach dem Prinzip der 'doppelten Matrix' (s.o.), aus der Ubiquität des Telephons, daß es darüber hinaus keine eigene Telephonrhetorik gibt, sondern daß die Rhetorik des Telephons ein Querschnitt der anderen 'sektoralen Rhetoriken' (zum Terminus vgl. Geißner, 1975) am Telephon ist. Die antike Dreiheit der Redearten ist längst in eine Vielzahl sektoraler Rhetoriken (vgl. Gutenberg, 1981, S. 416) übergegangen, von denen ich hier in aller Kürze die durchmustern möchte, die eine Telephonvariante haben: Wirtschaftsrhetorik, Rhetorik von Beratungs-, Therapie- und Seelsorgegespräch, Medienrhetorik.

3.3.1 Organisations- und Wirtschaftsrhetorik

Genth/Hoppe verstehen die 'Telephonrhetoriken', Bücher (und auch Seminare), die versuchen zu lehren, wie - "im betriebswirtschaftlichen Sinn" (Genth/Hoppe, 1986, S. 88) - besser zu telephonieren ist, als Versuche, der Verführung zum 'gefühlvollen' (und damit verräterischen) Sprechen gegenzusteuern, die sie in der Eigenstruktur des Mediums begründet sehen (vgl. Genth/Hoppe, 1986, S. 88 f.). Dem habe ich weiter oben schon widersprochen. Vergleicht man etwa das von Genth/Hoppe (1986) erwähnte Buch von Leicher (1982) mit der Unzahl anderer 'Organisations- und Wirtschaftsrhetoriken' (etwa 300 Titel bibliographiert in Gutenberg, 1981), so wird auch deutlich, daß Leicher (1982) und andere 'Telephonrhetoriken' nichts weiter sind als Applikationen der 'normalen Wirtschaftsrhetorik' auf Telephon, sich in vielen Aspekten davon überhaupt nicht unterscheiden (Argumentieren, Einwandbehandlung u.ä.), in anderen auf die Spezifik des Mediums eher technisch eingehen (Buchstabierregeln, Notizentechnik, Kostenaspekt). Was unter psychologischem Aspekt interessant wäre, die Dyadisierung der Kommunikation, wird nicht reflektiert. So finden sich hier kaum Erkenntnisse über die telephonspezifischen Veränderungen von Sprechhandlungstypen wie Argumentation, Verhandlung, Konferenz, Besprechung u.ä. (vgl. Gutenberg, 1985 b) in Wirtschaft und Verwaltung. Gerade das aber wäre interessant unter den Aspekten von Dyadisierung, unmittelbarem Bewußtsein von Kosten und Beschränkung auf auditiven Kontakt: unter welchen Bedingungen werden Telephonkonferenzen (mehr als zwei Teilnehmer) organisiert? Warum gibt es keine Einstellungs-, Mitarbeiter- oder Konfliktgespräche am Telephon? Wie ist das Verhältnis zwischen der Telephonkommunikation innerhalb einer Organisation (Betrieb, Verwaltung, Verband, Partei usw.) und der zwischen Organisationen? Wie ist der Status- und Prestigewert des Telephons in Betrieben (wer hat warum mehrere Apparate auf dem Schreibtisch, wer ist direkt erreichbar, wer nur über Vorzimmer, wer hat ein Autotelephon, wie viele öffentlich sichtbar bediente Autotelephone sind nur Attrappen)?

Während diese Fragen zu den telephonspezifischen Varianten von Kommunikationsformen führen, die primär als Face-to-face-Kommunikation in Wirtschaft und Verwaltung existieren, möchte ich im folgenden auf einige Phänomene hinweisen, die genuin 'telephonisch' sind, ihre Existenz dem Medium selber verdanken.

'Kasse am Draht' überschreibt der Spiegel, 'Überfall am Telephon' die Zeit Artikel über Direkt-Marketing, "Tele-Marketing oder Tele-Canvassing (to canvas = werben), wie der Handel am Hörer hochtrabend genannt wird" (Spiegel, 11/1987, S. 53). Auf den ersten Blick scheint hier nicht mehr zu geschehen, als daß kosten- und zeitsparend telefoniert statt geschrieben oder persönlich vorgesprochen wird. Dies ist bei telefonischen Angeboten im Rahmen existierender Geschäftsbeziehungen auch nicht weiter bemerkenswert. Aber vielfach geschieht hier etwas Unerhörtes: der "Telephonmarketer" (Spiegel, 11/1987, S. 53) verkauft im Extremfall einem neuen Kunden, dem er häufig zunächst weismacht, es handle sich nur um Marktforschung per Telephon-Interview, eine Ware, die dieser nie in Augenschein genommen hat, um sich vom Gebrauchswert zu überzeugen; das mag bei Waren- oder Devisentermingeschäften noch angehen, bei denen es ohnehin um sozusagen abstrakte Waren geht, deren einziger Gebrauchswert für den Kunden darin besteht, daß er auf die Tauschwertsteigerung spekuliert. Nicht umsonst hat das Telephongeschäft in der Finanzwelt seinen Ursprung und treibt dort auch groteske Blüten: jeder kennt das häufig im Fernsehen gezeigte Bild des Finanzmenschen an einem Tisch mit hunderten von Telephonen, deren allesamt abgenommene Hörer er rhythmisch ans Ohr führt, um mit Geschäftspartnern in aller Welt Informationen auszutauschen und Abschlüsse zu tätigen. Daß das Geld letztlich nichts Gegenständliches, sondern nur ein Verhältnis zwischen Menschen ist, wird angesichts der Tauschwerte, die hier nur per Kommunikation den Besitzer wechseln, sehr anschaulich. Daß ähnliche Tauschbeziehungen auch für Waren funktionieren, die für den Kunden einen realen Gebrauchswert haben, physisch konsumiert werden, ist schon erstaunlich, wo dieser Kunde doch noch nicht einmal ein Photo der Ware sehen kann wie in den Versandkatalogen. Dummheit, Konsumzwang oder 'Macht und Wirkung der Rhetorik' - am Telephon werden Weine verkauft, die noch nicht einmal die Telephonverkäufer selber probiert haben (Zeit, 11.7.1986, S. 25). Nun sind solche Praktiken laut einem BHG-Urteil zwar unzulässig: "Privatpersonen" und "Gewerbetreibende" müssen "sich vorher mit einem Werbeanruf einverstanden erklärt haben" (Spiegel, 11/1987, S. 55). Diese Einschränkung gilt nicht für die Telephonwerbung von "Institutionen wie Kirchen und Parteien" (Spiegel, 11/1987, S. 55). Wenn nun Kirchen und Parteien ihre 'Botschaft' Werbeagenturen anvertrauen, die sie auf Plakaten, in Zeitungen, Funk und Fernsehen genauso vermarkten wie eine beliebige Ware, so kann der Wirtschaft nicht auf Dauer das am Telephon versagt werden, was die Produzenten ideologischer Gebrauchs- (oder nur Tausch-?) Werte dürfen: "kirchliche Telephon-Werbe-Aktion in Hamburg", "Telephon-Heimsuchungen" der Parteien im letzten Wahlkampf (Spiegel, 11/1987, S. 53).

Wo schon die Wirtschaft das Telephon kommerziell nutzt, wo die 'Tuis' ihre Meinungen am Fernsprecher verkaufen (Brecht), da darf das älteste Gewerbe der Welt nicht fehlen. Anders als die kommerziellen und ideologischen Fernsprechhändler, anders auch als die auditiven Vergewaltiger, die Frauen am Telephon verbal sexuell belästigen, anders auch als ihre Kolleginnen auf der Straße, sprechen die Telephonprostituierten ihre potentiellen Kunden aber nicht an. Sie werben mit Annoncen und werden angerufen. Vielleicht haben Genth/Hoppe hier am ehesten recht mit ihrer Kulturkritik: "Die Neigung zur Ferne" (S. 97) bringt "im Telephonsex die Prostitution auf ihren Begriff": nicht die real anwesende Frau, der real anwesende Mann sind gemeint, sondern nur auf Physis reduzierte Leiblichkeit und die "Imagination" einer Begegnung einerseits, das Geld andererseits (S. 127). Dies wird am Telephon am reinsten verwirklicht. In den schriftlichen und mündlichen Anweisungen für die Sex-Telephonistinnen erhält auch im Sinne einer 'Kunst-Lehre' zum ersten Mal auch die Prostitution eine 'Rhetorik', ja wird rhetorisch durch und durch, wird nichts weiter als rhetorisch der Prostitution der Rhetorik im Kommerz entspricht so der Kommerz mit der Rhetorik der Prostitution. Der gewerbliche und auch der nicht gewerbliche Sex am Telephon gewinnt neuerdings eine Dimension, die Anlaß zum Zynismus gibt. Das Aids-Zeitalter kann dem Telephon zu einer Bedeutung verhelfen, die auf der Umkehrung seiner ursprünglichen Funktion beruht, räumlich getrennten Menschen zu einer Verbindung zu verhelfen: es kann die telephonische Kommunikationsverbindung ein Surrogat sein, wenn diejenigen räumlich getrennt sein sollen, die zu einer innigsten Verbindung streben, aber vor ihr in tödlicher Angst zurückschrecken: only telephone sex is safe sex.

3.3.2 Therapie-, Beratungs-, Seelsorge-Rhetorik

Es mag auf den ersten Blick merkwürdig anmuten, Therapie-, Beratungs- und Seelsorgegespräche in einer sektoralen Rhetorik zu fassen, aber ich verweise dazu auf meine Argumentation in Gutenberg, 1983 b, S. 121-125 und für das Seelsorgegespräch auf die längst analog zur rederhetorischen Homiletik eingeführte gesprächsrhetorische Pastoralrhetorik. Genth/Hoppe verkennen ganz offensichtlich die Bedeutung von 'Nottelephonen' (S. 10), wie sie das nennen, also Telephonseelsorge, die in aller Regel kein Konfessionstelephon ist, sondern gesprächspsychotherapeutisch fundierte Beratung, Aids-Telephon, Drogen-Telephon u.ä., vollkommen, da nicht das Telephon die Probleme erzeugt hat, für deren Bewältigung es eingerichtet wurde, und das 'Spiegeln', von dem Genth/Hoppe sprechen (S. 92), nicht vom Telephon kommt, sondern aus der Gesprächspsychotherapie letztlich Rogersscher Provenienz, die von den Telephonberatern mehr oder weniger abgewandelt angewendet wird.

Für die Struktur von Telephonberatungsgesprächen aus sprechwissenschaftlicher Sicht möchte ich zum einen auf Gutenberg, 1983 c, verweisen, zum andern einige ergänzende Bemerkungen machen, die sich ausdrücklich nicht auf Telephonberatung beziehen, wie sie zur Verbraucherinformation u.ä. eingesetzt wird. Diese Form von Beratung ist zwar auch im Sinne einer sektoralen Rhetorik zu begreifen, aber eher der Wirtschaftsrhetorik, wo sie als kritische oder emanzipatorische Hilfe gegen Konsumterror und Werbungsmanipulation verstanden werden kann, wenn sie nicht selber wieder insgeheim zu einer besonders raffinierten Form von Marketing gehören.

Daß gesprächspsychotherapeutische Konzepte die Grundlage für die sogenannten Nottelephopne bilden, heißt nicht, daß es Therapie im eigentlichen Sinne am Telephon gibt. Der dyadische Charakter der Telephonkommunikation macht sie zwar geeignet für therapieähnliche Beratungsgespräche, die sichere Anonymität setzt Hemmschwellen herab, macht den Anruf möglich für Menschen, die den Gang zu einer Beratungsstelle oder zur Therapie (noch) scheuen, die relative Intimität des Gesprächs macht eine relative Offenheit möglich, die zu Hilfe führen kann - aber für Therapie oder auch nur längere Beratungsprozesse fehlt eben die Möglichkeit, eine Beziehung zwischen Personen aufzubauen, in der sich die Personen ganz, d.h. auch in leibhafter Präsenz, wahrnehmen können. Was das Telephon für die Suche nach Hilfe in aktuellen Krisensituationen geeignet macht, verhindert gleichzeitig den Aufbau einer therapeutischen oder Beratungs- beziehung: die Personen begegnen sich nur reduziert, es ist gleichzeitig möglich, etwas von sich zu zeigen und sich doch großenteils zu verbergen. Unter diesem Gesichtspunkt ist zu fragen, was denn aus den gesprächspsychotherapeutischen Konzepten, die der Telephonseelsorge, den Not- und Krisentelephonen zugrunde liegen, in den zwangsläufig nur punktuellen, eine Beziehung zwischen Klient/in und Berater/in nicht erlaubenden Telephonberatungen wird, wie ihre Strukturen sich telephonspezifisch verändern: bleibt von der Beziehung noch das Moment der Begegnung oder gerät es zum Kontakt?

3.3.3 Medien-Rhetorik

Die Geschichte des Telephons, einige Nutzungsformen der Post und die Poesie- telephone (vgl. weiter oben unter 2. und 3.2.) zeigen, daß es potentiell ein publi- zistisches Medium ist wie Rundfunk und Fernsehen. Die tatsächliche Entwick- lung hat es zu einem Massenkommunikationsmittel in dem Sinne gemacht, daß die Massen es massenhaft zur Kommunikation benutzen. In dieser Funktion wird es von den audiovisuellen Massenkommunikationsmitteln, in denen wenige den Massen massenhaft etwas 'kommunizieren', z.T. dazu benutzt, diesen Massen den Eindruck zu vermitteln, sie könnten ihrerseits mit den audiovisuellen Massen- kommunikationsmitteln und durch sie miteinander kommunizieren.

Rundfunk und Fernsehen tun das, indem sie die Hörer mit dem Sender telephonieren lassen und indem sie mitunter diese Telephongespräche live oder als Mit-
schnitt selber senden. Nicht gemeint sind hier die Telephongespräche mit Korrespondenten, die telephonischen Interviews u.ä. Diese stellen sozusagen die rund-
funk- und fernsehspezifische Nutzung des Telephons dar (außer der, die die Anstalten mit allen Organisationen, Betrieben und Verwaltungen gemein haben).
Entsprechend wird diese Nutzungsform häufig ersetzt durch Einspielungen aus
Ü-Wagen oder anderen Studios. Hier sind vielmehr die Formen gemeint, bei
denen Hörer oder Zuschauer durch Anwählen angegebener Nummern über irgend-
welche Fragen abstimmen, die ihnen von den Programmachern gestellt werden
(z.B. Welcher Film am Samstag?), ohne daß irgendein Sprech-Hör-Kontakt hergestellt wird, oder solche, bei denen aus der Sendung heraus die glücklichen Ge-
winner/innen irgendwelcher Rate- oder Glücksspiele angerufen werden, oder
solche, bei denen Hörer/Zuschauer während der Sendung anrufen. Z.T. werden
ihre Fragen oder Meinungen direkt eingespielt, z.T. nur entgegengenommen und
gebündelt an den/die Modertor/in weitergegeben, der/die sie dann zu Gehör bringt
- oder auch nicht. Mitunter werden Telephongespräche mit Hörern/Zuschauern
mitgeschnitten, redaktionell bearbeitet und kommen dann in Sendungen vor.

Die Telephonkommunikation von Rundfunk und Fernsehen mit ihren Hörern und
Zuschauern läßt sich unter zwei Rubriken klassifizieren: Publikumsmitwirkung und
Publikumsvorführung. Unter dem Aspekt kritischer Medienrhetorik ist hier nach
dem Realitätsgehalt der Mitwirkung zu fragen, also danach, inwieweit hier ein
echter oder ein Pseudodialog mit dem Publikum stattfindet, und nach dem Ideo-
logiegehalt der Vorführung, also danach, inwieweit die Mitwirkung nur Vorführung ist und die Vorführung bestimmt ist von der strukturellen Rhetorizität des
Mediums. So kann es nicht nur daran liegen, daß das "Telephonberatungsgespräch
(...) schon funkisch" ist (Gutenberg, 1983 c, S. 37), wenn diese Form von Telephonkommunikation recht häufig im Programm zu finden ist, live oder als Kon-
serve, zu den unterschiedlichsten Problembereichen des Lebens (Konflikte, Erziehung, Sexualität, Urlaub, Gesundheit).

Es scheint folgerichtig, daß der dyadische Charakter des Telephons das Medium
personalisiert und somit als Dialogpartner möglich macht, daß die Blindheit des
Telephons ein partielles Öffentlich-Werden, aber gleichzeitig Versteckt-, Privat-
und Anonym-Bleiben erlaubt und somit die Hemmschwelle überschreitbar macht.
Diese Folgerung deutet darauf hin, warum das Telephon für Rundfunk und Fern-

sehen geeignet ist. Sie verweist nicht nur auf die Tendenz der Medien zur "Entpolitisierung" durch "Personalisierung", zur Produktion des Anscheins privater statt öffentlicher Kommunikation (vgl. Geißner, 1983). Sie verweist gleichzeitig darauf, daß das Medium Telephon, bei aller Privatheit des je einzelnen Gesprächs strukturell die Privatheit öffentlich macht. Nicht umsonst ist der Telephonanschluß auch die Anschlußstelle, durch die über die Einführung der sogenannten neuen Kommunikationstechnologien der große Bruder Zugang zu den privaten Haushalten erhalten könnte.

4. Schlußbemerkung

Liebe Leserin, lieber Leser! Wenn Ihnen noch etwas einfällt, was mir entgangen ist, bitte publizieren Sie nicht nur Ihrerseits einen Artikel dazu, sondern rufen Sie mich an: 0681/3904494 (Vorsicht, Anrufbeantworter!)!

ANMERKUNG

* Der Titel des Aufsatzes zitiert den Titel des Gedichts "An alle Fernsprechteilnehmer" von Hans Magnus Enzensberger, aus seinem Gedichtband 'landessprache', Frankfurt, 1960, S. 28 f.

LITERATURVERZEICHNIS

Beattie, Geoffrey W. / Barnard, P. I. (1979). The temporal structure of natural telephone conversation (directory inquiry calls), in: Linguistics 17, S. 213-229

Berens, Franz-Josef (1981). Dialogeröffnung in Telefongesprächen. Handlungen und Handlungsschemata der Herstellung sozialer und kommunikativer Beziehungen, in: Schröder, P. / Steger, H. (Hg.): Dialogforschung. Jahrbuch 1980 des IdS, Düsseldorf, S. 402-417

Bluhm, Horst (1981). Professioneller Telefonverkauf heute: eine praktische Anleitung für erfolgreiches Telefonmarketing, Kissing

Bühler, Karl (1978). Sprachtheorie. Die Darstellungsfunktion der Sprache. Frankfurt a.M./Berlin/Wien

Brecht, Bert (1967). Turandot oder Der Kongreß der Weißwäscher, Frankfurt a.M.

Brons-Albert, Ruth (1984). Gesprochenes Standarddeutsch: Telefondialoge. Tübingen

Brown, Jeffrey L. (1983). Telefon-Sprechstunde: ein Ratgeber für die telefonische Beratung in der Kinderpraxis, Stuttgart/New York

Butterworth, Brian / Hine, R. R. / Brady, K. D. (1977). Speech and Interaction in Sound-only Communication Channels, in: Semiotica 20, 1/2, S. 81-99

Castro, Janice (1987). Telephones Get Smart, in: Time, 30.3.1987, S. 36 f.

Clark, Herbert H. / French, J. W. (1981). Telephone 'goodbyes', in: Language in Society 10, S. 1-19

Cronemeyer, Ulrich (1982). Empfehlungen für den guten Ton am Telefon. Ein Beitrag zur Kundenberatung, Stuttgart

Davidson, Judy A. V. (1978). An instance of negotiation in a call closing, in: Sociology 12, S. 123-133

Eglin, Peter (1979). Calling the police: some aspects of the interactional organization of complaints in crime reporting, in: Analytic Sociological Microfiche Journal 2/2

Geißner, Hellmut (1955). Über Schweigen, in: Sprechkunde und Sprecherziehung, Bd. 2, Emsdetten, S. 67-78

--- (1960). Soziale Rollen als Sprechrollen, in: Kongreßbericht der Gemeinschaftstagung für allgemeine und angewandte Phonetik, Hamburg, S. 194-204

--- (1969). Sprechwissenschaft, in: Sprechen und Sprache (= Sprache und Sprechen, Bd. 2), Ratingen, S. 29-40

--- (1975). Rhetorik und politische Bildung, in: ders., Rhetorik und politische Bildung, Kronberg, S. 11-20

--- (1975 a). Ist Schweigen Gold?, in: Reden und reden lassen. Rhetorische Kommunikation (Begleitband zur gleichnamigen Fernsehreihe), Stuttgart, S. 183-198

--- (1981). Sprechwissenschaft. Theorie der mündlichen Kommunikation, Kronberg

--- (1983). Zur Rhetorizität des Fernsehens (in diesem Band)

--- (1984). Über Hörmuster, in: Gutenberg, N. (Hg.): Hören und Beurteilen (= Sprache und Sprechen, Bd. 12), Frankfurt, S. 13-56

Genth, Renate / Hoppe, Joseph (1986). Telephon! Der Draht, an dem wir hängen, Berlin

Godard, Daniele (1977). Same setting, different norms: Phone call beginnings in France and the United States, in: Language in Society 6, S. 209-219

Gutenberg, Norbert (1981). Formen des Sprechens. Gegenstandskonstitution und Methodologie von Gesprächs- und Redetypologie in Sprach- und Sprechwissenschaft, Göppingen, (Phil. Diss. Berlin 1980)

--- (1983 a). Sprechstile. Ansätze einer sprechwissenschaftlichen Stilistik, in: Sandig, B. (Hg.): Stilistik, 2 Bde., Bd. 1 (Probleme der Stilistik), Hildesheim/Zürich/New York, S. 209-286

--- (1983 b). Phatisches Sprechen in der Sprechtherapie? (Argumente für eine Theorie und Kritik des Miteinandersprechens bei der Übungsbehandlung), in: Allhoff, D. (Hg.): Sprechpädagogik - Sprechtherapie (= Sprache und Sprechen, Bd. 11), Frankfurt

--- (1983 c). Telephonberatungsgespräche im Rundfunk. Ein Gegenstand sprechwissenschaftlich-rhetorischer Analyse. Vortrag auf dem 5. Internationalen Sprechwissenschaftlichen Colloquium on Verbal Communication, Tampa/Florida 1976, in: Sprechen. Zeitschrift für Sprechwissenschaft, Sprechpädagogik, Sprechtherapie, Oktober 1983, S. 34-39

--- (1985 a). Über das Rhetorische und das Ästhetische. Grundsätzliche Bemerkungen, in: Rhetorik. Ein Internationales Jahrbuch 4, Stuttgart-Bad Cannstatt, S. 117-131

--- (1985 b). Anmerkungen zum Argumentationsbegriff in deutschen Rhetoriklehrbüchern, in: Kopperschmidt, J. / Schanze, D. (Hg.): Argumente - Argumentation, München, S. 61-69

--- (1986). Tätigkeit, Handlung, Operation. Zur sprechwissenschaftlichen Rezeption einiger Kategorien der sowjetischen Psychologie, in: Slembek, E. (Hg.): Miteinander sprechen und handeln. Festschrift für Hellmut Geißner, Frankfurt, S. 149-160

--- (1984). (Hg.): Hören und Beurteilen. Gegenstand und Methode in Sprechwissenschaft, Sprecherziehung, Phonetik, Linguistik und Literaturwissenschaft (= Sprache und Sprechen, Bd. 12), Frankfurt

Kanth, Rolf: Verbale Konstituierung und Auflösung von Telefongesprächen. Gesprächsanalytische Aspekte mediengebundener Kommunikation. Diss. Braunschweig, 1982

Kasse am Draht, in: Der Spiegel, Nr. 11, 9.3.1987, S. 53-55

Keller, Peter C. (1983). Das handliche, stimmliche Medium. Kultur- und sozialgeschichtliche Bemerkungen zum Telefon. Vortrag auf der Fachtagung 'Dichtung auf Anruf', 11.3.1983, Typoskript, Saarbrücken

Leicher, Rolf (1982). Wirksamer, überzeugender und billiger telefonieren, München

Leitner, Gerhard (1983). Gesprächsanalyse und Rundfunkkommunikation: die Struktur englischer phone-ins, Hildesheim

Liedl, Margret (1983). Über Telefonitis, die Liebe zu alten Klamotten und den Hunger nach Intensität: Gespräche über die junge Generation, Reinbek bei Hamburg

Lossan, Jürgen (1976). Überfall am Telephon. Wie Firmen mit unlauteren Praktiken auf Kundenfang gehen, in: Die Zeit, 11.7.1986, S. 25 f.

Mayer, Stefan / Weber, Michael (1983). Bibliographie zur linguistischen Gesprächsforschung, Hildesheim/New York

Quakt dazwischen, in: Der Spiegel, Nr. 16, 13.4.1987, S. 98 f.

Radü, H.-J. (1986). Der Telefontest, in: Sprache - Stimme - Gehör, 10. Jg., H. 3, S. 118-120

Sacks, Harvey (1967). The search for help: No one to turn to, in: Schneideman, E. (Hg.): Essays in self deconstruction, New York, S. 203-223

Schegloff, Emanuel A. (1967). The first five seconds: the order of conversational openings. Diss. Univ. of California, Berkeley

--- (1972). Sequencing in conversational openings, in: Fishman, J. (Hg.): Advances in the sociology of language, Bd. II, The Hague/Paris, S. 91-125

--- (1979). Identification and recognition in telephone conversation openings, in: Psathas, G. (Hg.): Everyday language. Studies in ethnomethodology, New York, S. 23-78

Senn, Paul / Ruesch, M. (1982). Telefontechnik, Aarau

Sharrock, Wes. W. / Turner, Roy (1978). On a conversational environment for equivocality, in: Schenkein, J. (Hg.): Studies in the organization of conversational interaction, New York/San Francisco/London, S. 173-197

Slembek, Edith (1984). Leseverstehen und Hörverstehen, zwei vernachlässigte Grundleistungen in der Kommunikation, in: Gutenberg, N. (Hg.): Hören und Beurteilen (= Sprache und Sprechen, Bd. 12), Frankfurt

Strobel, Karl (1983). Die Anwendbarkeit der Telefonumfrage in der Marktforschung: eine Analyse unter besonderer Berücksichtigung des Kommunikations- und Repräsentanzproblems, Frankfurt a. M./Bern u.a.

Telephonzeichnungen. Ausstellungskatalog, 4 Bde., Stuttgart, 1980

Texte gesprochener deutscher Standardsprache. III (1975): Alltagsgespräche, IV (1979): Beratungen und Dienstleistungsdialoge, München

Unterste, Herbert (1982). Telefonseelsorge: die Motivation ihrer Mitarbeiter, Frankfurt a. M./Bern

Watson, D. Rod. (1975). Calls for Help: A sociological analysis of telephoned communication to a crisis intervention centre. Diss Univ. Warwick, Coventry

Watson, Karen Anne (1974). Transferable communicative routines: strategies and group identity in two speech events, in: Language in Society 4, S. 53-72

Weber, Michael R. (1984). Telefonmarketing: das Telefon im Dienste des Unternehmens und seiner Kunden, Landsberg a. Lech

Wetzel, Michael (1985). Telephonanie. Kommunikation und Kompetenz nach J. G. Hamann, in: Hörisch, J. / Tholen, G. (Hg.): Eingebildete Texte, Stuttgart

Wolter, Friedrich-Holger (1984). Durch Telefonverkauf zu höheren Umsätzen. Was tun?, Landsberg a. Lech

PROLEGOMENA ZUR GESCHICHTE DER SPRECHPLATTE

RUDOLF RÖSENER

Die Schallplatte ist der erste Tonträger, der uns Akustisches überliefert. Wenn wir bisher nur mit dem Auge, wesentlich über den Buchstaben und das Bild Kenntnis von Vergangenem gewinnen konnten, so erweitert seit dem Ende des letzten Jahrhunderts die Schallplatte diese Möglichkeit für das Ohr: Wir können in die Vergangenheit hineinhören - inzwischen auch durch andere Tonträger - und über das Ohr zur Kenntnis nehmen, wie u.a. in vergangenen Jahrzehnten Musik verwirklicht, Dichtung gesprochen wurde. Für den Bereich der Dichtung, dem unsere Aufmerksamkeit gilt - hier wesentlich beschränkt auf versgebundene Rede -, bedeutet das: Wir können gegenüber dem Gesprochenen früherer Jahrhunderte, für das man auf schriftliche Überlieferung angewiesen war (1), für die gesprochene Dichtung des 20. Jahrhunderts jetzt eine belegbare Geschichte schreiben, mögliche Sprechstile aufzeigen, ihre Abhängigkeiten und Einflüsse erkennen, Gegenwärtiges aus Gesprochenem vergangener Jahrzehnte erklären.

Hundert Jahre Schallplatte (E. Berliner erfand 1887 seine Sprechmaschine, sie kam im gleichen Jahr als Grammophon auf den Markt) sind Grund genug, sich diesen gewiß umfangreichen Themenbereichen zuzuwenden. Hier in einem ersten Zugriff eine Reihe von Aspekten an Hand durchaus nicht lückenloser Unterlagen:

Zwei Sprechergruppen treten uns beim Anhören der Platten entgegen: Sprecher, die sich um eine künstlerische Nachgestaltung literarischer Texte bemühen, und Autoren, die ihre Dichtung selber sprechen. Angehörige der Geburtsjahrgänge zwischen 1858 und 1880 sind die ersten, von denen Dichtung auf Schallplatten überliefert ist. Alle sind Schauspieler, die ihre Prägung in den letzten beiden Dezennien des 18. Jahrhunderts erfahren haben. Überliefert sind uns u.a. Schallaufnahmen von Goethes "Prometheus", gesprochen von Josef Kainz (geb. 1858), aufgenommen 1902, und Alexander Moissi (geb. 1880), aufgenommen 1912 (2). In ihrer Zeit berühmt, bewundert und vorbildlich (Alfred Kerr und Hugo von Hofmannsthal schrieben auf Kainz Gedichte), überraschen ihre Sprechfassungen: Kainz spricht die Verse in dynamischer Zusammenraffung von Sinneinheiten, ohne Beachtung der Versstruktur, mit eigenwilliger sinneinschränkender Akzentuierung einzelner Worte, die aus dem weitgespannten Bogen in schnellem Tempo hinausgerufener Sätze emporschnellen. Das Ganze wird aus einer annähernd gleichbleibend starken stimmlichen Anspannung realisiert, die keine situationsbestimmte Variation zuläßt, stellenweise nicht ohne Pathos mit gelegentlichem Vibrato in der Stimme.

Gert Westphal berichtete im Klappentext zu dieser Schallplatte: Kainz habe für die Rezitation zu einer Plattenaufnahme ein ungeheures Honorar gefordert. Nach den Gründen gefragt, habe Kainz geantwortet, nicht sein heutiger Ruhm, noch die kurze Zeit seiner Arbeitsleistung müsse mit der geforderten Summe quittiert werden, sondern einzig der Schaden, den er sich mit dieser Aufnahme in der Nachwelt stifte.

Alexander Moissi, zweiundzwanzig Jahre jünger als Kainz, zeigt in seiner Prometheusfassung die gleichen gestaltbildenden Stilelemente wie Kainz. Wenn bei ihm gegenüber Kainz auch ein etwas ruhiger Einsatz zu Beginn des Gedichtes zu beobachten ist und zum Ende hin bei zwei Sinnabschnitten ein neuer Einsatz in entspannterer Stimmlage ("Wähntest du etwa ...", - "Hier sitze ich, forme Menschen ...") vernehmbar wird, so ist gegenüber Kainz ein weit größeres Pathos mit starkem Vibrato zu beobachten. Wie bei Kainz verwirklicht sich seine Sprechfassung in weitgespannten Sinnbögen ohne Beachtung der Versstruktur. Beiden ist ein sogenannter "großer Ton" zu eigen, ohne wirkliche sinngestaltende Differenzierung; Moissi zeigt dabei eine starke Tendenz zu psalmodierendem, singendem Sprechverhalten.

Einen weiteren Beleg für die Stilelemente dieser Sprechergeneration bietet Ludwig Wüllner (3), wie Kainz 1858 geboren. Seine Sprechfassung vom Prometheus, erst aufgenommen im Jahre 1928, scheint jedoch von veränderten Zeiteinflüssen nicht berührt zu sein und reiht sich neben die Fassung von Kainz und Moissi: "Großer Ton", großes Pathos, durchgehend gleichförmiges Stimmverhalten ohne situationsbestimmende Differenzierung, aus dem Sprechablauf herausstoßende sehr persönlich gegebene Sinnakzentuierung.

Den Sprechstil dieser Generation aus dem 18. Jahrhundert bestätigt Hugo von Hofmannthal (1874 - 1929) als Autor mit einer Aufnahme aus dem Jahre 1907 (4). Er spricht sein Gedicht "Manche freilich müssen drunten sterben". Durch die technisch sehr schlechte Wiedergabe vernimmt man einen Sprecher, der seine Verse in einem singenden, pathetisch erhabenen Ton spricht, daß man ihn in einzelnen Versen mit Josef Kainz verwechseln kann. Der Hörer, der dies am Ende unseres Jahrhunderts vernimmt, ist verwirrt und fragt sich - nach unserem Verständnis seines Gedichtes -, wie Hugo von Hofmannsthal die eigenen Verse so gegen ihren Sinn und ihre Form sprechen oder, richtiger gesagt, pathetisch deklamieren konnte.

Aber Hugo von Hofmannsthal ist unter den Autoren seiner Generation kein Einzelfall. Ähnliches Sprechverhalten kann man u.a. bei Hesse (geb. 1877) (5), Lehmann (geb. 1882) (6), sogar bei Ringelnatz (geb. 1883) (7), Franz Werfel (geb. 1890) (8) und Nelly Sachs (geb. 1891) (9) beobachten. Von ihnen wird dieser Sprechstil unbeeinflußt bis weit in unser Jahrhundert hineingetragen. Nelly Sachs starb 1970.

Offenbar ist diese Art Dichtung zu sprechen von einem Zeitgeist geprägt, in dem das Pathos seinen Platz hatte und seinen sichtbaren Ausdruck u.a. in den Denkmälern fand, die die letzten Jahrzehnte des vergangenen Jahrhunderts hervorbrachten. Ihre Ausmaße allein sind nur ein Element pathetischer Darstellungsweise. Man denke nur an das Hermannsdenkmal von 1875 (Höhe 75 m), das Niederwalddenkmal von 1883 (Höhe 45 m) oder das Völkerschlachtdenkmal bei Leipzig, das in einer Bauzeit von 15 Jahren (1898 - 1913) eine Höhe von 91 m erreicht hat. Das Gemälde von Anton von Werner, "Kaiserproklamation in Versailles" ergänzt diesen pathetischen Tenor, der diese Zeit durchweht.

Der Sprechstil dieser Zeit ist als wilhelminisch zu bezeichnen, geprägt von Schauspielern, die wesentlich vor einer Gesellschaft spielten, die sich durch Militärs und ein neureiches Bürgertum repräsentierte. Offenbar verstellten Pathos und "großer Ton" weitgehend den Blick auf die soziale Wirklichkeit und die geistige Welt des Naturalismus.

Unter den um die Jahrhundertwende Geborenen, die ihre Wirksamkeit in den 20er Jahren zu entfalten beginnen, tritt uns ein neuer Sprechstil entgegen. Hören wir Bertolt Brecht (geb. 1898) mit seinem Gedicht "An die Nachgeborenen" (10): Man vernimmt eine fast sachliche, klare Darstellungsweise, die - bestimmt durch die im gesprochenen Wort realisierte Situation - betroffen macht, besonders vor dem Hintergrund der Sprechfassungen bisher dargestellter Deklamatoren. Die hier erstellte Schallgestalt vermittelt Inhalte und vernehmbar gegebene Satz- und Versstrukturen.

Die fast zur gleichen Zeit geborene Therese Giehse (1898) spricht diesen Text (11) annähernd genau wie Brecht: klare, wirklichkeitsbezogene Vermittlung der Inhalte, verknüpft mit formalen Gesetzmäßigkeiten. Ohne einen Hauch von theatralischer Eitelkeit tritt die Sprecherin hinter den Text zurück, um das Gedicht in seiner geistigen und sinnlichen Vielschichtigkeit dem Hörer erkennbar und erlernbar zu machen. Nicht mehr subjektive Gefühlsaufladung, sondern geistige Transparenz sind Stilelemente ihrer und Brechts Rezitationen. Ein ähnliches Sprechverhalten ist auch bei Helene Weigel zu hören (12). Sucht man weiter unter der Sprechergeneration der um 1900 Geborenen, so stößt man (abgesehen von Sprechern, die der überlieferten Tradition noch verhaftet sind; über sie wird später zu berichten sein) u.a. auf Erich Kästner (geb. 1899) (13), der seine Gedichte im Stil Brechts verwirklicht oder auf Paul Hoffmann (geb. 1902) mit Goethes "Dauer im Wechsel" (14).

Welch überraschende Veränderung im Sprechen von Dichtung. Das Ende des ersten Weltkrieges, der Zusammenbruch der wilhelminischen Zeit mit seinen Auswirkungen bis hin zur Inflation und die sich daraus ergebenden Umschichtungen der Gesellschaft, haben tiefgreifende Folgen gehabt und finden nicht nur bei sensiblen Autoren in ihrem Drang nach schonungsloser Darstellung von Wirklichkeiten und künstlerischer Wahrheit ihren Ausdruck, sondern auch bei ihren Sprechern. Die Wirksamkeit Brechts hatte ihren Anteil daran, "Ich dachte immer an das Sprechen" schreibt er in seinem Aufsatz "Über reimlose Lyrik mit unregelmäßigen Rhythmen" (15).

Diese "Neue Sachlichkeit" ist kein Rückgriff auf Elemente des Naturalismus, der eine Zertrümmerung überlieferter poetischer Formen anstrebte und in der Suche nach anderen rhythmischen Ordnungen in Versuchen stecken blieb (vgl. Arno Holz "Phantasus"); sie strebte nach rücksichtsloser Wahrhaftigkeit auch in der Bewältigung künstlerischer Formen, die nie ein äußeres Element ästhetischer Fassung bleiben, sondern sich mit der Aussage in der jeweils gegebenen Rede verknüpfen sollten. Diesem neuen Zeitgeist entsprechend verhielten sich eine Reihe von Sprechern. Wieweit die theoretischen Überlegungen von Erich Drach, z.B. "Die redenden Künste" 1926 (16), "Der künstlerische Vortrag" 1927 (17), die Reihe seiner sonstigen Abhandlungen auch zur Sprechplatte (18) oder Gutters kleines Buch "Über das Vortragen von Dichtungen" 1925 (19) eine Auswirkung auf das Sprechen von Dichtung gehabt haben, wird nicht festzustellen sein, genauso wenig wie die Wirksamkeit der "Deutschen Versgeschichte" (1925 - 1929) von Andreas Heusler (20). Zusammen weisen sie jedoch mit einer Reihe von Abhandlungen zur Stimmbildung (21), zum Rhythmus (22), zum Sprechchor (23) und Oskar Walzels Buch "Das Wortkunstwerk" (24) auf eine vielfältige Erneuerungsbewegung in den 20er Jahren im Gesamtbereich der "redenden Künste". In den Sprechfassungen von Brecht, Körner, Weigel u.a. findet all das seinen Ausdruck in einem neuen Sprechstil. Verständlich, daß in dieser Zeit das Wort "Pathos" bei der damals jungen Generation eine abwertende Sinnaufladung erfährt.

Hat dieser Sprechstil aus den 20er Jahren Schule gemacht und Nachfolge gefunden? Man findet ihn nach Erich Kästner (geb. 1899) (25) bei Autoren wie Günter Eich (geb. 1907) (26), Karl Krolow (geb. 1915) (27) und Ingeborg Bachmann (geb. 1926) (28), bis hin zu Peter Handke (geb. 1942) (29). Jedoch muß man bei den hier aufgezählten Autoren (es handelt sich ausschließlich um Autoren) Persönlichkeitsstil und Zeitstil zu trennen suchen. Mancher Autor hat seinen Texten gegenüber keinerlei Gestaltungsfähigkeit oder Gestaltungsabsicht, das sollte dann nicht als neuer Zeitstil verstanden werden. Dessen ungeachtet bleibt die überlieferte Stimme und Gestaltungsweise eines Autors oft ein wertvolles Dokument. Man denke nur an Gottfried Benn (geb. 1886) (30). Er spricht seine Gedichte ohne Beachtung der Satz- und Versstruktur - ohne Pathos, ohne Intonation und ohne jede stimmliche Kommunikationsabsicht. Und doch erstellt sich in der Stimme eine Persönlichkeit: Scheu, zurückhaltend, verletzlich. Es ist die Stimme des alten Gottfried Benn, aufgenommen zwischen 1950 und 1956. Wie der junge Benn seine expressionistischen Texte gesprochen hat, ist leider nicht überliefert.

Ihm gegenüber ist Thomas Mann (geb. 1875) (31) ein souveräner Gestalter seiner eigenen Texte. Wenn es auch Prosa ist, die er überliefert, ein Vergleich mit dem elf Jahre jüngeren Benn ist hier nicht zu umgehen.

Bei Thomas Mann ist alles situationsbestimmte, textangemessene Gestaltungsweise bis hin in die Realisierung von Pausen, wörtlichen Reden und Tempowechsel. Ein Hauch von vergnüglichem Behagen und eitel amüsierter Redeweise kommt uns entgegen. Unbeeinflußt von Zeitstilelementen verlebendigt Thomas Mann einen Persönlichkeitsstil, der textidentisch ist.

Ob sich Rilke vorgestellt hat, einen solchen Autor von der Platte zu hören, wenn er 1926 über die Bedeutung der "Sprechmaschine" (Sprechschallplatte) schreibt:

"Ich stelle mir (nach einigem Widerstreben) einen Lesenden vor, der, mit seinem Gedichtbuch in der Hand, mitlesend, eine Sprechmaschine abhört, um von der Existenz des betreffenden Gedichts besser unterrichtet zu sein; (...) Voraussetzung für eine solche Übung wäre allerdings, daß die Maschine das Tonbild der Versreihe durch den eigenen Mund des Dichters empfangen hätte und nicht etwa auf dem Umweg über den Schauspieler. Im Gegenteil, dieses Lehrmittel wäre nicht ungeeignet, den Schauspieler als Interpreten von Gedichten (in welcher Anwendung er sich fast immer irrt und vergeht) unschädlich zu machen. Aufbewahrt in den Platten, bestünde dann, jeweils abrufbar, das Gedicht in der vom Dichter gewollten Figur: ein beinahe unvorstellbarer Wert!" (32)

Je mehr man rezitierende Schauspieler von Platten hört - und fast ausnahmslos sprechen neben den Autoren nur sie Dichtung auf Schallplatten -, um so mehr versteht man auf dem geistig-künstlerischen Horizont unserer Zeit Rilkes Unmut über den "Schauspieler als Interpreten von Gedichten", den er durch eigenes Sprechen "unschädlich" machen will, da der Schauspieler "sich fast immer irrt". Jedoch irrt auch Rilke sehr, wenn er meint, daß ein Autor, der seine Texte "aufbewahrt in den Platten", durch sein Sprechen persönlich überliefert, dann auch immer die von ihm "gewollte Figur" realisiert hat. Kaum ein Autor ist in der Lage, die von ihm "gewollte Figur" durch sein Sprechen zu verwirklichen. Bertolt Brecht und Thomas Mann sind die Ausnahme. Dennoch: Die vom Dichter sprecherisch gelungene "gewollte Figur" bleibt ein Zeitdokument. Das vom Dichter entlassene Werk, wenn es eine zeitüberdauernde Schöpfung ist, steht in einer beständigen Dialogbeziehung zur jeweiligen Zeit, ihrer geistigen Erkenntnis und künstlerischen Gestaltungsfähigkeit. Das aufgezeigte Beispiel von Hugo von Hofmannsthal macht das im besonderen deutlich. Leider ist von Rilke keine Schallaufnahme überliefert.

Aber suchen wir nach der Prägekraft des Sprechstils der zwanziger Jahre bei Rezitatoren. Unter den um 1900 Geborenen wurde Paul Hoffmann (geb. 1902) bereits genannt. Er ist einer der ersten, der den wirklichkeitsbezogenen Sprech-stil praktiziert (33). Bei ihm ist bewußtes Gestalten aus persönlicher Distanz vernehmbar, ohne daß Gesprochenes in sachliche Inhaltsvermittlung abgleitet. Bei Hildegard Burwitz (geb. 1915), einer Schülerin von Max Reinhard (34), ist dieser Sprechstil wiederum anzutreffen, jedoch ist sie nicht in der Lage, den verschiedenen Redesituationen der Gedichte von Klopstock bis Kästner gerecht zu werden. Ohnehin ist es für eine Frau problematisch, Goethes Seesenheimer Lyrik zu sprechen - nimmt sie trotzdem auf sich, muß sie wissen, was sie tut. Eine angenehm klingende Stimme, die Lyrik aus drei Jahrhunderten in einem liebenswürdigen Erzählton vermittelt, weckt die Frage, ob das eine Schallplattenproduktion rechtfertigt. Gern würde man von dieser Stimme Märchen oder Erzählungen hören. Man kann sich des Eindrucks nicht erwehren, daß hier naive Arglosigkeit die Produktion dieser Sprechplatte bestimmt hat. Der Eindruck verstärkt sich, wenn man auf der Plattenhülle in einer Reihe von Kurznotizen zu den einzelnen Dichtern über Goethe liest: "Goethe war ein vielseitig begabter Mensch. Er arbeitete u.a. im naturwissenschaftlichen Bereich, bekleidete verschiedene hohe Staatsämter und wurde geadelt (1782) ..." (34).

Unter den 1920 - 1926 geborenen Sprechern - sie treten wesentlich erst nach dem 2. Weltkrieg in Erscheinung, alle sind wiederum Schauspieler - stoßen wir auf eine Gruppe von Sprechern, die in unterschiedlicher Akzentuierung diesen neuen Sprechstil fortsetzen. Sie wird u.a. repräsentiert durch Gert Westphal (geb. 1920) (35) in einer recht subjektiven Gestaltungsabsicht und Maria Ott (36) in einer eindrucksvollen "werkgerechten" Sprechweise. Marianne Hoppe (geb. 1922) gestaltet auf einer Platte in einer sehr klaren, strengen sprecherischen Diktion Gedichte von Ingeborg Bachmann (37), unter der auf der Plattenhülle eigens genannten Wortregie von Dietrich Auerbach. Marianne Hoppe erhielt für diese Platte den Deutschen Schallplattenpreis.

Angesichts dieser herausragenden Sprechleistung überrascht es, wenn man Marianne Hoppe auf einer anderen Platte mit dem Droste-Gedicht "Am letzten Tage des Jahres" hört (38). Hier spricht sie am Sinn des Textes vorbei. Die Verse erfahren eine romantisierende Aufladung bis hin zum naiv Niedlichen (auf dem Beiheft zur Platte wird das Gedicht auch unter "Gedichte der Romantik" eingeordnet). Nichts von der Spannung zwischen Anspruch und Hingabe, die die Redesituation dieser Verse der Droste bestimmt, wird verlebendigt, nichts von dem Sprachgestus, der aus der Wirklichkeit tiefer seelischer Not emporbricht, geformt durch die knappe Versstruktur. Wortregie aus gründlicher Literaturkenntnis wie bei der Aufnahme zur Bachmann-Platte wäre hier gewiß hilfreich gewesen.

Stellt man dieser Sprechfassung eine Fassung von Rosemarie Kruse gegenüber (39) - eine der wenigen Sprecherinnen, die nicht vom Theater kommen -, so ist festzustellen, daß hier fast alles, was das Gedicht an Sinn- und Formverwirklichung durch Sprechen fordert, erfüllt ist. An diesem Vergleich entzündet sich natürlich die Frage, ob man Schauspieler sein muß, um Dichtung auf Schallplatten sprechen zu können. Es wird später davon die Rede sein. Als letzten in dieser Reihe sollte man Bruno Ganz (geb. etwa 1944) nicht übersehen. Von ihm liegt eine Platte mit dem Titel "Friedrich Hölderlin" (40) vor. Er spricht die Gedichte in völlig sachlicher Diktion, annähernd monoton, jedoch - und das ist die große Ausnahme unter den Sprechern auf Platten - er realisiert auch die Versstruktur, aber, ungeschickter und dilettantischer geht es nicht, indem er die syntaktischen Einheiten an den Versgrenzen zerhackt. Eine rhythmische Verlaufsspannung aus Satz- und Versstruktur entsteht dabei nicht. Der geistige Raum, aus dem die Verse Hölderlins sich verlebendigen, ist von Bruno Ganz nicht erkannt. Aneinandergereihte Artikulationsfolgen, die von sprachlosen Momenten unterbrochen werden, die die Versgrenzen anzeigen, haben nichts mit der Verwirklichung eines Wortkunstwerkes durch Sprechen zu tun. Davon abgesehen wird deutlich, daß hier ein Bemühen um Strukturelemente gegeben ist, wenn der Versuch auch mißlingt.

In der Sprechweise von Bruno Ganz tritt etwas in Erscheinung, was in den 50er und 60er Jahren an vielen Theatern als Reaktion auf die pathetischen Töne des Dritten Reiches zu hören war: Understatement. Aber damit wird man Hölderlin so wenig gerecht wie mit hohlem Pathos.

Eine Gruppe anderer Sprecher setzt sich in ihrer Rezitationsweise von der aufgezeigten ab. Sie reagiert auf den wilhelminischen Sprechstil in der Weise, daß das Pathos zwar situationsbezogener variiert wird, aber die Neigung zum "großen Ton" sich immer vordrängt. Sie läßt sich durch die Generationen hin kennzeichnen an Hand der Sprechweisen von Mathias Wieman (geb. 1902) (41), Ernst Ginsberg (geb. 1904) (42), Peter Otten (geb. 1905) (43), Horst Caspar (geb. 1914) (44), Will Quadflieg (geb. 1914) (45), Oskar Werner (geb. 1922) (46) und Lutz Görner (geb. 1947) (47). Alle kommen von der Bühne, alle haben eine modulationsfähige und angenehme, wenn nicht faszinierende Stimme, deren Klangerscheinung bei fast allen starke Persönlichkeiten durchscheinen läßt. Von all diesen Sprechern ist Will Quadflieg offenbar der gefragteste. Mit Abstand vor allen anderen hat er die meisten Platten besprochen, annähernd fünfzig sind es (48). Hört man aus der Fülle seines Angebotes eine Reihe von Beispielen, so scheint diese große Anzahl von ihm besprochener Platten gerechtfertigt: Ein Sicheinlassen auf die Redesituation des jeweils Gesprochenen ist erkennbar, es wird deutlich, daß hier ein Sprecher danach strebt, die Vielschichtigkeit eines Gedichtes in seinem sinnlichen und geistigen Spannungsgefüge aus Inhalt und Form durch sein Sprechen lebendig werden zu lassen. Es scheint, daß hier ein Sprecher vernehmbar wird, an dem offenbar neuere Erkenntnisse der Literaturwissenschaft und Sprechwissenschaft nicht spurlos vorübergegangen sind, wenn auch sein Vorbild Josef Kainz nicht zu überhören ist: "Josef Kainz war das große Vorbild, dem ich nachzueifern suchte (...) Er war mein Idol, er hat den Anfang meines Weges bestimmt" (49). Auch daß Friedrich Kayssler der erste Mentor des jungen Quadflieg ist, macht manches an seinem Sprechstil verständlich. So scheint er mit seiner Fassung von Goethes Prometheus (50) Kainz, Moissi und Wüllner übertreffen zu wollen. Letzteren hat er noch persönlich erlebt. Über seine Begegnung mit Wüllner schreibt er:

> "Da stand ein alter Mann mit einem wunderbaren Kopf und schlichtweißem Haar auf dem Podium. Ich dachte an Homer. Er begeisterte mich, wie er seine Sprache ansetzte und wie er ihr mit großer Sicherheit die Bilder und den Sinn entlockte. (...) Sein Pathos spielte zwischen Sprechen und Singen."
> (51)

Mit diesem letzten Satz Quadfliegs über Wüllner kann man auch viele seiner eigenen Sprechfassungen kennzeichnen. Dessen ungeachtet darf man den heute Dreiundsiebzigjährigen zu den wenigen Sprechern zählen, die ihr Tun reflektieren, verständlicherweise aus der Mentalität eines erfolgreichen Schauspielers:

> "Ich selber lebe in entscheidendem Maße aus der Sprache und aus dem Atem und habe über diese Zusammenhänge viel nachgedacht, ich mußte es, um in meinem Beruf zurechtzukommen." (52) "Bei der Rezitation gibt es kein Wiederholen. (...) Also muß sich das gesprochene Wort beim ersten Hören unmittelbar offenbaren und übertragen (...) Es kann jedoch nur gelingen, wenn alle Wirkungen des Wortes lebendig werden: nicht nur der Inhalt auch der Ton, die innere Melodie und nicht zuletzt der geistige Rhythmus, in dem sich Wortton und Satzton zusammenfinden. (...) Es ist ein Merkmal großer Dichtung, (...) wenn man ihr ernsthaft gerecht zu werden versucht mit seinem Sprechen. (...) Jedes Gesäusel bei Kerzenlicht ist albern, sentimental und amateurhaft." (53) "Ich lerne Gedichte, wie ich meine Rollen lerne. (...) Ich lese sie immer wieder, und versuche, sie als Ganzes zu ergreifen. (...) Aber irgendwann stellt sich das Verständnis, der Begriff her, und da Inhalt und Form einer Dichtung untrennbar sind, gewinne ich aus dem Inhalt die Form. Ich erspüre das Musikalische der Dichtung. Ich diene ihr, indem ich die in mir aufsteigenden Worte neu durchdenke, bevor ich sie spreche." (54) "Das Grauen von Auschwitz, so glaube ich, hebt das Recht der Poesie nicht auf. Es stellt strengere Ansprüche an den Vers und seinen Interpreten." (55) "Ich bin dagegen, daß jemand die Form zerbricht (...) dafür

habe ich zuviel Sinn für das Wort, zuviel Respekt vor den Dichtern und einen klaren Blick für Scharlatanerie." (56)

Ohne den Ernst der sprecherischen Bemühungen von Will Quadflieg in Frage zu stellen und bei aller Anerkennung der sinnlich-geistigen Dimension seiner Gestaltungskraft: Es ist bedauerlich, daß die Oden Hölderlins in ihrer Struktur selten in Erscheinung treten und durch das Sprechen Quadfliegs mehr den Charakter erhabener rhythmischer Prosa erfahren (57), daß z.B. Rilkes "Karussel" (58) durch das äußere Mittel schnelleren Sprechens den Eindruck einer zunehmenden Drehbewegung erfahren soll, nicht aber durch Beachtung des für dieses Gedicht entscheidenden Enjambements am Ende seines ersten Verses:

Mit einem Dach und seinem Schatten dreht
sich eine kleine Weile der Bestand
von bunten Pferden ...

So erfährt die Schallgestalt des Gedichtes eine die Aussage vertiefende Sinnfunktion bei der Beschreibung des sich drehenden Karussells. Am Ende des Gedichtes gewinnt sie gar taumelhaften Charakter durch gegenmetrische rhythmische Akzentverlagerungen der auf Alternation angelegten Verse:

Und auf den Pferden kommen sie vorüber,	x/x́x/x́x/x̀x/x́x/x́x
auch Mädchen, helle, diesem Pferdesprunge	x̄/x́x/x́x/x̀x/x́x/x̀x
fast schon entwachsen; mitten in dem Schwunge	x̄/x́x/x́x/x́x/x̊x/x́x
schauen sie auf, irgendwohin, herüber –	x̄/x̊x/x̌x/x̊x/x́x/x́x

Es ist bedauerlich, daß das nicht gesehen, im Sprechen nicht beachtet wurde. Schreibt er doch selbst: "(...) strenge Ansprüche an den Vers (...)"! "Ich bin dagegen, daß jemand die Form zerbricht (...)". Verglichen mit Quadflieg scheinen alle anderen Sprecher dieser Reihe dem Gedicht als einer vielschichtigen Struktur aus Inhalt und Form recht unwissend gegenüberzustehen. Sie wecken den Eindruck, als ginge es ihnen bei ihrer Rezitation um Vermittlung von Gefühlen und eindrucksvolles "Ankommen". Besonders tut sich darin Klaus Kinski hervor, (59) der, cum grano salis, dem Kreis dieser Sprechergruppe zuzurechnen ist. Auf der Hülle seiner Platte "Kinski spricht Schiller II" ist zu lesen:

"D a s   E i g e n e   Kinskis ist seine Fähigkeit, die tiefsten Schichten der menschlichen Seele zu lösen. Er ist der Darsteller der UR-REINHEIT des Menschen. Er öffnet den Blick für des Menschen erlittene Verluste und für die durch den Gottesverlust in den Menschen eingebürgerte Angst: Daher die Erschütterung seines Publikums."

Wer Kinski gehört hat, kann den hier ernst gemeinten Text kaum anders als ironisch verstehen: Kinski, "der Darsteller der UR-REINHEIT des Menschen"! (Gesperrte Textstellen, Versalien und Interpunktion nach dem Originalsatz auf der Plattenhülle.)

Bei dem Jüngsten von ihnen, Lutz Görner (geb. 1947), fällt auf, daß von ihm Dichtung durch sein Sprechen so verpackt wird, daß sie als Ware für jedermann an den Hörer gebracht wird, "Goethe für alle" heißt einer seiner Schallplatten (60). Bei ihm tritt am stärksten der Schau s p i e l e r   in Erscheinung. Seine öffentlichen Veranstaltungen werden denn auch als "Rezitheater" angekündigt.

Es ist bemerkenswert, daß der Großteil aller nach dem letzten Kriege erschienenen Sprechplatten zwischen 1957 und 1967 herausgegeben worden ist. Danach sind Neuerscheinungen von Sprechplatten sehr viel seltener geworden. Der verläßliche Bielefelder Sprechplattenkatalog mußte daraufhin sein Erscheinen einstellen. Die Ursache dieses Booms zwischen 1957 und 1967 wird mit den Möglichkeiten der modernen Langspielplatte verbunden sein, und der Tatsache, daß sich eine Reihe von interessierten Schauspielern als Sprecher fanden, die durch Theater, Funk und Fernsehen in der Öffentlichkeit einen Namen hatten; denn sie sind fast immer zunächst der Grund für den Erwerb einer Platte, erst an zweiter Stelle steht das Werk des Autors.

Daß die Sprechplattenproduktion dann Ende der 60er Jahre zurückgegangen ist, hat mit dem nachlassenden Interesse an Dichtung, besonders an Lyrik, zu tun durch eine allgemeine Politisierung des geistigen und künstlerischen Lebens. Darüber hinaus hatten die Plattenfirmen erkannt, daß die angebotenen Sprechplatten nicht den Käuferkreis fanden, den man sich erhofft hatte. Sprechplatten waren und sind gegenüber den kommerziellen Möglichkeiten, die E- und U-Musik bieten, kein Geschäft. Inzwischen ist das öffentliche Interesse an Dichtung wieder gewachsen. Doch der Sprechplattenmarkt reagiert darauf kaum durch Neuproduktion. Marktbewährte Platten altbekannter Namen aus den 60er Jahren werden neu aufgelegt. So sind Sprechplatten aus dieser Zeit von Brecht, Giehse, Benn,

Held, Lüders, Westphal, Wieman und Quadflieg wieder zu haben, außerdem immer noch die Platten mit Goethes Faust I und II in der Inszenierung von Gustav Gründgens aus dem Ende der 50er Jahre. Für das Drama jedoch ist die Zeit der Schallplatte vorüber. Sie wird abgelöst durch die Videokassette, die eine Theateraufführung akustisch und visuell vermittelt. Mitschnitte von Theateraufführungen für die Schallplatte waren ohnehin unsinnig, da die auf der Bühne durch Aktionen gefüllte Sprechpause von der Platte als spannungsloses Loch im Dialogablauf wahrgenommen wird. Schauspielaufführungen müssen für die Schallplatte neu überarbeitet und in neuer Regie einzig für das Ohr gestaltet werden. Aber dieses Problem stellt sich in Zukunft nicht mehr, es sei denn, es werden Aufnahmen für Blindenhörbüchereien gemacht.

Aufmerksamkeit verdient in der Reihe dieser Neuauflagen eine Kassette mit drei Platten: "Deutsche Gedichte vom Barock bis Brecht" (61). Sie ist eine 1980 erschienene Auslese aus den Sprechplatten zwischen 1956 und 1968. Vierzehn namhafte Schauspieler sind hier noch einmal vereint. Es handelt sich um die bereits erwähnten Namen der Generationen zwischen Matias Wieman und Oskar Werner: Ein interessantes Dokument aus der Zeit, da man dem gesprochenen Wort besondere Aufmerksamkeit schenkte.

Nicht weniger Beachtung verdient eine Kassette der ZEITmagazin-Schallplatten-Edition aus dem Jahre 1977. Auf zehn Platten sind Aufnahmen der Stimmen von 61 Autoren zwischen 1907 und 1977 gesammelt (62). Die älteste Aufnahme stammt aus dem Jahre 1907 mit der Stimme von Hugo von Hofmannsthal, die jüngste aus dem Jahre 1977 mit Peter Handke.

Unter der jüngeren Schauspielergeneration gibt es offenbar neben Bruno Ganz und Lutz Görner niemanden, der an Rezitationen interessiert ist bzw. den Plattenfirmen mit seinem Namen ein Geschäft verspricht.

Korrekturlesen ist bei Buchpublikationen selbstverständlich, Korrekturhören bei Sprechplattenproduktionen offenbar nicht. Man stößt immer wieder auf Versprecher, die zu vermeiden gewesen wären, wenn die Aufnahmen ein kontrollierendes Ohr verfolgt hätte. Auf einen amüsanten Versprecher von Thomas Mann sei zunächst verwiesen: Auf einer Platte, die seine Schillerrede aus dem Jahre 1955 überliefert, spricht er von "gelehrter Vorsehung", wo der Text sinngemäß "gelehrte Forschung" fordert (63).

Die nun folgenden Beispiele lassen sich beliebig erweitern: Klaus Kinski in dem Schillergedicht "Die Teilung der Erde" (64) spricht: "vor Gottes Thron" für "vor Jovis Thron" und "Zehn Prozent sind mein" für "der Zehente ist mein".

(Angesichts dieser eindrucksvollen Eigenwilligkeiten mag ein Seitenblick auf das Medium Fernsehen erlaubt sein: Katja Ebstein sang am 15. Mai d.J. in der Sendung "III nach neun" im 3. Programm Nord eine Vertonung von Heines "Die schlesischen Weber" mit folgender Textänderung: "Ein Fluch dem Götzen, zu dem wir gebeten" für "Ein Fluch dem Gotte, zu dem wir gebeten". Diese Änderung gibt dem Sinn des Gedichtes eine völlig neue Dimension.)

Wenn es sich bei diesen Beispielen offenbar um beabsichtigte Textbearbeitungen des Sprechers handelt, folgen nun unbeabsichtigt unterlaufene Fehler: Hildegard Burwitz spricht in dem Hofmannsthalgedicht "Die Beiden": "Jedoch wenn er aus ihrer Hand / Den leichten Becher nehmen sollte / So d ü n k t es beiden allzuschwer (...)" für "So w a r es beiden allzuschwer (...)" (65). Marianne Hoppe in dem Drostegedicht "Am letzten Tage des Jahres" (66): " G e - s c h e h e n all / Was ich begangen und gedacht" für " G e s e h e n all (...)". Elisabeth Flickenschildt spricht in dem Claudiusgedicht "Der Mond ist aufge- gangen": "(...) Laß uns einfältig werden, / Und vor dir hier auf Erden / Wie Kinder f r o h und fröhlich sein" für "Wie Kinder f r o m m und fröhlich sein" (67). Mathias Wieman läßt in Hölderlins "Brod und Wein" (68) in der Strophe vier Vers 69: "Vater! heiter! und hallt, so weit es gehet, das uralt / Zeichen (...)" die Worte "so weit es gehet" aus. Dasselbe geschieht im gleichen Gedicht in der Strophe acht: es werden vier Verse (133-136) nicht gesprochen. Etliche andere Eigenwilligkeiten allein an diesem Gedicht aufzuzeigen, würde hier zu weit führen. Doch sei angemerkt, daß diese Platte (erschienen etwa Ende der 50er Jahre) immer noch angeboten wird, auch von der Wissenschaft- lichen Buchgesellschaft. Der Text auf der Rückseite der Hülle zu dieser Wieman- platte schließt mit dem Satz: "So hat Mathias Wieman eine Popularität gewonnen (...) aus Ansprüchen, die er in all seinem Tun an seine Hörer stellt. Und an sich selbst (!) was er tut ist ebenso charakteristisch für ihn, wie das, was er nicht tut. 'Ich bin ein Dichterkenner', sagt er."

Der aufmerksame Hörer stößt nicht nur auf Textfehler, sondern auch auf Arti- kulationsnachlässigkeiten. Bemerkenswert sind Verstöße gegen die Hochlautung. So hört man bei Albert Bassermann durchgehend stimmlose s-Laute (69). Bei ihm und anderen älteren Sprechern sind solche "Eigenwilligkeiten" verständlich:

Bassermann wurde 1867 geboren, die Prägekraft des SIEBS, Deutsche Bühnenaussprache, konnte erst Anfang dieses Jahrhunderts wirksam werden, er erschien erstmalig 1898, als Bassermann seine Schauspielerausbildung gerade hinter sich hatte. Alexander Moissi (70) spricht das Wort Sklaverei mit [f], bei Mathias Wieman hört man das Wort <der> als [da], z.B. [da moːnt] (71). Sowohl bei Therese Giehse als auch bei Bruno Ganz erscheinen auslautendes <-ig> als [ik] (72), [haɪ̄lɪ̄knyçtərn] (73). Sowohl bei Hedwig Burwitz als auch bei Will Quadflieg werden auslautendes <-ng> als [ŋk] gesprochen, [gɪ̄ŋk] (74), [vɪ̄rkʊŋk] (75). Bei beiden wird häufig das [e] in Auslautsilben elidiert: treiben [tra̯ibn] oder geben [geːbn]. Dieses Abgleiten in die Verhaltensebene der Standardsprache ist nicht nur als sprachliche Nachlässigkeit zu betrachten; es verändert das rhythmische Gefüge eines Verses und hat damit Folgen für die Schallgestalt eines Gedichtes.

Wir haben bisher aus dem Vorrat der Sprechplatten dieses Jahrhunderts auf exemplarische Beispiele von Autoren oder - mit einer Ausnahme - von rezitierenden Schauspielern verwiesen. Nach allem, was wir zur Kenntnis genommen haben, drängt sich die Frage auf: Ist der Schauspieler der berufene Sprecher? Das setzt zunächst die Frage voraus: Was bringt er für diese Aufgabe an Fähigkeiten ein, über welche notwendigen Fähigkeiten verfügt er möglicherweise nicht? In den meisten Fällen besitzt er eine gestaltungsfähige, modulationsreiche Stimme mit mehr oder weniger Sonorität. Daran hat er gearbeitet, und darüber verfügt er (im allgemeinen). Daß er abgesehen davon gelernt hat, Theater zu spielen, also als Sprech s p i e l e r unter Leitung eines Regisseurs eine Rolle zu verwirklichen, ist für die Tätigkeit eines Rezitators unwesentlich. Jedoch sollte er das Gedicht als "Wortkunstwerk" in seiner vielschichtigen Verflochtenheit aus Inhalt und Form erkennen und interpretieren können (wobei interpretieren nicht im Sinne von "meinen" zu verstehen ist) und danach Dichtung sprechen. Diese Fähigkeit besitzt er im allgemeinen nicht. In der Schauspielschule wird sie nicht oder selten und in nicht ausreichendem Maße gelehrt. Deshalb ist sich der rezitierende Schauspieler in den meisten Fällen nicht bewußt, was Dichtung von ihm als Sprecher fordert. Was er dann durch sein Sprechen verwirklicht, ist weitgehend bestimmt von Unkenntnis und Gefühl. Daraus resultiert ein Schauspielerverhalten, in dem das Gedicht benutzt wird, um beim Publikum "anzukommen". Da es dem Sprecher gegenüber kein sachkundiges Publikum gibt wie z.B. in der Musik, und darüber hinaus kaum sachkundige Kritiker in Erscheinung treten, geht der rezitierende Schauspieler davon aus, daß das, was er tut, richtig ist; denn das applaudierende, unwissende Publikum bestätigt ja "Leistung" und danach werden Schallplatten produziert.

Diese Situation kennzeichnet das geradezu tragische Verhältnis zwischen Literaturwissenschaft und Sprechwissenschaft einerseits und der "Sprechkunst" andererseits. Ein tiefer, anscheinend unüberbrückbarer Graben trennt beide. Dichter und Autoren sind unter dem Gesichtspunkt, daß ihre Werke letztlich durch Sprechen verwirklicht werden, die ärmsten unter den Künstlern, die auf nachschaffenden Vollzug angewiesen sind. Die Werke der Musik kommen in sachkundiger Interpretation zur Aufführung und auf die Schallplatte. Von weitgehend sachkundigem Publikum wird sie gehört und allgemein sachkundig kritisiert. Dichtung aber - nehmen wir das Schauspiel als besondere Gattung aus - wird für Interpretationsübungen an Schulen und Hochschulen häufig mißbraucht oder von rezitierenden Schauspielern oft in Unwissenheit benutzt, und wenn einer meint, er sei als Rezitator ein "Dichterknecht" (76), so ist zu bedauern, daß er nicht weiß, was er als "Knecht" seinen Herren schuldig ist, wie er ihnen mit seinen Fähigkeiten zu dienen hat.

Diese Situation wird sich nur dann ändern, wenn Literaturwissenschaft und Sprechwissenschaft in einem Miteinander kritikfähige Deutschlehrer heranbilden, die in der Schuie durch einen entsprechenden Unterricht ein anderes, neues Verhältnis zur Literatur entfalten. Sie wird sich nur dann ändern, wenn der Schauspieler in seiner Ausbildung lernt, worin seine Aufgabe besteht, wenn er als Rezitator in Erscheinung tritt, lernt, daß ernsthafte Arbeit in diesem künstlerischen Bereich Wissen voraussetzt, und sein Gestaltungswille sich von Gesetzmäßigkeiten bestimmen lassen muß, die in der Dichtung impliziert sind, und seine eigene künstlerische Prägung sich nur in einem von diesen Gesetzmäßigkeiten umstellten Raum entfalten kann. Alle theoretischen Abhandlungen zum Dichtungsprechen bleiben Glasperlenspiele, wenn sie nicht den erreichen und zu Auseinandersetzungen führen, der Dichtung spricht oder hört.

Versuche, auf der Platte Dichtung mit Musik zu verknüpfen, sollten nicht unbeachtet bleiben: In Fortsetzung einer Plattenserie "Jazz und Lyrik" aus dem Anfang der 60er Jahre ist 1984 eine Platte erschienen mit dem Titel "lyrics. Texte und Musik" (77). Sie bringt Ausschnitte aus zwei Fernsehsendungen des III. WDR - Fernsehens. Zu Einzelheiten sei verwiesen auf eine Abhandlung von Renate Kühn: "Performance oder Showbusiness?" (78). Renate Kühn, die sich ausführlich mit der Wiedergabe dieser Platte und den Fernsehsendungen, verstanden als 'performance orale', beschäftigt, schließt ihre Abhandlung:

> "Insgesamt hat sich lyrics also als gescheitert erwiesen, die sich 'avantgardistisch' gebende Konzeption erscheint faktisch als eine Ansammlung von Einfällen, der vor allem eines fehlt: die konsequente Durcharbeitung. Lyrics wird so zu einem Spektrum nahezu aller Fehler, die im Performance-Kontext zu machen sind."

Wie nicht jeder Schauspieler eine Begabung zum Sprechen von Dichtung hat (denn er darf als solcher das gesprochene Wort nicht mit handelnden Aktionen verknüpfen, befindet sich nicht in einer Rollensituation, in der er ein Kostüm trägt, was es ihm möglicherweise leichter macht, Redesituationen zu verwirklichen), so gibt es wohl auch den Sprecher, der als Rezitator eine Begabung hat, aber als Schauspieler unfähig ist; ebenso wie ein Liedersänger hervorragend sein kann, der in der Oper wenig Befähigung zeigt.

Es gibt ihn gewiß, aber auf Sprechplatten tritt er kaum in Erscheinung, denn - wie bereits dargestellt - Sprechernamen, die kaum jemand kennt, verkaufen sich schlecht. So ist, ohne auf Marktinteressen Rücksicht nehmen zu müssen, in diesem Jahr eine Platte als Jahresgabe der "Deutschen Gesellschaft für Sprechwissenschaft und Sprecherziehung" erschienen, auf der zehn Sprecher zu Wort kommen (79), von denen keiner den Beruf des Schauspielers ausübt, zwei von ihnen haben eine Schauspielschule durchlaufen, neun haben eine wissenschaftliche und sprecherzieherische Ausbildung erfahren. Der Unterschied zu den rezitierenden Schauspielern zeigt sich bei den Jüngeren auf dieser Platte in einer noch wahrnehmbaren Scheu vor dem Mikrophon und Angst vor der ungewohnten Situation, daß das hier Gesprochene über Jahrzehnte hin wieder abrufbar ist; man vernimmt geradezu das klopfende Herz in der Stimme, was gelegentlich deren Gestaltungskraft und stimmliche Ausstrahlungsintensität mindert. Davon abgesehen zeigt diese Platte, daß die Kunst der Rezitation nicht grundsätzlich eine Sache von Schauspielern sein muß. Im Sinne Adornos realisiert sich Kunst und damit auch das Gedicht aus der "Vermählung von Eros und Erkenntnis" (80). Danach tritt bei den meisten zu vernehmenden Schauspielern von Platten der Anteil des "Eros" zu überwertig und die "Erkenntnis" zu dünnblütig in Erscheinung, hingegen hätte man dem "Eros" im Akt der Konkretisation der Gedichte auf dieser Platte "Kleine Anthologie" gelegentlich mehr Vitalität gewünscht. Ob mit ihr eine neue Sprechergeneration, die nicht aus dem Bereich des Schauspiels kommt, sondern mit einem anderen künstlerischen und wissenschaftlichen Hintergrund sich das Medium Schallplatte, marktwirtschaftlichen Gegebenheiten zum Trotz, zu eigen machen kann? (81)

ANMERKUNGEN

(1) Vgl. Irmgard Weithase, "Anschauungen über das Wesen der Sprechkunst von 1775-1825", Berlin, 1930; dies., "Die Geschichte der deutschen Vortragskunst im 19. Jahrhundert", Weimar, 1940.

(2) "Deutsche Dichtung. Eine klingende Anthologie", Christophorus CLX 75435.

(3) "Deutsche Dichtung", l.c.

(4) "Stimmen der Dichter. Eine tönende Anthologie", ZEITmagazin exklusiv, Promoton S 120 (1977), S. 1-A.

(5) "Stimmen der Dichter", l.c., S. 1-B.

(6) "Stimmen der Dichter", l.c., S. 4-B.

(7) "Stimmen der Dichter", l.c., S. 1-A.

(8) "Stimmen der Dichter", l.c., S. 1-A.

(9) "Stimmen der Dichter", l.c., S. 8-A.

(10) "Stimmen der Dichter", l.c., S. 4-B.

(11) "Ein Bertolt Brecht-Abend mit Therese Giehse", 2. Folge, Deutsche Grammophon 168094.

(12) "Helene Weigel liest Bertolt Brecht", Deutsche Grammophon 43052.

(13) "Stimmen der Dichter", l.c., S. 8-A.

(14) "Deutsche Dichtung", l.c.

(15) Bertolt Brecht, "Über reimlose Lyrik in unregelmäßigen Rhythmen", in: Versuche 27/32, Berlin, 1953, S. 144.

(16) Erich Drach, "Die redenden Künste", Leipzig, 1926.

(17) Erich Drach und A. Simon, "Der künstlerische Vortrag", Leipzig, 1927.

(18) Erich Drach, "Schallplatte und Sprecherziehung", in: Pädagogische Warte 38, 1931, S. 424-428; ders., "Schallplatten im deutschen Sprachunterricht", in: Mitteilungen der Akademie zur wissenschaftlichen Erforschung und Pflege des Deutschtums, 1933, S. 347-368; ders., "Die Schallplatte im Deutschkundlichen Unterricht", Frankfurt, 1937.

(19) Alfred Gutter, "Über das Vortragen von Dichtungen", Zürich, 1925.

(20) Andreas Heusler, "Deutsche Versgeschichte", Berlin, 1925-1929.

(21) Vgl. Schlaffhorst-Andersen, "Atmung und Stimme", Wolfenbüttel, 1928; Emil Fröschels, "Singen und Sprechen", Wien, 1920.

(22) Vgl. Ludwig Klages, "Vom Wesen des Rhythmus", Kampen/Sylt, ^{2}1934; Bernhard Koch, "Der Rhythmus", Langensalza, 1922; R. Hönigswald, "Vom Problem des Rhythmus", Leipzig, 1926.

(23) Vgl. Friedrich Karl Roedemeyer, "Vom Wesen des Sprech-chors", Augsburg, 1926.

(24) Oskar Walzel, "Das Wortkunstwerk", Leipzig, 1926.

(25) "Stimmen der Dichter", l.c., S. 8-A.

(26) "Stimmen der Dichter", l.c., S. 4-B.

(27) "Stimmen der Dichter", l.c., S. 7-B.

(28) "Stimmen der Dichter", l.c., S. 4-B.

(29) "Stimmen der Dichter", l.c., S. 9-B.

(30) "Stimmen der Dichter", l.c., S. 6-B.

(31) "Stimmen der Dichter", l.c., S. 5-B.

(32) "Stimmen der Dichter", l.c., Textbeilage (von Eckart Kleßmann), S. 3.

(33) "Deutsche Dichtung", l.c.

(34) "An den Mond. Lyrik aus drei Jahrhunderten", sound start 0106.

(35) "Deutsche Dichtung", l.c.

(36) "Deutsche Dichtung", l.c.

(37) "Marianne Hoppe liest Ingeborg Bachmann", Deutsche Grammophon 2570002.

(38) "Deutsche Gedichte vom Barock bis Brecht", Deutsche Grammophon LC 0173, S. 4, (1980).

(39) "Korall und Perle. Gedichte der Droste", FONO FSM 3007.

(40) "Hölderlin", ECM Records LC 2516, (1984).

(41) "Friedrich Hölderlin", Telefunken PLB 6129.

(42) "Deutsche Lyrik des Barock", Deutsche Grammophon 41001.

(43) "Friedrich Schiller. Gedichte", Selbstverlag LPS.

(44) "Deutsche Balladen und Urfaustmonolog", Athene 53022 G.

(45) "Friedrich Hölderlin. Ihr wandelt droben im Licht", Deutsche Grammophon 43031.

(46) "Deutsche Gedichte vom Barock bis Brecht", l.c., S. 4.

(47) "Lutz Goerner. Goethe für alle", pläne LC 0972, (1982).

(48) Siehe Will Quadflieg, "Wir spielen immer", Frankfurt, 1976, S. 292-296.

(49) Will Quadflieg, "Wir spielen immer", l.c., S. 43.

(50) "J. W. Goethe. Jugendlyrik und Balladen", Deutsche Grammophon 43008.

(51) Will Quadflieg, "Wir spielen immer", l.c., S. 262.

(52) Will Quadflieg, "Wir spielen immer", l.c., S. 83.

(53) Will Quadflieg, "Wir spielen immer", l.c., S. 88 f.

(54) Will Quadflieg, "Wir spielen immer", l.c., S. 263 f.

(55) Will Quadflieg, "Wir spielen immer", l.c., S. 266 f.

(56) Will Quadflieg, "Wir spielen immer", l.c., S. 276.

(57) "Friedrich Hölderlin. Ihr wandelt droben im Licht", l.c.

(58) "Will Quadflieg spricht Rainer Maria Rilke/Friedrich Hölderlin", Helidor 2571002.

(59) "Kinski spricht Schiller II", Amadeo SR 2041.

(60) "Lutz Goerner. Goethe für alle", l.c.

(61) "Deutsche Gedichte vom Barock bis Brecht", l.c.

(62) "Stimmen der Dichter", l.c.

(63) "Stimmen der Dichter", l.c., Textbeilage (von Eckart Kleßmann), S. 2.

(64) "Kinski spricht Schiller II", l.c.

(65) "An den Mond. Lyrik aus drei Jahrhunderten", l.c.

(66) "Deutsche Gedichte vom Barock bis Brecht", l.c., S. 1.

(67) "Deutsche Gedichte vom Barock bis Brecht", l.c., S. 1.

(68) "Friedrich Hölderlin", PLB 6129.

(69) "Deutsche Dichtung", l.c.

(70) "Deutsche Dichtung", l.c.

(71) "Friedrich Hölderlin", l.c.

(72) "Ein Bertolt Brecht-Abend mit Therese Giehse", l.c.

(73) "Hölderlin", l.c.

(74) "An den Mond. Lyrik aus drei Jahrhunderten", l.c.

(75) "Friedrich Hölderlin. Ihr wandelt droben im Licht", l.c.

(76) "Friedrich Hölderlin", l.c., im Text auf der Rückseite zu dieser Platte.

(77) "lyrics. Texte und Musik", Cosmos Records LC 8971, (1984).

(78) Renate Kühn, "Performance oder Showbuisiness", in: I. Schweinsberg-Reichart (Hg.), Performanz (Sprache und Sprechen, Bd. 15), Frankfurt a.M., 1985, S. 101-110.

(79) "Kleine Anthologie", Polyphonia 5004-4, (1986).

(80) Adorno, Th. W., "Ästhetische Theorie", Frankurt a.M., 1970, S. 490.

(81) Es war leider nicht möglich, Sprechplatten aus der DDR bei diesen Prolegomena zu berücksichtigen. Ich bedaure dies sehr; denn möglicherweise zeigen die Platten aus der DDR ganz andere Erscheinungsweisen der gesprochenen Dichtung angesichts der besonderen politischen, gesellschaftlichen und geistigen Entwicklung, der andersartigen Ausbildung der Schauspieler, des anderen Stellenwertes der Sprechwissenschaft an den dortigen Universitäten und ihrer anderen Wirkungsmöglichkeiten. Funk- und Fernsehsendungen, die in östlichen Teilen der Bundesrepublik zu empfangen sind, lassen darauf schließen.

48

LITERATURVERZEICHNIS

Adorno, Th. W.: Ästhetische Theorie, Frankfurt a.M., 1970.

Brecht, B.: "Über reimlose Lyrik in unregelmäßigen Rhythmen", Versuche 27/32, Berlin, 1953.

Drach, E.: Die redenden Künste, Leipzig, 1926.

Drach, E. und A. Simon: Der künstlerische Vortrag, Leipzig, 1927.

Drach, E.: "Schallplatte und Sprecherziehung", Pädagogische Warte 38, 1931, S. 424-428.

Drach, E.: "Warum spricht man Dichtungen?", Deutscher Bildungsverein 62, 1932, S. 353-356.

Drach, E.: "Schallplatten im deutschen Sprachunterricht", Mitteilungen der Akademie zur wissenschaftlichen Erforschung und Pflege des Deutschtums, 1933, S. 347-368.

Drach, E.: Die Schallplatte im Deutschkundlichen Unterricht, Frankfurt, 1937.

Fröschels, E.: Singen und Sprechen, Wien, 1920.

Geißner, H.: Schallplattenanalysen: Gesprochen Dichtung, Saarbrücken, 1965.

Geißner, H.: "Zur Phänomenologie des dichterischen Rhythmus", in: Ästhetische und rhetorische Kommunikation (Hg. W. L. Höffe), Ratingen, 1973, S. 24-39, (Sprache und Sprechen, Bd. 4).

Geißner, H.: "Sprechwissenschaftliche Vorüberlegungen zu einer Theorie der ästhetischen Kommunikation", in: Gesprochene Dichtung - heute? (Hg. W. L. Höffe), Kastellaun, 1979, S. 29-47, (Sprache und Sprechen, Bd. 7).

Geißner, H.: Sprechwissenschaft. Theorie der mündlichen Kommunikation, Königstein, 1981.

Geißner, H.: Sprecherziehung. Didaktik und Methodik der mündlichen Kommunikation, 2. Aufl., Königstein, 1986.

Gutter, A.: Über das Vortragen von Dichtungen, Zürich, 1925.

Harth, K. L.: Deutsch. Sprechen Lesen Vortragen Reden, 3. Aufl., Weimar, 1979.

Harth, K. L.: Voraussetzungen für werk- und hörerbezogenes Dichtungsprechen, Weimar, 1979.

Heusler, A.: Deutsche Versgeschichte, Berlin, 1925-1929.

Hönigswald, R.: Vom Problem des Rhythmus, Leipzig, 1926.

Ingarden, R.: Das literarische Kunstwerk, 2. Aufl., Tübingen, 1960.

Ingarden, R.: Vom Erkennen des literarischen Kunstwerks, Darmstadt, 1968.

Klages, L.: Vom Wesen des Rhythmus, 2. Aufl., Kampen/Sylt, 1934.

Koch, B.: Der Rhythmus, Langensalza, 1922.

Krech, E. M.: "Sprechwissenschaftlicher Beitrag zu Wesen und Funktion des Dichtungsprechens", Teil I, Wissenschaftliche Zeitschrift der Universität Halle, 1977, S. 89-101.

Krech, E. M.: "Zur Realisierung der Vortragskunst in der sprechkünstlerischen Kommunikation", Hallesche Studien zur Wirkung von Sprache und Literatur 2, Wissenschaftliche Beiträge der Martin Luther-Universität Halle Wittenberg, 1981.

Krech, E. M.: "Sprechkünstlerische Kommunikation. Ein Beitrag zur Diskussion um theoretische Positionen", Miteinander Sprechen und Handeln, Festschrift für Hellmut Geißner (Hg. E. Slembek), Frankfurt a.M., 1986, S. 179-188.

Kühn, R.: "Performance oder Showbuisiness?", Performanz (Hg. I. Schweinsberg-Reichart), Frankfurt a.M., 1985, S. 101-110, (Sprache und Sprechen, Bd. 15).

Lerchner, G.: "Wirkungsmöglichkeiten der sprachlichen Gestaltung poetischer Texte", Funktion und Wirkung. Soziologische Untersuchungen zur Literatur und Kunst, Berlin/Weimar, 1978, S. 120-135.

Quadflieg, W.: Wir spielen immer, Frankfurt, 1976.

Roedemeyer, F. K.: Vom Wesen des Sprech-chors, Augsburg, 1926.

Rösener, R.: "Verse von Band und Platte", Sprechen - hören -verstehen (Hg. H. Geißner und W. L. Höffe), Ratingen, 1968, S. 118-126, (Sprache und Sprechen, Bd. 1).

Rösener, R.: "Gesprochene Dichtung heute", Gesprochene Dichtung - heute? (Hg. W. L. Höffe), Kastellaun, 1979, S. 93-102, (Sprache und Sprechen, Bd. 7).

Rösener, R.: "Sprechkundliche Erarbeitung eines Gedichtes im Unterricht: Annette von Droste-Hülshoff 'Das Hirtenfeuer'", Mündliche Kommunikation in der Schule (Hg. E. Bartsch), Königstein, 1982, S. 145-160, (Sprache und Sprechen, Bd. 8).

Rösener, R.: "Das Sprechen von Dichtung im Bereich des Lehrens und Lernens", Mündliche Kommunikation in Studium und Ausbildung (Hg. G. Lotzmann), Königstein, 1982, S. 167-178, (Sprache und Sprechen, Bd. 9).

Schlaffhorst-Andersen: Atmung und Stimme, Wolfenbüttel, 1928.

Trojan, F.: Die Kunst der Rezitation, Wien, 1954.

Walzel, O.: Das Wortkunstwerk, Leipzig, 1926.

Weithase, I.: Anschauungen über das Wesen der Sprechkunst von 1775-1825, Berlin, 1930.

Weithase, I.: Die Geschichte der deutschen Vortragskunst im 19. Jahrhundert, Weimar, 1940.

Weithase, I.: "Experimentelle Auswertung von Tonträgern zur Untersuchung des Sprechstils", Sprechen - hören - verstehen (Hg. H. Geißner und W. L. Höffe), Ratingen, 1968, S. 134-157, (Sprache und Sprechen, Bd. 1).

Weithase, I.: Sprachwerke - Sprechhandlungen, Köln/Wien, 1980.

Winkler, Chr.: Deutsche Sprechkunde und Sprecherziehung, 2. Aufl., Düsseldorf, 1969.

Wittsack, W.: Studien zur Sprechkultur der Goethezeit, Berlin, 1932.

ZUR AUSSPRACHE VON AUSLAUTENDEM /-r/

PETER MARTENS und HILTRUD MARTENS

1. Forderungen von heute und vor hundert Jahren

1.1. In der Fernseh-Sendung "Elisabeth Schwarzkopf - Porträt einer Sängerin" am 5. November 1985 [1] wurde Frau Schwarzkopf auch beim Gesangsunterricht gezeigt. Sie korrigierte das Auslaut/-r/ einer Gesangs-Schülerin, die ein Zungenspitzen-|r| gesungen hatte in den Wörtern "Kummer" und "Schlummer":

> "Aber sagen Sie doch nicht ['kʊm ə r]! Sprechen Sie kein rollendes R! Das ist ja schrecklich! Deutsch ist doch kein Italienisch! Sagen Sie einfach ['kʊmɐ] und jedermann weiß, was Sie meinen!"

D.h. also Elisabeth Schwarzkopf entsetzt sich über die konsonantische ("rollende") Aussprache von auslautendem /-r/ und fordert ihre Gesangs-Schülerin auf, dies /-r/ vokalisch auszusprechen.

1.2. Aber gerade diese Vokalisierung von /-r/ in Auslaut-Positionen hat häufig Entrüstung hervorgerufen. Schon vor hundert Jahren (1882) spottete Friedrich Theodor Vischer folgendermaßen darüber: [2]

> "Da Mensch soll sich von da bloßen Natua zua Kultua aheben und dies voanehmlich auch an da Sprache zeigen, indem ea die gröbaen Ualaute daselben mildat. Ein solcha Ualaut ist namentlich das R. Wenn gebildete Menschen sich miteinanda untahalten, soll es nicht klingen wie ein Donnawetta oda als wüade da Zapfenstreich geschlagen. Lasset uns diesen rohen Laut übaall da, wo die gebildetae Meaheit da Deutschen ihn längst als A spricht, künftig auch so schreiben."

Damit hatte Friedrich Theodor VISCHER schon zwei wesentliche Erscheinungen gekennzeichnet:

einerseits die Vokalisierung des Auslaut-/-r/ in Wörtern wie:

Natur, zur, Kultur, vor(nehmlich), er, Ur(laut), würde, Mehrheit,

andererseits die monophthongische Aussprache der unbetonten Endung "-er" in Wörtern wie: mildert, solcher, miteinander, unterhalten, Donnerwetter, oder, überall.

Diese Art der Aussprache ist also nicht neu!

2. Angaben in Aussprache-Wörterbüchern

Welche Auskunft erhält man, wenn man in Aussprache-Wörterbüchern nachschlägt, um zu erfahren, welche Form des R-Lauts in der Auslaut-Position im Deutschen zu sprechen ist?

Der SIEBS gestattet für die sogenannte "reine Hochlautung" nur Zitterlaut[3], und zwar entweder als Zungenspitzen-[-r] oder als Zäpfen-[-R]. Für "gemäßigte Hochlautung" wird die (hintere) Reibelaut-Variante [ʁ] zugelassen. Vokalisierte Formen werden nur geduldet "...bei den Einsilblern in pro- und enklitischer Stellung (der, mir, für, vor [deɐ])"[4].

Diese Einordnung des vokalisierten /-r/-Lauts im SIEBS stimmt mit der heutigen Realität nicht mehr ganz überein, denn selbst bei der Aufführung klassischer deutscher Dramen hört man auf der Bühne immer häufiger die vokalisierte Auslaut-Variante des /-r/. Außerhalb des Theaters wird das vokalisierte Auslaut-/-r/ erst recht immer stärker bevorzugt.

Im DUDEN, Band 6 (Aussprachewörterbuch) wurde in der 1.Auflage von 1962 die vokalisierte Form von auslautendem /-r/ noch eingestuft als "Umgangslautung" und deshalb zur "Nichthochlautung" gerechnet.[5] Seit der 2.Auflage von 1974 gilt auch für MAX MANGOLD (Herausgeber des DUDEN-Aussprache-Wörterbuchs) das vokalisierte Auslaut-/-r/ (und sogar die monophthongische Aussprache der Nachsilbe "-er") als übliche Form der Standard-Sprache:[6] für [fy:ɐ] Mutter ['mʊtɐ].

Man kommt einfach nicht umhin festzustellen, daß besonders nach langen, gespannten Vokalen die vokalisierte Auslaut-Variante [-ɐ] heute die fast allgemein übliche Gebrauchs-Norm ist und daß in der unbetonten Nachsilbe "-er" die monophthongische Form vorherrscht.[7]

Dieser Ansicht stimmten die Autoren des Halleschen "Wörterbuches der deutschen Aussprache" schon in der 1.Auflage zu.[8] In der 2.Auflage (1969) heißt es: "Bei vokalischer Auflösung wird ein dunkler Mittelzungenvokal gesprochen". Als Beispiele werden u.a. genannt: "ihr, Uhr, umgekehrt".[9]

Zur Endung "-er" heißt es: [10] "Beim Suffix -er wird fast durchweg das r aufgelöst und zusammen mit dem e als einheitlicher Mittelzungenvokal gesprochen." In der Neu-Bearbeitung dieses Buches [11] (unter dem Titel "Großes Wörterbuch der deutschen Aussprache") gilt die monophthongische Aussprache nicht nur für die Endung "-er", sondern sogar "in den unbetonten Präfixen er-, her-, ver-, zer-".

Dies scheint uns allerdings zu weit zu gehen!

3. Vokalisiertes Auslaut-/-r/ in Dialekt-Texten.

3.0. Die Vokalisierung von Auslaut-R und die monophthongische Aussprache der unbetonten End-Silbe "-er" sind nicht nur alt, sie sind auch keineswegs beschränkt auf eine eingrenzbare Region. Sie sind nicht etwa eine singuläre Sprechgewohnheit eines bestimmten Dialekt-Gebiets. Sie sind vielmehr eine weit verbreitete Erscheinung im deutschen Sprachgebiet.

Das läßt sich für viele Dialekte z.B. daran erkennen, daß auslautendes /-r/ und auch "-er" mit dem Buchstaben "a" geschrieben werden. Dazu einige Beleg-Beispiele aus Dialekt-Dichtungen:

3.1 MÜNCHNERISCH

aus dem Gedicht "A Bladl" von Karl Heinz KLÜGL[12]

"-r" Zeile 4. Goadn Garten. Z. 9. goa gar

"-er" Z.1. gestan gestern Z.4. entweda entweder.
Z.4. oda oder Z.4. Klettagoadn Klettergarten
Z.5. üba über Z.5. Erinnarung Erinnerung
Z.5. Summa Sommer Z.9. nimma nimmer
Z.11. öfta öfter

3.2. WIENERISCH

aus dem Vorspruch von H.C. ARTMANN zu seinem Buch "med ana schwoazzn dintn"[13]

"-r" Titel: schwoazz schwarz
Z.3. heazz Herz Z.7. woat wart
Z.1o. woa war Z.13. eascht erst
Z.17. nua nur Z.17. gean gern
Z.22. n lean daschl einem leer'n Täschchen

"-er" Z.4. iwa über Z.4. glanda Geländer
Z.8. wida wieder Z.9. untan schilee unterm Gelee
Z.11. oda oder Z.14. eea eher

Z.18. dichta   Dichter   Z.20. jeda   jeder
Z.5. fabindung   Verbindung

3.3. SÜD-STEIRISCH

Paul Anton KELLER : "Da Schotz" [14]

"-r"   Z.0. da   der

"-er"   Z.1. da Voda   der Vater
        Z.6. Raubritta   Raubritter   Z.10. oba   aber
        Z.18. Weiba   Weiber   Z.28. Steua   Steuer
        Z.45. hintranonda   hintereinander
        Z.48. in seina Hand   in seiner Hand
        Z.12. Vasteck   Versteck   Z.29. vabrinn i   verbrenn ich

3.4 NIEDERSCHLESISCH (BRESLAU)

Gerhart POHL: "Kindlmoarkt ei Brassel" [15]

"-er" Z.5. mit da Feda   mit der Feder   Z.11. Kinda   Kinder
      Z.34. Menna wie ooch Weiba   Männer wie auch Weiber

3.5. BERLINERISCH

Wolf Dietrich SCHNURRE "t Bejräbnis" [16]

"-er"   Z.2. runta   runter   Z.2. Hamma   Hammer
        Z.7. hinta   hinter   Z.11. wieda   wieder
        Z.14. schwarza Rand   schwarzer Rand   Z.15. eena   einer
        Z.20. Traua   Trauer   Z.23. Kleena   Kleiner

3.6. HAMBURGISCH (Hochdeutsch)

Dirks PAULUN : "Schöön doitlich - Klage einer Großmutter" [17,18]

"-r"   Z. 6. vooa   vor   Z.8. die Gööan   Gören
        Z.19. gaa   gar   Z.23. Nachbaan   Nachbarn
        Z.26. waan   war'n   Z.31. hööat   hört
        Z.33. wiad   wird

"-er"   Z.3. besonnas   besonders
        Z.11. Kinnaschuh   Kinderschuh   Z.25. sonnan   sondern
        Z.33. (wird) a   er   Z.33. ägalich   ärgerlich

3.7. NIEDERDEUTSCHE DIALEKTE

In Anlehnung an die hochdeutsche Rechtschreibung ist es für
niederdeutsche Texte üblich, das auslautende /-r/ in der Rechtschreibung durch den Buchstaben "-r" wiederzugeben, schon um die Texte
dadurch leichter lesbar zu machen. [19]

In der gesprochenen Form niederdeutscher Dialekte jedoch scheint die
Vokalisierung von auslautendem /-r/ eine sehr alte Erscheinung zu
sein.

In zahlreichen Wörtern ist der mittelhohe Vokal [ɛ][20] vor einem silben-schließenden / -r / gesenkt worden zum niedrigen Vokal |a|. Diese Entwicklung ist einleuchtend, wenn das auslautende /-r/ als niedriger Zentral-Vokal [ɐ] gesprochen wurde. Einige Beispiele: Der Familien-Name Martens (belg. Minister-Präsident) hat sich entwickelt aus "Martinus" (durch [i] wird [a] > [ɛ]) zu "Mertens", Mertens ['mɛɐ̯təns] wiederum durch den niedrigen Zentral-Vokal [ɐ] (das vokalisierte "-r"!) > Martens.

Oder: (der Berg) Berch [bɛɐ̯ç] > Barch [ba:x].

Oder: (die Kirche) Kerke ['kɛɐ̯kə] > Kark(e) [ka:k].

Man vgl. hierzu auch aus den phonetischen Transkriptionen der niederdeutschen Volksballade "De twee Königskinner" [21] die Wörter mit "-r" oder "-er" im Auslaut, die alle eine Form mit niedrigem Zentral-Vokal [ɐ] zeigen, also u.U. in der orthographischen Form mit dem Buchstaben "a" hätten geschrieben werden können (wie die Texte aus oberdeutschen und mitteldeutschen Dialekten):

Wörter mit "-r": Zeile 8: vör, Z.9. dor
Wörter mit "-er" Z.1.: Kinner, Z.2.: anner, Z.4.: Water, Z.13.: Fischer, Z.24.: Vadder, Modder, Z.14.: verdeenen.

3.8. Beispiele aus der Alltags-Praxis

Die Endung "-er" einfach mit dem Buchstaben "A" zu schreiben – also gleichsam aussprache-gerecht – das ist eine Möglichkeit, die im Süden des deutschen Sprach-Bereichs mit einer gewissen Selbstverständlichkeit auch im Alltag praktiziert wird. Zwei Beispiele dazu:

1. Bei Trinkstein, oberhalb von Kasern im Ahrntal, Südtirol, gibt es eine Jausenstation mit dem Namen "Jagahütten", geschrieben mit dem Buchstaben "A" in der 2. Silbe, und zwar sowohl auf den Hinweis-Tafeln als auch auf dem Hütten-Schild.

Vielleicht denkt jetzt mancher: Nun ja, fern der Zivilisation, da kommt es vor, daß man schreibt, wie man spricht!

Das läßt sich für das 2. Beispiel wohl nicht sagen:

2. Dies Beispiel stammt aus dem renommierten Münchner Restaurant "Spöckmeier" (am Roseneck, neben dem Marienplatz). Dort steht auf der Speisekarte "Obatzta" (das ist mit Butter angemachter Camembert). "obatzta" ist ein Partizipial-Adjektiv von dem Verbum "obatzen" = anbatzen, anmachen, zurechtmachen = zurechtgemachter Käse. D.h. also die Endung "-er" wird auch hier wiedergegeben durch den Buchstaben "a".

4. Auslaut-/-r/ nach Akzent-Vokal in der deutschen Standard-Sprache

4.1. Pseudo-Diphthonge

In der Standard-Sprache erscheint das Auslaut-/-r/ heute vorwiegend als vokalischer Nachklang des vorausgehenden Akzent-Vokals.

Dieser niedrige Zentral-Vokal [ɐ] hat eine mehr zentrale und etwas höhere Zungenhebung als der helle (vordere) A-Laut [a] (wie in "Mann").

> Einem Deutsch-Lernenden läßt sich oft gut helfen, wenn man ihn auffordert, diesem niedrigen Zentral-Vokal [ɐ] einen Klang-Charakter zu geben, der so etwa zwischen dem hellen (vorderen) [a] und dem (gerundeten Vorderzungen-Vokal) [œ] liegt; jedoch sollen für den Zentralvokal [ɐ] die Lippen weder vorgestülpt noch gespreizt werden.

Da dieser niedrige Zentral-Vokal als unbetonter Nachklang eines Vokals auftritt, könnte man also durchaus sagen: aus dem vokalisierten /-r/-Laut wird zusammen mit dem vorausgehenden Vokal eine Art zentralisierender (Kurz-)Diphthong.[22]

> Es gibt im Englischen eine gewisse Parallele [23] zu dieser diphthongischen Kombination aus Akzent-Vokal + vokalisiertem Auslaut-/-r/: dort entstehen aus Akzent-Vokal + Zentral-Vokal (an Stelle eines auslautenden /-r/) die sogenannten "Centring diphthongs".

Allerdings ist darauf hinzuweisen, daß es sich in solchen Fällen nur um positions-bedingte Pseudo-Diphthonge handelt. Die diphthongische Form kommt nämlich nur zustande, wenn das /-r/ in Auslaut-Position steht: isoliert wie in "Tür", oder vor Auslaut-Konsonanten wie in "sie führt" oder "du führst".

> Wenn jemand Deutsch als Fremdsprache lernt, dann sollte er wissen, daß der /r/-Laut in längeren Wortformen vor Vokal (z.B. wie in "Tier ≠ Tiere") wieder "konsonantisch" gesprochen wird (als Zitterlaut oder Reibelaut), eben zwischen zwei Silbenkernen.

4.2. Vokalisiertes Auslaut-/-r/

nach gespanntem oder ungespanntem Vokal

Nach langen, gespannten Vokalen [i:, e:, ɛ:, u:, o:, y:, ø:] ist vokalisiertes Auslaut-/-r/ (als niedriger Zentral-Vokal [ɐ]) heute allgemeine Gebrauchsnorm, z.B. in Wörtern wie

"Tier, mehr, Bär, Uhr, Ohr, Tür, Gehör".

Wenn man einem Lernenden klarmacht, daß der Buchstabe "-r" im Auslaut nicht als konsonantisches /r/ zu sprechen ist (also nicht als Zitterlaut oder Reibelaut), sondern so an den vorangehenden Vokal "angehängt" wird wie der zweite Teil eines Diphthongs, dann kommt er im allgemeinen am ehesten zu einer akzeptablen deutschen Aussprache.

Im SIEBS, DUDEN-Aussprache-Wörterbuch und im Halleschen Großen Wörterbuch der deutschen Aussprache wird die Vokalisierung des Auslaut-/-r/ nach kurzen, ungespannten Vokalen als nicht akzeptabel eingestuft. Aber auslautendes /-r/ als niedriger Zentral-Vokal [ɐ] ist heute auch nach kurzen, ungespannten Vokalen schon sehr weit verbreitet. Allerdings muß bei solcher Sprechweise vermieden werden, daß die ungespannten (hohen, weiteren) Vokale [ɪ, ʊ, ʏ] (wie in "Wirt, Wurst, Gürtel") etwa durch den Einfluß des folgenden niedrigen Zentral-Vokals [ɐ] gesenkt werden zu den nächstniedrigen, gespannten (mittelhohen, engeren) Vokalen [e, o, ø]. Wenn die Vokale dann etwa auch noch gedehnt werden, dann ergeben sich Schwierigkeiten bei der semantischen Zuordnung, denn man hört dann u.U. statt "Wirt" das Wort "Wert", statt "Urteil" ein Wort wie "Ohrteil".

Sehr ähnlich sind einander nämlich die Artikulationsstelle und die Klang-Qualität der Vokale

[ɪ] und [e] wie in "bitten" und "beten",
[ʊ] und [o] wie in "Mund" und "Mond",
[ʏ] und [ø] wie in "Hülle" und "Höhle".

Da die ungespannten (weiteren) Vokale [ɪ, ʊ, ʏ] im (zentralen) Phonem-System der deutschen Sprache nur in kurzer Form vorkommen, könnte sonst tatsächlich die Quantität plötzlich zum entscheidenden Differenzierungs-Merkmal werden, denn es genügt eben schon eine Dehnung, um den Akzent-Vokalen von "bitten, Mund, Hülle" ein Klangbild zu geben, das von dem der Akzent-Vokale in "beten, Mond, Höhle" praktisch kaum zu unterscheiden ist.[24] Mit derartigen Fehl-Artikulationen dürfte dann allerdings die Grenze von akzeptablem zu unkultiviertem Sprechen überschritten sein. Und es ist nur allzu natürlich, daß solche Sprechgewohnheiten den Spott herausfordern, besonders wenn dann auch noch der niedrige Zentral-Vokal [ɐ] zu einem hellen (vorderen) [a] wird.

Der Schüler eines humanistischen Gymnasiums (also mit Latein-Unterricht) sprach das Wort "Wurst" so aus wie "Woast". Dementsprechend lösten seine Klassenkameraden das Wort auf in die zwei von ihm signalisierten Bestandteile "Wo" und "Ast" und riefen ihn mit dem pseudo-lateinischen Namen "Ubi-ramus" (aus: "wo" = lat. "ubi" + "Ast" = lat. "ramus").

4.3 Ersatz-Dehnung von niedrigeren Vokalen

Die niedrigen Vokale [ɑ:] und [a] und auch [ɔ] (wie in den Wörtern "Fahrt", "Mark", "Wort") liegen artikulatorisch und klanglich sehr in der Nähe des niedrigen Zentral-Vokals [ɐ].

Das bringt es mit sich, daß ein vokalisiertes Auslaut-/-r/ in Wörtern wie "Fahrt, Mark, Wort" nicht so leicht von den vorausgehenden Vokalen ([ɑ:, a, ɔ]) zu unterscheiden ist wie von höheren Vokalen (z.B. von den hohen, engeren Vokalen [i:] und [u:] in "vier, nur"). Bisweilen hört man, daß der /r/-Laut in solchen Fällen nur noch durch eine Dehnung des voraufgehenden Vokals "angedeutet" wird.

Diese Sprechweise – mit "Ersatz-Dehnungen" – gilt nicht gerade als kultiviert. Vielmehr rechnet man sie bisher immer noch zu einer niedrigeren Formstufe. Nach den niedrigen Vokalen [ɑ:] und [a] (wie in "Fahrt, Mark") und nach dem kurzen (mittelhohen, weiteren) Vokal [ɔ] (wie in "Wort") ist eine Zitterlaut- oder Reibelaut-Variante – schon der Verständlichkeit halber – vorzuziehen.[25]

Wenn das auslautende /-r/ nach einem dunklen, langen [ɑ:] völlig aufgelöst wird und nur noch durch eine Dehnung des voraufgehenden A-Lauts zur Geltung kommt, dann lassen sich Wörter wie "das K" (der Buchstabe) und "das Kar" kaum noch auseinanderhalten.

Eine solche Form der Aussprache kann sehr leicht orthographische Fehler hervorrufen. Dazu ein Beispiel:

Der Name der Insel "Madagaskar"[26] erscheint ohne das End-R in dem Platten-Album "Waterkant grüßt Binnenland" bei der Angabe des Shanty-Titels "Wir lagen vor Madagaskar."
Um einen einfachen Druckfehler kann es sich kaum handeln, denn die Form "Madagaska" – ohne "-r"! – erscheint dreimal: auf dem Albumdeckel, im Inhaltsverzeichnis im Innern und auf dem Platten-Etikett!
Dies ist im Grunde natürlich ein harmloser Fehler.

Es kann durch "Ersatz-Dehnungen" aber auch zu schwerwiegenden

Mißverständnissen kommen. So war in der Wochenzeitung DIE ZEIT 1964 folgende "Berichtigung" zu lesen: [27]

."In dem Artikel: 'Egon Bahr und die Detektive' (ZEIT Nr. 46, Seite 2) hatte sich ein Druckfehler eingeschlichen. Das Zitat aus dem Westberliner 'Kurier' hieß nicht: 'Weitverbreitet war die Sage, daß die Berliner Dinge bei solcher Dreiteilung des Verantwortlichen Schaden nehmen müßten.' Richtig lautete es: 'Weit verbreitet war die Sorge ...'".

Was hier vorliegt, ist keineswegs einfach ein Druckfehler! Es handelt sich vielmehr um die Fehl-Interpretation eines beim Diktat gehörten Lautes: In dem Wort "Sorge" war der (eigentlich ja kurze) ungespannte, weitere Vokal [ɔ] offenbar als Ersatz für den Ausfall des (eigentlich folgenden) Auslaut-/-r/ gedehnt worden. Außerdem aber kam wohl noch folgende Komplikation hinzu: der Diktierende hatte offenbar die Gewohnheit, langes, gespanntes, hinteres [ɑ:] (wie z.B. in dem Wort "Bahn") in einer sehr dunklen Dialekt-Variante (des Nordens oder des Südens) zu sprechen. Deshalb wurde nun dies lang gesprochene [ɔ:] interpretiert als ein (übermäßig dunkel gesprochenes) langes, gespanntes, hinteres [ɑ:]. Und so war das Wort "Sorge" durch Ersatz-Dehnung zu ['zɔ:gə] geworden und wurde dann gedeutet als das Wort "Sage".

5. Nebensilbe "-er"

5.1. Diphthongisierung oder Monophthongisierung

In der unbetonten Nebensilbe "-er" wird das auslautende /-r/ so gut wie immer vokalisiert, so daß eine gleichsam kurz-diphthongische Form entsteht ([-ɛɐ̯] oder [-ɜɐ̯]). Dies gilt heute auch für gehobene Formstufen (z.B. bei Nachrichten und Ansagen im Funk und im Fernsehen).

Man muß die vokalisierte Form des Auslaut-/-r/ heute auch für die unbetonte Nebensilbe "-er" als vorherrschende Gebrauchs-Norm anerkennen.

Zwei Realisierungs-Varianten gibt es für die unbetonte Nebensilbe "-er" (bei Vokalisierung des Auslaut-/-r/):
entweder wird eine Art von Kurz-Diphthong gesprochen ([-ɛɐ̯] oder [-ɜɐ̯]),

oder die beiden Laute werden reduziert zu einem Pseudo-Monophthong in Gestalt des niedrigen Zentral-Vokals [-ɐ].

In der unbetonten Nachsilbe "-er" ist heute die monophthongische Aussprache allgemein verbreitet, also z.B. in Wörtern wie "Mutter, wandern, du wanderst, besonders" u.ä. Für die Vorslbe mit "-er" gilt dies nicht. (vgl. unter 5.4)

5.2. Silbigkeit des vokalisierten Auslaut-/-r/

5.2.1. Silbisches Auslaut-/-r/ = [-ɐ] ("-er")

Bei monophthongischer Aussprache der unbetonten Nebensilbe "-er" wird lediglich der niedrige Zentral-Vokal |ɐ| gesprochen. D.h. der zweite Teil (eben das vokalisierte /-r/, das ja eigentlich nach dem Silbenkern kommt - "randständig" ist -) übernimmt die Funktion des Silbenträgers (des Silbenkerns).

Das ist im Prinzip nicht anders als bei den unbetonten Nachsilben "-en, -el" : wenn dort der unbetonte (mittelhohe) Zentral-Vokal [ə] ausfällt, repräsentiert allein der Nasal oder die Liquida [l] den Silbenkern, z.B. in Wörtern wie "Ofen ['o:fn̩] "Löffel" ['lœfl̩]. Ebenso kann auch in der Silbe "-er" nach dem Ausfall des eigentlich silbentragenden (mittelhohen) Zentral-Vokals [ɜ] das /-r/ in der vokalisierten Form (also als niedriger Zentral-Vokal [ɐ]) zum Silbenkern (zum "Nukleus") werden.

Die monophthongische Realisierung der unbetonten Nachsilbe "-er" ist die heute allgemein übliche Gebrauchs-Norm in Wörtern wie "Vater, immer, Koffer, höher, hungern, Bayern".

Allerdings gehört es zu einer niedrigeren Formstufe, den niedrigen Zentral-Vokal [-ɐ] durch den hellen vorderen A-Laut [a] (wie in "Mann") zu ersetzen. Dies ergibt dann Aussprache-Formen wie "Tür" [ty:a]. Aber wie ähnlich für manchen das A in "Mann" und die monophthongische Aussprache der Nachsilbe "-er" klingen, zeigt sich deutlich an der Gleichsetzung dieser vokalischen Klänge bei Reimen in Schlagern, Werbe-Sprüchen und Kabarett-Texten. Für solche Text-Sorten werden ja besonders gern die abgeschliffenen "Alltagsformen" herangezogen:

Vorderes, helles [-a] + Zentral-Vokal [-ɐ]
>
> Oh Mama,
> hol den Hammer

Eine Fernseh-Sendung für Kinder (vom NDR über die ARD ausgestrahlt) trägt den Namen "Plumpaquatsch", in der 2. Silbe nicht geschrieben mit "-er", sondern mit dem Buchstaben "a".

Aber es geht viel weiter: sogar hinteres (dunkles) [-ɑ] wird verwendet als Reim auf den niedrigen Zentral-Vokal [-ɐ]:

Schlagertext von Udo Lindenberg:

> "Er war schnell wie ein Tiger   [-ɐ]
> der Schrecken der Bundes-Liga"   [-ɑ]

Aus einem anderen Schlager:

> "Ich fahr mit der Lambretta   [-ɑ]
> hinaus zu meinem Vetter."   [-ɐ]

Werbespruch-Parodie: (als Kontrafaktur auf den Schlager-Vers: "Ei, ei, ei, Maria, Maria aus Bahia"):

> "Ei, ei, ei, Sanella,   [-ɑ]
> Sanella auf den Teller!"   [-ɐ]

In einem Kabarett-Text hieß es[28]:

> "Das ist freilich viel bequemer   [-ɐ]
> einzuordnen in das Schema."   [-ɑ]

Es gab eine ZDF-Sendung (1981), die hieß

> "Und die Tuba   [-ɑ]
> bläst der Huber"   [-ɐ]

Harald Juhnke beim Fernseh-Wunschkonzert "Musik ist Trumpf" zu Caterina Valente:[29]

> Dafür danken Dir, Caterina,   [-ɑ]
> die Berliner!"   [-ɐ]

Ganz bewußt werden hier also weder Quantitäts- noch Qualitäts-Unterschiede berücksichtigt, um - eben dadurch - witzige Effekte erzielen zu können.

Die monophthongische Aussprache-Form der Endung "-er" (als [-ɐ]) und die unbetonte Endsilbe mit kurzem, dunklem (hinterem) [-ɑ] im Wortauslaut werden durch den Reim als gleichwertig miteinander verkettet.[30]

Dies schafft natürlich glänzende Voraussetzungen für solche Späße wie di⟨ Scherz-Fragen nach den "Berlinerinnen und ihren Berufen":[31]

Wanda Vogel	Reiseleiterin
Martha Stuhl	Zahnärztin
Ada Lassen	Finanzbeamtin
Linda Schauer	Krimi-Autorin
Gitta Rost	Wurstbraterin
Imma Knille	Bardame

5.2.2. Silbisches [-ɐ] ("-er") und unsilbisches [-ɐ̯] ("-r")

Nach akzentuiertem, langem, gespanntem Vokal kann ein niedriger Zentral-Vokal [-ɐ] zweierlei repräsentieren:

1. die vokalisierte Aussprache-Form des "post-nuklearen" (= auf den Silbenkern folgenden "randständigen") Auslaut-/-r/ (in "konsonantischer" - silbenschließender Funktion):

  z.B. in   "Tür" [ty:ɐ̯]

2. die monophthongisierte Aussprache-Form der unbetonten Nachsilbe "-er"

  z.B. in   "früher" ['fry:ɐ].

Bei dem zweiten Beispiel ist intonatorischer Tonbruch möglich zwischen der ersten Silbe "früh-" und der zweiten Silbe [-ɐ] (= "-er").

> Dies liegt daran, daß der niedrige Zentral-Vokal [-ɐ] dann auch als Silben-Repräsentant gewertet wird. In Wörtern wie "Bauer, früher" kann eben deshalb zwischen der ersten und der zweiten Silbe (also dem [-ɐ]) ein "Tonbruch" (oder: "Tonsprung") liegen, wie zwischen anderen Silben auch. Das ist natürlich bei dem "randständigen" (gleichsam "konsonantischen") Pseudo-Vokal [-ɐ̯] in einem Wort wie "Tür" oder "Tor" normalerweise nicht möglich. Bei "Tür" ist der niedrige Zentral-Vokal [-ɐ̯] nämlich nicht der Repräsentant eines Silbenkerns, sondern ist ein "randständiges" (postnukleares = nach dem Silbenkern stehendes) Phonem in "konsonantischer" Auslaut-Funktion.

Auf diese Art (u.a.!) lassen sich Sätze unterscheiden wie "Das ist ein Rohrbruch" [ro:ɐ̯...] und "Das ist ein roher Bruch [ro:ɐ...].

Da es - nach den Regeln der Laut-Kombination - im Deutschen normalerweise keinen /-r/-Laut nach Diphthongen gibt, werden Namen (von Personen oder von Orten) mit "-r" nach Diphthong häufig gedeutet und gesprochen wie Wörter mit monophthongisierter Endsilbe "-er" (= [-ɐ]): z.B. "Baur" oder "Mair" oder "Mayrhofen" (im Zillertal, Tirol).

5.3. Rechtschreib-Probleme bei monophthongisierter Endsilbe "-er".

Schreibkräfte, denen Briefe diktiert werden, müssen sich natürlich nach den offiziellen Rechtschreib-Regeln richten, wenn sie entscheiden, wie sie das Gehörte orthographisch wiedergeben wollen. Denn die Methode von Friedrich Theodor Vischer, (vgl. im Abschnitt 1.2.),[32] auslautende "-r" oder "-er" einfach durch den Buchstaben "A" zu ersetzen, war ja kein ernst-gemeinter Vorschlag zur Rechtschreib-Reform.

Andernfalls wäre ja "der Opa" und "die Oper" gleichermaßen mit den Buchstaben "O P A" zu schreiben.

Wenn eine Schreibkraft nun auf Grund von Erfahrungen beim Diktat gelernt hat, daß ein [-a]-ähnlicher Klang (nach Konsonant am Wort- oder Silben-Ende) meistens durch die Schreibung "-er" wiederzugeben ist, dann kann das eigenartige Folgen haben:

In einer Buch-Anzeige war zu lesen:[33]

"Krug,E.: Mit dem Auto wandern – Südtirol 100 x zwischen Meran und Sellerjoch".

Da stand wirklich "S-e-l-l-e-r (mit "-er" am Ende, wie in dem Wort "Teller"!)

Orthographisch richtig muß es buchstabiert werden mit "-a" am Ende der zweiten Silbe (nicht mit "-er"!), also "Sellajoch" (zwischen Langkofel-Gruppe und Sella-Stock in den westlichen Dolomiten).

Dies ist jedoch durchaus kein Einzelfall! Eine Schreibkraft aus der Mieder-Branche hatte offenbar ähnliche Diktier-Erfahrungen gemacht. In einem bundesweit verteilten Prospekt wurde die Anschrift der Hamburger Niederlassung angegeben als

"Großer Burster" (mit der Endung "-er").

Richtig muß es jedoch heißen "Großer Burstah" (mit den Buchstaben "-ah" am Ende!)[34]

Hierher sind auch die Schwierigkeiten zu rechnen, denen sich Rundfunk-Programm-Gestalter gegenüber sehen, wenn sie in Hörer-Brie- fen die Musik-Wünsche für ein Wunsch-Konzert zu entziffern haben. Da wünscht jemand den "All Erbarmer Blus"[35] oder den "à la Barmer Blues" (was hat die Barmer Ersatzkasse mit Musik zu tun?). Erst wenn man diese Schreibweisen gleichsam "über das Ohr" liest, entpuppt sich, was gemeint war, nämlich der "Alabama Blues".

Diese Beispiele zeigen zum mindesten, wie sehr eine monophthongische Form der Endung "-er" in der deutschen Sprache der Gegenwart verbreitet ist, nämlich die Aussprache mit niedrigem Zentral-Vokal [-ɐ]. (Die monophthongisierte Vorsilbe von "Erbarmer" ist ein Beleg dafür, daß die im "Großen Wörterbuch der deutschen Aussprache" vertretenen Ansichten über die monophthongische Reduktionsform der Vorsilbe "-er" durchaus nicht völlig abwegig sind. vgl. hier den Abschnitt 5.4.).

Vielleicht handelt es sich bei diesen Beispielen um extreme Fälle. Aber sie sind nur möglich, weil die vokalisierte Variante des /-r/ für die Auslaut-Position sehr weit verbreitet ist. Das betrifft den isolierten (absoluten) Auslaut in Wörtern wie "Tier, Uhr" ebenso wie die (postnukleare) Position vor auslautendem Konsonanten, z.B. in Wörtern wie "Wert" oder "du frierst". Es gilt aber auch für die End-Position in unbetonten Präfixen, z.B. in Wörtern wie "Verkauf, Zerfall, Ergebnis" und in dem unbetonten Suffix "-er", z.B. in Wörtern wie "Mutter" (['mʊtɜʳ]), wo die Endung "-er" meistens sogar monophthongisch gesprochen wird: ['mʊtɐ].(vgl. hierzu auch die Dialekt-Beispiele im Abschnitt 3.8.)

5.4. Vorsilben mit "-er"

In den unbetonten Vorsilben "ver-, zer-, er-" und "her-" + Konsonant ist heute immer noch eine kurz-diphthongische Form vorherrschend, z.B. in Wörtern wie "Verkauf, zerstören, Ergebnis, hervor".

Die monophthongisierte Reduktions-Variante (mit niedrigem Zentral-Vokal [-ɐ-]) hört man wesentlich seltener, denn eine solche Form der Aussprache dieser Vorsilben wird im allgemeinen (noch?) nicht als akzeptabel empfunden. Sie gilt u.a. als "typisch berlinerisch" (besonders wenn nicht niedriger Zentral-Vokal [ɐ] gesprochen wird, sondern helles, vorderes [a]), z.B. in "verkaufen" [fa'ko:fn̩]!).

Für das Hallesche "Große Wörterbuch der deutschen Aussprache" gilt die monophthongische Aussprache auch in den unbetonten Vorsilben.[36]

Bei der Vorsilbe "-er" und satz-inlautend tritt eine monophthongisierte
Form bei der Vorsilbe "-er" und auch beim unbetonten Personal-Pronomen
"er" auf. Voraussetzung ist allerdings, daß ein Konsonant
voraufgeht:

> Das läßt sich erkennen."
> "Sie soll das mal erläutern!"
> "Das kann er"

Nach Pause gilt die Monophthongisierung (noch?) nicht als wirklich
akzeptabel:

> "Erklären läßt es sich nicht!"
> "Er kann das."

Die Monophthongisierung der Vorsilben "er-, ver-, zer-" ist eine
nachlässigere Form der Aussprache, die u.U. Probleme aufwirft.
Wenn ein Lehrer dies nämlich in der Klasse tut, wenn er also z.B.
"verkaufen" spricht wie [f ɐ'kaofn̩], oder sogar - bei weiterer
Zungensenkung - mit hellem, vorderem [-a] (wie in "Mann")
[fa'kaofn̩], dann darf er sich eigentlich nicht wundern, falls seine
Schüler daraus Konsequenzen ziehen, indem sie z.B. in dem Wort
"Familie" die erste Silbe mit "Ver-" schreiben.
Dies ist keineswegs ein Zeichen dafür, daß die Schüler nicht denken
könnten! Eher im Gegenteil! Aber es läßt geradezu offensichtlich
werden, daß die Aussprache des Lehrers eine zu niedrige Formstufe
hat!

5.5. Phonem-Aufspaltung

In Wörtern wie "herauf, herein" und ähnlichen hört man häufig eine
Art von "Verdoppelung" des /r/ : Es wird erstens ein vokalisiertes
Auslaut-/-r/ gesprochen und zweitens ein folgendes konsonantisches
/r-/ (Zitterlaut oder Reibelaut) als Anlaut der nächsten Silbe. Man
hört also z.B.

> [hɜɐ̯'raen] "herein" und [hɜɐ̯'raos] "heraus".

Diese Aufspaltung eines Einzel-Phonems in eine vokalische und eine
(anschließende) konsonantische Erscheinungs-Form ergibt praktisch die
Realisierung von zwei Lauten. Dies haben wir auch in Wörtern wie "im
voraus" ([ɪm 'fo:ɐ̯-raos]). Für die unbetonten Vorsilben "ver-, zer-,

er-" gelten derartige "Aufspaltungen" nicht. Die Form [f₃ᵗ'rᶏezn̩]
sollte also nicht entstehen als etwaiges "Aufspaltungs-Ergebnis" des
Verbums "vereisen" [f₃ᵗ'ᶏezn̩]). Es ist vielmehr das Artikulations-
Ergebnis für das Wort "verreisen"!

Komisch wirkt es - oder sogar mißverständlich! -, wenn aus der
"Ver-einigung" eine "Ver-reinigung" wird.

Durch die Vokalisierung von auslautendem /-r/ kommt auch in der
unbetonten Nachsilbe "-er" ein Pseudo-Diphthong zustande. Der
Pseudo-Charakter zeigt sich auch hier daran, daß beim Hinzutreten
eines weiteren Vokals wieder eine konsonantische /r/-Variante gesprochen wird, z.B. in "weiter" ['vᶏet₃ᵗ] "weitere" ['vᶏetᵊrᵊ].

Häufig bleibt aber der niedrige Zentral-Vokal [-ᵊ] auch in den
verlängerten Wortformen bestehen (der ja in Wortformen wie "weiter,
voller" die ganze Silbe "-er" repräsentiert!). Man hört dann Formen
wie "weitere = ['vᶏetᵊrᵊ],oder "ein weiterer" = ['vᶏetᵊrᵊ].

Dies gilt für Wörter wie "anders - andere" oder "bitter - bittere"
(['bᵣtᵊrᵊ]), aber auch für Komparative wie "schlimmere"
(['ʃlᵣmᵊrᵊ]), "dünnere, längere".

Anders ist es bei Wörtern, in deren einfacher Form die Silbe "-er" auf
einen Diphthong folgt. Bei solchen Wörtern fällt in der erweiterten
Form der Zentral-Vokal nach dem Diphthong fort und der /r/-Laut
nimmt wieder "konsonantische" Form an:

teuer - die teure Uhr - ein teurer Wagen
sauer - saure Kirschen - ein saurer Apfel.

Nur wenn die Silbe "-er" ein Komparativ-Zeichen ist, bleibt zwischen
Diphthong und konsonantischem /r/-Laut ein unbetonter Zentral-Vokal
erhalten:

flau - flauere Speisen ['flᶏoᵊrᵊ] oder ['flᶏoᵊrᵊ]
frei - freierer Geist ['frᶏeᵊrᵊ] oder ['frᶏeᵊrᵊ].

5.6. Auslautender hoher Zentral-Vokal [-ᵊ] ("-e")
und auslautender niedriger Zentral-Vokal [-ᵊ] ("-er")

Das vokalisierte Auslaut-/-r/ hat eine konsonantische Funktion und ist
deshalb sehr schwach zu sprechen. Es steht nach dem Silbenkern und
ist nicht stärker als der zweite Teil eines Diphthongs, wie z.B. in
den Wörtern "Mai" [mᶏe] "mir" [mi:ᵊ].

Das vokalisierte Auslaut-/-r/ ist ebenso schwach wie der auslautende unbetonte hohe Zentral-Vokal [-ə] in Wörtern wie

"nahe, Ehe, Krähe, Lohe, Schuhe, Höhe, Mühe".

Man sollte beim Üben selbstverständlich darauf achten, daß nicht etwa Zweisilbigkeit entsteht bei den Wörtern mit vokalisiertem Auslaut-/-r/, z.B. bei Gegenüberstellungen wie

ehelich – ehrlich, Ruhe – Ruhr, Kühe – Kür.[37]

Solche Oppositions-Paare eignen sich andererseits dazu, eine zu starke Senkung der Zunge zu vermeiden (etwa bis zum vorderen, hellen A-Laut [-a]!).

Auch die monophthongisierte Nachsilbe "-er" ist nicht stärker als der schwache hohe Zentral-Vokal im Auslaut, z.B. in Paaren wie

Geige – Geiger,   böse – böser,
Kühle – kühler,   manche – mancher[38]

6. Schlußfolgerungen

6.0. Es ist also festzuhalten: Ein "rollendes" /-r/ im Auslaut ([-r], [R]) gilt heute als höchst ungewöhnlich (E. Schwarzkopf: "schrecklich" vgl. im Abschnitt 1.1.). Dagegen ist die vokalisierte Variante des auslautenden /-r/ (=[-ɐ̯]) und auch die monophthongische Form der Nachsilbe "-er" (=[-ɐ]) im deutschen Sprachgebiet als allgemein üblich zu betrachten. Es ist die tatsächliche Gebrauchs-Norm.

6.1. Nach langem, hohem Vokal ([i:, u:, y:]) und langem mittelhohem Vokal ([e:, o:, ø:]) ist es allgemein üblich, das Auslaut-/-r/ nicht als Zitterlaut ([-r] oder [-R]) oder als hinteren Reibelaut ([-ʁ] oder [-ɣ]) zu sprechen, sondern als niedrigen Zentral-Vokal [-ɐ̯], z.B. in "Tier, Uhr, Tür, mehr, Bär, Ohr, Gehör". (Zulässig – zumindest für "gemäßigte Hochlautung" – auch nach Ansicht der Autoren von SIEBS, DUDEN und dem "Großen Wörterbuch der deutschen Aussprache"!).

6.2. Nach kurzem weiterem (hohem und mittelhohem) Vokal ([I, ʊ, Y, ɛ, œ]) ist die Vokalisierung des Auslaut-/-r/ inzwischen auch weit verbreitet. (Für diese Fälle wollen allerdings SIEBS, DUDEN und das Hallesche "Große Wörterbuch der deutschen Aussprache" den niedrigen Zentral-Vokal [-ɐ̯] als unzulässig gewertet wissen.) Das betrifft z.B. Wörter wie "Birne, durch, dürfen, März, Körper."

6.3. Als unschön wird es im allgemeinen empfunden, wenn die (kurzen, hohen, weiteren) Vokale [ɪ ,ʊ, ʏ] vor einem Auslaut-/-r/ gedehnt werden und außerdem gesenkt zu (langen, mittelhohen, engeren) Vokalen [e:, o:, ø:], z.B. in "Wirt" (>"Wert"), "Urteil" (>"Ohrteil").

6.4. Erst recht gilt es als inakzeptabel, wenn nach den niedrigen Vokalen [- ɑ:] und [-a] und nach dem (mittelhohen, weiteren) Vokal [-ɔ] überhaupt keine Form von Auslaut-/-r/ mehr realisiert wird, sondern stattdessen lediglich der Vokal eine "Ersatz-Dehnung" bekommt, z.B. in Wörtern wie "Fahrt, warm, Dorf".

6.5. Selbstverständlich sollte die monophthongische Aussprache der Endung "-er" in "Teller" oder "Oper" nicht so klingen wie der (dunkle, hintere) A-Laut im unbetonten Auslaut von Wörtern wie "Europa, Helena, Klara".[39]

Genau so sind auseinander zu halten die Endungen

von	[-ɑ]	≠	[-ɐ]
	Jen<u>a</u>		jen<u>er</u>
	Vecht<u>a</u>		der Fecht<u>er</u>
	Bundes-Lig<u>a</u>		der Anlieg<u>er</u>
	Alkoholik<u>a</u>		der Alkoholik<u>er</u>
	(die) Led<u>a</u>		das Led<u>er</u>
	Klar<u>a</u>		Klar<u>er</u> (Schnaps)

Andererseits müssen wir uns vergegenwärtigen, daß die Rechtschreibung von Namen mit einem auslautenden niedrigen Zentral-Vokal im Deutschen sehr schwierig sein kann, weil uns das lateinische A-B-C dafür kein Zeichen zur Verfügung stellt. Wir dürfen uns nicht irritieren lassen, wenn wir Orts- oder Landschafts-Bezeichnungen auf den Landkarten in unterschiedlichen Schreibweisen vorfinden, z.B. das "Trunerjoch" (nahe dem Brenner, zwischen Trins im Gschnitztal und dem Obernbergtal, Nord-Tirol). Die zweite Silbe findet sich mit "-er", "-ar", oder "-a" : "Trunerjoch", "Trunarjoch", "Trunajoch".

6.6. Schließlich sollte man sich auch klar machen, daß es zu einer niedrigen Formstufe gehört, Wörter wie "Tür" oder "Tor" zweisilbig auszusprechen. Auf dem Fußball-Platz hört man dies mitunter sogar mit Akzentuierung der (eigentlich gar nicht existenten!) zweiten Silbe:

"Tor! Tor!" [to:'a , to:'a]

(Das ist eine Aufforderung zu einem weiteren Tor!Man könnte dies also u.U. bezeichnen als "Substantiv in imperativischer Funktion"!) Das geht natürlich zu weit! Einer solchen Formstufe möchten wir unter gar keinen Umständen das Wort reden!

ANMERKUNGEN

1   Süddeutscher Rundfunk, ausgestrahlt im ARD-Programm: Freitag, 5.November 1985, 23.00 - 0.00 Uhr

2   VISCHER, 2.Aufl., 1922, S.369

3   SIEBS, 1969, S.84 - 86 (Text), S.85 (Tabelle III, Nr.3., 4a., 4b. und 4c.)

4   SIEBS, 1969, S.86, Abs. 2

5   DUDEN, Bd.6, 1962 (1.Aufl.), S.44, unter 2.f

6   DUDEN, Bd.6, 1974 (2.Aufl.), S.52, unter B.

7   Das hat Peter MARTENS - zuerst 1954 - erläutert und an Beispielen dargestellt im Maître Phonétique (1954.a., 1954.b., 1955, 1956).
vgl. dazu MARTENS, C. u. P., 1965, S.200
vgl. dazu auch MARTENS,C. u. P., 1987: bei den R-Lauten: Abschnitt 2.4.2. (Lautbildung des niedrigen Zentral-Vokals [ɐ]), u. Abschnitt 5. (Besondere Hinweise zu /-r/ im Auslaut)
vgl. außerdem die frühen Hinweise durch H. MÖHRING, 1938

8   "WDA", 1964 (1.Aufl.), S.49, oben, unter Nr.2.

9   "WDA", 1969 (2.Aufl.), S.50, unter Nr.2.

10   ebendort

11   "GWDA", 1982, S.53, unter Nr.4 und S.54 - 55, unter Nr.2.

12   Titel-Gedicht, in: Deutscher Alpenverein. Mitteilungen - München, 1983 (35.Jg.), Nr.6 (Dez.), S.1

13   ARTMANN, 1958, S.7

14   SCHOLZ u. OHFF, 1966, S.131 - 132

15   SCHOLZ u. OHFF, 1966, S.23 - 25

16   SCHOLZ u. OHFF, 1966, S.28 - 29

17   PAULUN,1954 (1973, S.21)

18   MARTENS, Peter, 1981; für "-r": S.275, Anm. 6., für "-er": S.279 - 280, Anm.3.
Zum hochdeutschen Dialekt des Hamburgischen ("Missingsch") vgl. auch bei MARTENS, Hiltrud und Peter, 1987, Abschnitt 10.

19   vgl. hierzu u.a. SASZ, Johannes, 1986, 13.Aufl., S.5-6 (Regeln)
vgl. auch MARTENS, Peter, 1982

20   MARTENS, C. u.P., 1972 (Abbild.), S.11, außerdem MARTENS,Peter, 1977, S.14

21   KAHL, H. u. MARTENS, P., 1985, S.130 - 132

22   KOHLER, 1977, S.171, geht noch weiter, indem er sagt: "Durch die Vokalisierung entstehen Lang- und Kurzdiphthonge..."

23 GIMSON,[3] 1980, S.142 - 146, unter Nr.7.28., 7.29., u. 7.30.
Im Anschluß an die englische Bezeichnung "centring diphthongs"
nennt Max MANGOLD diese diphthongischen Erscheinungen "zentrie-
rende Diphthonge" (DUDEN, Bd.6., 1974, S.30, unter Nr.1.a)3.)

24 Man vgl. hierzu u.a. den überzeugenden Prager Vortrag von
Georg HEIKE, 1967 (bzw. 1970)
Zur Ähnlichkeit der Artikulation von [ɪ] und [e], von [ʊ] und
[o], von [Y] und [ø] vgl. MARTENS, C. u.P., 1972 (Abbild.):
   [ɪ] S.15, Nr.13 und [e] S.14, Nr.10
   [ʊ] S.17. Nr.17 und [o] S.16, Nr.14
   [Y] S.19, Nr.21 und [ø] S.18, Nr.18

vgl. auch MARTENS, C. u. P., 1965.b. (Dias):
   [ɪ] u. [e] Dia 2a, [ʊ] u. [o] Dia 3a, [Y] u. [ø] Dia 2b

vgl. außerdem MARTENS, 1965.c. (Wandbild.):
   [ɪ] u. [e] Taf. 2, [ʊ] u. [o] Taf. 4, [Y] u. [ø] Taf. 3

Zur Ähnlichkeit der akustischen Struktur (der Klang-Qualität)
vgl. u.a. DELATTRE, 1965, S.49
vgl. außerdem MARTENS, Peter, 1977, S.18 ff (Vokal-System nach
akustischen Faktoren)

25 Übungen hierzu bei MARTENS, C. u. P., 1985, für Auslaut-/-r/
nach [ɑː] S.13, Nr.1.2., nach [a] S.14, Nr.3,2.,
nach [ɔ] S.34, Nr.6.2., nach [ɑ:, a, ɔ] S.112, Nr.3.3.

26 Deutsche Vogue-Schallplatten G.m.b.H., Nr.LDVS 17194

27 DIE ZEIT, Nr.47, vom 20. November 1964, S.2, Spalte 5

28 BUDZINSKI u. HACHFELD, 1969, S.3

29 in der Deutschland-Halle, auf der Funk-Ausstellung 1979, am
25.August, 19.30 Uhr im ZDF.

30 Im SIEBS wird übrigens ausdrücklich darauf hingewiesen, daß ein
unbetontes "a" in offener Silbe nicht nur kurz ist, sondern
"...vor allem im Wortauslaut, nicht zu kurz und zu hell
gesprochen werden darf." (S.54 - 55). D.h. also: im Silbenauslaut
ist das dunklere, hintere [ɑ] zu sprechen, mithin - wie bei den
anderen Vokal-Paaren im Auslaut eben auch - die gespannte
Vokal-Qualität.

31 In der Rundfunk- und Fernseh- Programm-Zeitschrift "Hör zu",
Nr.42, 1979, S.3, unten rechts

32 vgl. hierzu NAUMANNs Heidelberger Vortrag (Das Verhältnis von
Dialekt, Umgangssprache, Orthographie und Orthoepie). Der
Untertitel weist hin auf das hier angesprochene Problem:
Schwierigkeiten beim Erlernen der Rechtschreibung aufgrund der
tatsächlich gesprochenen Sprache, 1987, S.49 (dort weitere
Literatur)

33 So im Berichtsblatt "über bücher" (hg. von der Buch-Großhandels-
Firma Lingenbrink), 10.Jg., 1968, - Hamburg, Heft "Reiseziele in
Europa", S.20

Das Buch von Eberhard KRUG ist inzwischen als Taschenbuch erschienen: "Mit dem Auto wandern – Südtirol zwischen Meran und dem Sellajoch" – München: Süddeutscher Vlg., 1970

34 Der 2.Teil des Wortes "Burstah" trägt den Akzent. Er bedeutet "Gestade". "Burstah" ist "Bauerngestade" oder auch "Gestade der Bürgerschaft" (vgl. hierzu u.a. "Hamburgisches Wörterbuch", Bd.I, Spalte 587)

35 RAUCH, 1978, S.58

36 Leipzig, 1982, S.54, Nr.2.1.

37 Übg. dazu bei MARTENS, C.u.P., 1985, S.112, Nr.4.2. (Ruhe – Ruhr)

38 Übungen dazu bei MARTENS, C. u. P., 1985, S.23. Nr.8.3.4.4. (Funke – Funker)

39 vgl im Abschnitt 5.2.1. den letzten Absatz
vgl. auch hierzu die Anm. 30

L I T E R T U R - H I N W E I S E

ARTMANN, H.C.   1958. med ana schwoazzn dintn. - Salzburg:
                                   Otto Müller

BUDZINSKI, Klaus u.   1969. Marx und Maoritz. - Bonn/München/Wien
HACHFELD, Rainer

DELATTRE, Pierre   1965. Comparing the phonetic features of Eng-
                                   lish, German, Spanish and French. -
                                   Heidelberg: Groos

DUDEN, Bd.6   [2]1974. Aussprachewörterbuch. Bearbeiter: Max
                                   MANGOLD (1962) - Mannheim/Wien/Zürich:
                                   Bibliograph. Institut. Dudenverlag.

GIMSON,   [3]1980. An Introduction to the Phonetics of
Alfred Charles   English. - London: Arnold

GÖSCHEL, Joachim   1971. Artikulation und Distribution der soge-
                                   nannten Liquida r in den europäischen
                                   Sprachen. - in: Indogermanische For-
                                   schungen, Bd.76, S.84-126

Hamburg. Wörterb.   vgl. SCHEEL

HEIKE, Georg   1970. Lautdauer als Merkmal der wahrgenom-
                                   menen Quantität, Betonung und Qualität
                                   im Deutschen. - in: Proceedings of the
                                   6th International Congress of Phonetic
                                   Sciences (Prague 1967), Prague, S.433-437
                                   (mit einem Diskussions-Beitrag von Peter
                                   MARTENS, S. 437)

KAHL, Heinrich u.   1985. "De twee Königskinner". Anregungen für
MARTENS, Peter   die Behandlung einer niederdeutschen
                                   Volksballade im 6.-8. Schuljahr. - in:
                                   BERTHOLD, Siegwart (Hg.): Gedichte
                                   sprechen und interpretieren. - Bonn: Vlg.
                                   Dürr, S.125-147

KOHLER, Klaus J.   1977. Einführung in die Phonetik des Deutschen.
                                   - Berlin: Erich Schmidt (Grundlagen der
                                   Germanistik, Bd. 20)

KRÄMER, Wolfgang   1979. Akustisch-phonetische Unteruchungen zum
                                   vokalischen /R/-Allophon des Deutschen. -
                                   Hamburg: Vlg. Buske (Forum phoneticum,
                                   Bd. 20)

KRECH, Hans   vgl. Wörterbuch der deutschen Aussprache

MANGOLD, Max   vgl. DUDEN, Bd.6 = Aussprachewörterbuch

MARTENS,   [2]1965.a.(1987: 3.Aufl. in Druckvorb.)
Carl und Peter   Phonetik der deutschen Sprache. - Prakti-
                                   sche Aussprachelehre. - München: Max
                                   Hueber

74

^{4}1985. (4.Druck). Übungstexte zur deutschen Aussprache. - München: Max Hueber

^{3}1972. Abbildungen zu den deutschen Lauten. - München: Max Hueber

^{2}1965.b. Deutsche Laute im Bild (61 Diapositive) - Hamburg: Vlg. Hanex

^{2}1965.c. Deutsche Lauttafeln (10 Wandbilder) - Hamburg: Vlg. Hanex

MARTENS, Hiltrud

1986. Transfer von muttersprachlicher Dialektaussprache auf einen fremdsprachlichen Standard - bezogen auf niederdeutschgeprägtes Hochdeutsch und die "Received Pronunciation" des Englischen. - Hamburg: (Magisterarbeit).

MARTENS, Hiltrud und Peter

1987. Niederdeutsch bedingte Abweichungen von der hochdeutschen Standard-Aussprache. - in: BEHME, Helma (Hg.): Angewandte Sprechwissenschaft. (= Beiheft zur Zs.f. Dialektologie und Linguistik) Wiesbaden: Steiner (im Druck)

MARTENS, Peter

1954.a. Transkription deutscher Umgangssprache, in: Maître Phonétique, London, Nr.101, S.12-13

1954.b. desgl. in: M.Ph., London, Nr.102, S.41

1955. desgl. in: M.Ph., London, Nr.103, S.19-20

1956. desgl. in: M.Ph., London, Nr.105, S.23-24

1975. Fortfall oder Bewahrung von unbetonbarem "-e-". Einige phonetische, orthographische und grammatische Implikationen. - in: Zs.f. Dialektologie und Linguistik, XLII. Jg., S.39-52

1977. Verfahren zur Darstellung des deutschen Lautsystems. - in: Sprechwissenschaft und Sprechdidaktik (= Sprache und Sprechen, Bd.6). - Kastellaun/Hunsrück: A. Henn, S.11-89

1979. Zum normativen Zwang der Standard-Sprache - Anpassung von mundartlichen Ausspracheformen und Schreibweisen an die hochdeutschen Standard-Systeme. - in: Zs.f. Dialektologie und Linguistik, XLVI. Jg., S.7-25

1981. Hamburgisch - Geest-Mundart, Marsch-Mundart, Missingsch. - in der Reihe: Deutsche Dialekte. - Bonn: Inter Nationes,

S.257-388 (dazu eine Kompakt-Cassette mit akustischen Beispielen).

1982. Einige Fragen zur neueren Praxis der plattdeutschen Rechtschreibung. - in: Quickborn, Zs.f. plattdeutsche Sprache und Dichtung, - Hamburg, Jg.72, S.19-28

MÖHRING, Heinrich 1938. Lautbildungsschwierigkeit im Deutschen. - in: Zs.f. Kinderforschung. - Berlin, Bd.47, S.185-235

NAUMANN, 1987. Das Verhältnis von Dialekt, Umgangs-
Carl Ludwig sprache, Orthographie und Othoepie - Schwierigkeiten beim Erlernen der Rechtschreibung aufgrund der tatsächlich gesprochenen Sprache. - in: LOTZMANN, Geert (Hg.): Sind Sprach- und Sprechstörungen durch Dia- und Soziolekte bedingt? (= Sprache und Sprechen, Bd.17). - Frankfurt a.M.: Scriptor Vlg., S.49-72

NIEKERKEN, Walther 1963. Von den Formen und Wirkungen der Liquida r im Nordniedersächsischen. - in: Zs.f. Phonetik, Sprachwissenschaft und Kommunikationsforschung, Jg.16, - Berlin: Akademie-Vlg. S.165-175

PAULUN, Dirks 1973. "Klage einer Großmutter". - in: PAULUN, Dirks: Is doch gediegen. - Ein heiterer Streifzug durch das Dickicht des Hamburger Hochdeutsch, zugleich eine "Sprachlehre" für Zugereiste. - Hamburg: Vlg. Broschek, S.21 (Erstfassung unter dem Titel "Schöön doitlich" 1954 in der Tageszeitung "Hamburger Abendblatt")

RAUCH, Fred 1978. Mit dem Gongschlag ist es 6 Mark 30. - Rosenheim: Rosenheimer Verlagshaus

SCHEEL, Käthe u. 1985. Hamburgisches Wörterbuch, Band I (A -
MEIER, Jürgen E), bearbeitet von K. SCHEEL und J. MEIER. - Neumünster: Wachholtz, 1985 (9.Lieferg.: F - Flintjerfleg, hg. von J. MEIER u. Dieter MÖHN, bearbeitet von J. MEIER, Neumünster: Wachholtz, 1986)

SCHOLZ, Hans u. 1966. Eine Sprache - viele Zungen. Autoren
OHFF, Heinz (Hg.) der Gegenwart schreiben in deutschen Mundarten. - Gütersloh: Sigbert Mohn Vlg.

SIEBS, Theodor [19]1969. Deutsche Aussprache. Reine und gemäßigte Hochlautung und Aussprachewörterbuch (Hg.: Helmut de BOOR, Hugo MOSER und Christian WINKLER). - Berlin: Walter de Gruyter

STÖTZER, Ursula   vgl. die folgenden zwei Wörterbücher

("WDA") ^{2}1969.   Wörterbuch der deutschen Aussprache. (hauptverantwortlich: Ursula STÖTZER) – Leipzig: VEB Bibliographisches Institut und – München: Hueber. 1.Aufl. 1964 (Hg.:Kollektiv unter Hans KRECH),

("GWDA")   1982.   Großes Wörterbuch der deutschen Aussprache. (Ursula STÖTZER und Kollektiv) – Leipzig: Bibliograph. Institut

VISCHER, Friedrich Theodor ^{2}1922.   Kritische Gänge, Bd.6. (Hg.: Robert VISCHER). – München: Meyer und Bessen. S.345–369: "Leiden des armen Buchstaben R auf seiner Wanderung durch Deutschland", S.370–377: "Zum Schutz der Schutzrede für das R". Zuerst erschienen in: Die Gegenwart 22, Nr.40 (vom 7. Okt. 1882), S.229–231 ("Leiden ...", Teil 1), Nr.41 (vom 14. Okt. 1882), S.247–252 ("Leiden...", Teil 2) und Nr.49 (vom 9. Dez. 1882), S.386–387 ("Zum Schutz...")

WOLLOCK, Jeffrey   1982.   Views on the decline of apical r in Europe: Historical study. in: Folia Linguistica Historica (Acta Societatis Linguisticae Europaeae), Bd.III,2. – The Hague/Paris/New York: Mouton, S.185–238

TSCHERNOBYL ALS AUSSPRACHE-STÖRFALL IN FUNK UND FERNSEHEN

MAX MANGOLD

Der schwere Reaktorunfall in Tschernobyl (russisch transliteriert: Černobyl') in der Ukrainischen Sowjetischen Sozialistischen Republik am 26. April 1986 führte u.a. dazu, daß Vorwürfe erhoben und zurückgewiesen wurden, man wäre nicht genügend auf die Möglichkeiten eines Reaktorunfalls vorbereitet gewesen. Besonders im Rundfunk und Fernsehen, aber auch in der Presse wurden solche Vorwürfe von verschiedenen Seiten ausgesprochen. Dabei vergaß man in der Hitze des Gefechtes eine vielleicht etwas nebensächliche Frage, nämlich ob Rundfunk, Fernsehen und Presse darauf vorbereitet waren, die Namen der vorhandenen Kernkraftwerke der Welt richtig zu schreiben und auszusprechen.

Beginnen wir mit der Presse. Was Zeitungen schreiben, bleibt stehen. Man kann das darin Gedruckte auch später in Bibliotheken und Archiven leicht finden und nachlesen. Im Gegensatz dazu wird das in Rundfunk und Fernsehen Gesprochene weniger archiviert. Das Wiederauffinden des Gesprochenen ist schwierig oder unmöglich. Für Zeitungen gilt: scripta manent (das Geschriebene bleibt), für Rundfunk und Fernsehen gilt: verba volant (Worte verfliegen). Wie haben nun die westdeutschen Zeitungen die Schreibung des Namens Tschernobyl behandelt? Unmittelbar nach Bekanntwerden des Reaktorunfalls konnte man in Zeitungen die Schreibung Chernobyl finden, d.h. die englische Schreibung eines russischen Namens. Dies steht im Widerspruch zur deutschen Gewohnheit, russische Namen nicht nach einem englischen, sondern nach einem deutschen Transkriptionssystem wiederzugeben. Im Deutschen schreibt man Tschaikowski, Tschernenko, nicht Chaikovski (Chaykovsky, Tchaikovsky), Chernenko. Wie erklärt sich diese englische Schreibung im Deutschen? Die Nachricht kam in einer englischen Schreibung. Die in den Agenturen und Redaktionen für die Schreibung fremder Namen Verantwortlichen hatten geschlafen und es unterlassen, den Namen in Nachschlagewerken und Atlanten nachzuprüfen. Doch schon am nächsten Tag wurde in den Zeitungen der Fehler korrigiert. Vermutlich hatte man auf den Fehler aufmerksam gemacht. Seither findet man in deutschsprachigen Publikationen (Zeitungen, Zeitschriften, Broschüren u.a.) die Schreibung Tschernobyl. Es war gewiß keine Kunst, die Korrektur von Chernobyl zu Tschernobyl vorzunehmen. Wir finden den

Namen Tschernobyl mit der richtigen deutschen Schreibung in zahlreichen deutschsprachigen Nachschlagewerken und Atlanten.

Wie verhielten sich nun Rundfunk und Fernsehen, als es um die Aussprache des Namens Tschernobyl ging? Der russischsprachige sowjetische Rundfunk erwähnte Tschernobyl in den ersten Tagen nach dem Unfall überhaupt nicht. Der Grund des Schweigens war gewiß nicht Unwissenheit über die richtige Aussprache des Namens. Dieses Schweigen bedeutete allerdings, daß man sich in jenen ersten Tagen nach dem Reaktorunfall nicht auf die Aussprache des Namens durch den sowjetischen Rundfunk hätte berufen können. Im übrigen konnte man in den deutschsprachigen Nachrichten der BBC schon unmittelbar nach Bekanntwerden des Reaktorunfalls die richtige Betonung hören, nämlich mit Betonung auf o. Offensichtlich war die BBC gut beraten. Im westdeutschen Rundfunk und Fernsehen war man unsicher. Nachrichtensprecher, Ansager, Kommentatoren, Korrespondenten sowie interviewte Politiker und Fachleute brachten eine Menge unterschiedlicher Aussprachen, was sowohl die Betonung als auch die Aussprache der Einzellaute betrifft.

Beginnen wir mit der Betonung, wobei wir nur zwischen unbetont und betont unterscheiden. Wir verzichten auf eine dreistufige Unterscheidung (hauptbetont, nebenbetont, unbetont). Es ergeben sich folgende Möglichkeiten der Betonung:

1. Betonung auf einer Silbe:

    1. a. '– – –   Tschérnobyl
    1. b. –'– –   Tschernóbyl
    1. c. – –'–   Tschernobýl

2. Betonung auf zwei Silben:

    2. a. '–'– –   Tschérnóbyl
    2. b. –'–'–   Tschernóbýl
    2. c. '– –'–   Tschérnobýl

3. Betonung auf allen drei Silben:

    '–'–'–   Tschérnóbýl

Theoretisch gibt es somit 7 Betonungsmöglichkeiten. Zwar ließen sich die Betonungen 2.a. Tschérnóbyl, 2.b. Tschernóbýl, 2.c. Tschérnobýl kaum feststellen. Doch konnte man die Betonung auf allen drei Silben (Tschérnóbýl) nicht selten hören, besonders bei Berufssprechern. Offensichtlich waren sie sich dessen bewußt, daß ihnen die richtige Betonung nicht bekannt war. Sie betonten alle drei Vokale gleichmäßig. Diese gleichmäßige Betonung ist zwar nicht richtig, wirkt aber weniger störend als Betonung auf der falschen Silbe. Im übrigen hörte man Betonung vor allem auf der ersten Silbe (Tschérnobyl) sowie auf der letzten Silbe (Tschernobýl), deutlich weniger häufig auf der zweitletzten Silbe (Tschernóbyl).

Weniger wichtig erscheint die Aussprache der Vokale und der Konsonanten. Was die Konsonanten betrifft, so ergeben sich kaum Zweifel. Das l ist im Russischen palatalisiert. In der Transliteration erscheint es als l', in der Transkription als einfaches l. Im Deutschen gibt es kein palatalisiertes l. Deutsche Sprecher werden also auch in Tschernobyl ein nichtpalatalisiertes l sprechen (wie im Wort Geld). Die l-Frage braucht uns darum nicht weiter zu beschäftigen. Dies gilt auch für tsch (im Russischen immer palatalisiert). Die übrigen Konsonanten im Namen Tschernobyl sind unproblematisch. Die Frage der Aussprache der Vokale verdient mehr Beachtung als die der Konsonanten, besonders da zwischen den Vokalen und der Betonung gewisse Zusammenhänge bestehen.

Folgende Vokale kommen in Frage:

1. /e/ (kurzes offenes e)
2. /o:/ (langes geschlossenes o)
3. /o/ (kurzes offenes o)
4. /ü:/ (langes geschlossenes ü)
5. /ü/ (kurzes offenes ü)
6. /i:/ (langes geschlossenes i)
7. /i/ (kurzes offenes i).

Was die Vokale betrifft, so gibt es, ohne Berücksichtigung der Betonung, folgende 8 Möglichkeiten:

1. /tscherno:bü:l/   5. /tschernobü:l/
2. /tscherno:bül/   6. /tschernobül/
3. /tscherno:bi:l/   7. /tschernobi:l/
4. /tscherno:bil/   8. /tschernobil/

Oft ist es schwer zu entscheiden, besonders in unbetonter Stellung, ob nun /o:/ oder /o/, /ü:/ oder /ü/, /i/ oder /ü/ gesprochen wurde. Dies mag der Fall sein, wenn der Sprecher aus Unsicherheit schnell und/oder undeutlich spricht, in welchem Fall es oft auch schwierig zu entscheiden ist, welche Silbe betont ist. Wenn wir nun die obengenannten 8 Vokalaussprachen und die Betonung auf je einer Silbe (auf der ersten Silbe, auf der zweiten Silbe, auf der dritten Silbe) berücksichtigen, so ergeben sich 3mal 8 verschiedene Aussprachen:

1. /tschérno:bü:l/	9. /tschernó:bü:l/	17. /tscherno:bü̃:l/
2. /tschérno:bül/	10. /tschernó:bül/	18. /tscherno:bü̃l/
3. /tschérno:bi:l/	11. /tschernó:bi:l/	19. /tscherno:bĩ:l/
4. /tschérno:bil/	12. /tschernó:bil/	20. /tscherno:bĩl/
5. /tschérnobü:l/	13. /tschernóbü:l/	21. /tschernobü̃:l/
6. /tschérnobül/	14. /tschernóbül/	22. /tschernobü̃l/
7. /tschérnobi:l/	15. /tschernóbi:l/	23. /tschernobĩ:l/
8. /tschérnobil/	16. /tschernóbil/	24. /tschernobĩl/

Im übrigen ist die russische Aussprache der Vokale (e als kurzes offenes i, o als kurzes offenes o, y als kurzer Vokal zwischen i und ungerundetem u) nicht zur Geltung gekommen, da der Name wegen der ständigen Wiederholung rasch eingedeutscht wurde, wenn auch mit zahlreichen unterschiedlichen Aussprachen.

Wenn wir ein neues unbekanntes Wort auszusprechen haben, so richten wir uns leicht nach einem bekannten Wort, das in Aussprache, Schreibung und/oder Bedeutung ähnlich ist (Analogie). Den hier ad hoc erfundenen Namen eines Heilmittels Myktarin werden wir wie Aspirin betonen, d.h. mit betontem langem geschlossenem i. Analogie spielt natürlich auch im Fall Tschernobyl eine nicht geringe Rolle, wie wir im folgenden zu zeigen versuchen.

Wir beginnen mit der Endbetonung. Bei fremden Eigennamen und Gattungsnamen neigt das Deutsche ohnehin mehr zur Endbetonung als bei deutschen Eigennamen und Gattungsnamen. Hier wirken Wörter wie Asyl, Methyl, Phenyl, Vinyl für betontes langes ü, also für /tscherno:bü̃:l/ oder /tschernobü̃:l/. Für betontes kurzes ü wirken Wörter wie Idyll, Chlorophyll, d.h. für /tscherno:bü̃l/ oder /tschernobü̃l/. Die i-Aussprache für y ist im Deutschen nicht unbekannt, besonders in Eigennamen; man denke an Syke, Kyll, Zylinder. So erklärt sich, daß man analog nach Automobil, Ventil mit betontem langem geschlossenem i /tscherno:bĩ:l/ oder /tschernobĩ:l/ aussprach oder - wohl weniger häufig - nach Dill, Krill, Mandrill mit betontem kurzem offenem i /tscherno:bĩl/ oder

/tschernobíl/. Die Frage, ob das unbetonte o als langes geschlossenes o oder kurzes offenes o gesprochen wird, läßt sich nicht immer leicht beantworten.

Im Falle der Anfangsbetonung von Tschernobyl wirkt analog die deutsche Anfangsbetonung. Die Einzellaute und ihre Reihenfolge haben im Deutschen kaum Entsprechungen. Deutsche Wörter mit anlautendem tsch sind selten. Der Kleine Duden (6, S. 384) verzeichnet Tschako, tschilpen, tschüs! Das alphabetische Postleitzahlenverzeichnis 1986 kennt einen Namen mit Tsch, nämlich 8641 Tschirn. Der Wortanfang Tschern... kommt auch in größeren Wörterbüchern nicht vor. Als analog wirkend kommen vielleicht weibliche Vornamen in Frage, die auf /il/ enden und Betonung auf der drittletzten Silbe aufweisen (Proparoxytona), z.B. Lillebill, Ilsebill, Ingelill. Offensichtlich hat sich heute die Anfangsbetonung in Tschernobyl sehr verbreitet. Die deutsche Anfangsbetonung hat sich ja auch in bekannten mit -grad zusammengesetzten russischen Ortsnamen gegen die russische Betonung durchgesetzt, vgl. deutsch Léningrad gegen russisch Leningrád. Der Name Tschernobyl ist heute als Symbol fast ein Gattungsname mit deutscher Anfangsbetonung geworden, wobei viele nicht zu wissen scheinen, daß Tschernobyl eine Ortschaft in der Sowjetunion war und ist. In diesem Sinn muß man auch ein großes Wandplakat verstehen mit dem Wortlaut

EIN JAHR TSCHERNOBYL

WALLMANN PLANT DEN OVERKILL

(so gesehen am 17.4.1987 in Saarbrücken, Am Waldhausweg, Nähe Studentenwohnheim). Die Verfasser des Textes, der vermutlich nicht im Saarland entstanden war, ließen also Tschernobyl mit Overkill reimen, was auf Anfangsbetonung und unbetontes kurzes offenes i in der letzten Silbe schließen läßt, also auf /tschérno:bil/ oder /tschérnobil/.

Was die Mittel-Betonung Tschernóbyl betrifft, so gibt es kaum analoge deutsche Wörter. Drei- und mehrsilbige Wörter auf -óbyl, -óbil, -óbul, -ábil usw. gibt es nicht. Am nächsten kommen die schon ziemlich abweichenden Wörter auf -ábel (spendabel), -úbel (solubel). Wir sehen, daß der deutsche Wortschatz inklusive Fremdwörter kaum zu einer Mitte-Betonung von Tschernobyl Anlaß gibt. In der Tat war die Mitte-Betonung, die der russischen Betonung entspricht, unmittelbar nach Bekanntwerden des Unfalls im westdeutschen Rundfunk kaum zu hören. Die Mitte-Betonung hat sich zwar bei Nachrichtensprechern weiter verbreitet in dem Jahr, das seit dem Reaktorunfall vergangen ist. Aber bei anderen Sprechern des Rundfunks und des Fernsehens ist die Mitte-Betonung noch nicht allgemein üblich. Umgangssprachlich ist die Mitte-Betonung wohl noch wenig zu hören.

Schließlich kommen wir zur Eben-Betonung (gleichmäßige Betonung) aller Silben. Die Eben-Betonung eines vom Sprecher etymologisch nicht verstandenen fremden Eigennamens ist eine für Rundfunk und Fernsehen typische Erscheinung. Der Sprecher hat irgendwann vielleicht gelernt, daß es Sprachen gibt, die die erste Silbe, die zweitletzte Silbe, die letzte Silbe u.a. betonen, ferner daß in bestimmten Sprachen für jeden einzelnen Namen die Betonung festgelegt ist, ohne daß es einfache sichere Regeln gibt, was bedeutet, daß jeder Name mit der richtigen Betonung gelernt werden muß, wie dies im Russischen der Fall ist. Wenn ein Sprecher dem russischen Namen Woronzow begegnet, dann hat er vielleicht gelernt, daß Woronzów betont wird. Wenn er sich bewußt ist, daß er die richtige Betonung nicht kennt, kann er eine ausgesprochen falsche Betonung dadurch vermeiden, daß er alle drei Silben gleichmäßig betont, was als eine überdeutliche Diktieraussprache im Deutschen gewertet werden kann. Dadurch kann der Hörer den Namen in der Zeitung besser identifizieren. Durch Eben-Betonung würde gleichsam ein Informationsgewinn erzielt, was man positiv bewerten kann. Oft kommt es aber vor, daß bei Eben-Betonung die Einzellaute schnell und undeutlich gesprochen werden. In solchen Fällen wäre es sicher besser, man würde die Namen deutlich und langsam aussprechen, auch bei falscher Betonung.

Schließlich gibt es noch die Betonungs-Schwankung. Der Name kommt in einem Text mehrere Male vor. Der Sprecher ist sich bewußt, daß er die richtige Betonung nicht kennt. Beim ersten Durchgang wird er vielleicht die erste Silbe betonen, beim zweiten Durchgang die zweite Silbe. Er wird nachher sagen können: "Das eine Mal habe ich ja richtig betont, beim anderen Mal handelte es sich um ein reines Versprechen, um einen lapsus linguae." Versprechen verzeiht man eher als Unwissenheit. Die Betonungs-Schwankung gehört zum Trickinventar unsicherer Rundfunk- und Fernsehsprecher. So wurde der Name Breschnew jahrelang in demselben Text bald auf der ersten Silbe, bald auf der zweiten Silbe betont, und zwar von demselben Sprecher. Ähnliches ist auch mit Tschernobyl vorgekommen.

Wenden wir uns nun der russischen Betonung des russischen Namens Tschernobyl zu. Alle uns zugänglichen russischen Quellen geben Betonung auf o, also Tschernóbyl. Eine Ausnahme bildet die 3. Auflage der Großen Sowjetenzyklopädie (1). Sie betont y, also Tschernobýl. Handelt es sich bei dieser Betonung auf der letzten Silbe um einen Druckfehler, um irgend einen anderen Fehler oder um den Versuch, eine neue Betonung einzuführen? Diese Frage läßt sich nicht sicher beantworten. Man kann aber folgende Feststellung machen: Derselbe Verlag hatte in früheren vergleichbaren Publikationen (2, 7, 8, 9, 11, 12, 28, 29) und in späteren Publikationen (10, 28, 29) immer die Betonung Tschernóbyl gegeben. Man kann also annehmen, daß der Verlag die falsche Betonung Tschernobýl wieder in die richtige Betonung Tschernóbyl zurückkorrigiert hat. Auch ist zu bedenken, daß die russischen Formen ukrainischer Namen die ukrainische Betonung beibehalten. Im übrigen geben andere sowjetische Verlage (15, 16, 17, 21, 22, 23, 25, 26, 27) ausschließlich Betonung auf der zweitletzten Silbe. Es ist möglich, daß die falsche Betonung Tschernobýl durch das heute nicht mehr standardsprachliche russische Wort černobýl' (heute černobýl'nik, artemisia vulgaris, Beifuß) mitverursacht worden ist (18, 24). In außerhalb der Sowjetunion erschienenen Nachschlagewerken (3, 4, 5, 13, 14) habe ich nur Betonung auf der zweitletzten Silbe gefunden.

Ukrainisch heißt es Čornóbyl'; čornóbyl' bedeutet auch artemisia vulgaris. Alle mir zugänglichen ukrainischen Nachschlagewerke geben Betonung auf der zweitletzten Silbe (15, 16, 19, 20, 30, 31).

Abschließend kann man sagen, daß zur Zeit des Reaktorunfalls auf Grund zahlreicher vorliegender Publikationen nur die Mitte-Betonung in Frage kam, also Tschernóbyl. Warum die westdeutschen Rundfunk- und Fernsehanstalten unfähig waren, die in den erwähnten Publikationen gegebene Betonung anzuwenden, mag verschiedene Gründe gehabt haben. Sie zu untersuchen, dürfte schwerfallen angesichts der z.T. nicht leicht überschaubaren Verhältnisse in den genannten Anstalten. Rein sprachlich lassen sich die gemachten Fehler leicht erklären (Analogie, deutsche Aussprache- und Lesegewohnheiten). Im übrigen kommen Aussprachefehler wie im Fall Tschernobyl in Rundfunk und Fernsehen immer wieder vor. Man hat aus dem Aussprache-Störfall Tschernobyl nichts gelernt. Aussprachefehler bei fremden Namen gehören zum Alltag des Rundfunks und des Fernsehens.

84

LITERATURVERZEICHNIS

1. Bol'šaja Sovetskaja Enciklopedija (1970-1981), 3. Aufl., Moskva
2. Bol'šaja Sovetskaja Enciklopedija (1949-1958), 2. Aufl., Moskva
3. Columbia Lippincott Gazetteer of the World, The (1961), New York
4. Duden Aussprachewörterbuch (1974), 2. Aufl., Mannheim/Wien/Zürich
5. Duden Aussprachewörterbuch (1962), Mannheim
6. Duden, Der kleine (1982), 2. Aufl., Mannheim/Wien/Zürich
7. Enciklopedičeskij Slovar' (1953-1955), Moskva
8. Enciklopedičeskij slovar' geografičeskih nazvanij (1973), Moskva
9. Enciklopedičeskij slovar' v dvuh tomah (1963-1964), Moskva
10. Geografičeskij enciklopedičeskij slovar' (1983), Moskva
11. Kratkaja Geografičeskaja Enciklopedija (1960-1966), Moskva
12. Malaja Sovetskaja Enciklopedija (1958-1960), 3. Aufl., Moskva
13. Meyers Enzyklopädisches Lexikon (1971-1979), Mannheim/Wien/Zürich
14. Meyers Großes Universal Lexikon (1981-1986), Mannheim/Wien/Zürich
15. Nežnypala, V. Ja. (1971): Ukraïns'ko-rosijs'kyj slovnyk-dovidnyk geografičnyh nazv Ukraïns'koï RSR, 2. Aufl., Kyïv
16. Nežnypala, V. Ja. (1964): Ukraïns'ko-rosijskyj slovnyk geografičnyx nazv URSR, Kyïv
17. Nikonov, V. A. (1966): Kratkij toponimičeskij slovar', Moskva
18. Ožegov, S. I. (1983): Slovar' russkogo jazyka, 14. Aufl., Moskva
19. Pogribnyj, M. I. (1984): Orfoepičnyj slovnyk, Kyïv
20. Rudnyc'kyj, Jaroslau (1942): Ukrainische Ortsnamen, Prag
21. Slovar' geografičeskih nazvanij SSSR (1983), 2. Aufl., Moskva
22. Slovar' geografičeskih nazvanij SSSR (1968), Moskva
23. Slovar' russkoj transkripcii geografičeskih nazvanij. Čast' I (1955), Moskva
24. Slovar' sovremennogo russkogo literaturnogo jazyka (1950-1965), Moskva-Leningrad
25. Slovar' udarenij dlja rabotnikov radio i televidenija (1984), 5. Aufl., Moskva
26. Slovar' udarenij dlja rabotnikov radio i televidenija (1970), 3. Aufl., Moskva
27. Slovar' udarenij dlja rabotnikov radio i televidenija (1960), Moskva
28. Sovetskij enciklopedičeskij slovar' (1986), 4. Aufl., Moskva
29. Sovetskij enciklopedičeskij slovar' (1980), Moskva
30. Ukraïnska Radjans'ka Encyklopedija (1977-1985), 2. Aufl., Kyïv
31. Ukraïns'kyj Radjans'kyj Encyklopedyčnyj Slovnyk (1966-1968), Kyïv

SPRACHE UND SPRECHEN IM HÖRFUNK

RUTH BLAES

Redakteur: Wie wollen Sie denn die Erzählung präsentieren?

Autor: Ich dachte an einen Sprecher.

R: Wollen Sie nicht selbst lesen? Wissen Sie, ich bin eigentlich gegen die Institution Radio mit ihren gleichförmig geschulten Stimmen.

A: Aber ich kann nicht eine Stunde lesen, ich bin nicht ausgebildet.

R: Das ist ja gerade gut.

A: Aber ich könnte den Text nicht rüberbringen.

R: Wieso nicht?

A: Wie gesagt, ein professioneller Sprecher könnte das. Das Radio ist ja ein künstliches Medium, das künstliche Mittel braucht.

R: Dann wird's ja noch gekünstelter. Wenn Sie selber sprechen, ist's doch viel natürlicher.

A: Natürlich sprechen im künstlichen Medium, das kann eben ein Sprecher.

R: Das glaube ich nicht. Sie als Autor wären glaubwürdiger.

A: Aber langweiliger, ich könnte den Text nicht gestalten wie das ein Sprecher vermag.

R: Das macht nichts. Es ist Ihr Text.

A: Aber das würde man nicht hören, beim Sprechen würde man glauben, es sei sein Text.

R: Daran zweifle ich.

A: Ich will doch, daß der Text optimal rüberkommt.

R: Das will ich auch.

A: Der Hörer hört aber nur einen schlechten Sprecher, wenn ich lese. Er soll doch den Text hören und verstehen.

R: Wenn er einen guten Sprecher hört, hört er vielleicht nur den guten Sprecher, aber nicht den Text.

Dieser Dialog ist keineswegs erfunden, sondern wurde authentisch aufgezeichnet und den Angaben des Autors gemäß wiedergegeben. Dieses Gespräch hätte ebenso in anderer Richtung verlaufen können: Der Redakteur hätte dem Autoren mehr oder weniger schonend beigebracht, daß seine Art und Weise zu sprechen, dem Text nicht gut bekommen werde. Ein Sprecher könne das "professioneller" und "bringe den Text besser rüber". Es gibt vielfältige Meinungen, wenn es um's Sprechen im Medium Hörfunk geht. Unterschiedliche und kontroverse Ansichten darüber, wer, wann, wo, wie zu Wort kommen soll, d.h. an's Mikrofon darf.

Programmangebote im Hörfunk

Der Hörfunk bietet mit seinen unterschiedlichen Programmen, Sendungen, Beiträgen viele Möglichkeiten für Bearbeitung, Formulierung, Vermittlungsstile unterschiedlichster Temperamente. Solche Programmprofile werden im folgenden kurz erläutert am Beispiel des Hessischen Rundfunks. Sie ähneln im großen und ganzen denen etlicher anderer Sender.

Das 1. Programm für die breite Mehrheit mit allgemeiner Orientierung und Unterhaltung. Ein hoher Anteil an Informationen wechselt ab mit leichter, eingängiger Musik.

Das 2. Programm läßt sich am eingängigsten als Kulturwelle bezeichnen, als Kontrastprogramm sowohl zu den Rock- und Popwellen wie auch zum 1. Programm: Klassische Musik, Jazz, Folklore und literarische wie kulturkritische Sendungen. Eine kleine, aber intensiv und beständig zuhörende Gruppe stellt man sich als Publikum vor.

Aktueller, internationaler und deutscher Pop ist im 3. Programm, der Servicewelle, zu hören. Ein Unterhaltungsprogramm mit Moderation und Kurzbeiträgen, das sich an junge und "junggebliebene" Hörer wendet.

Seit Mitte '86 wird auch ein 4. Programm ausgestrahlt. Es ist auf die Hörer zugeschnitten, die die Musik im 3. Programm nicht mögen. Sendungen für die einzelnen hessischen Regionen haben hier ebenfalls einen Platz gefunden.

Diese vier Programme unterscheiden sich in Inhalt und Präsentationsform. Sprache, Sprechen, Musik, Kennmelodien und Indikative sollen dem Hörer helfen, das eingeschaltete Programm möglichst schnell zu erkennen.

Dieses Ziel hatte sich die BBC schon sehr früh gesteckt und ihre Programme klar getrennt. Folgerichtig verpflichtet sie ihre Redakteure, sich bei der Gestaltung der Beiträge an die jeweilige Sprache des Programms zu halten, für das sie produzieren. Neue Redaktionsmitarbeiter werden für das Programm ausgebildet, für das sie arbeiten. Ein "presentation editor", der über das Gesamtprogramm wacht, sorgt dafür, daß Form und Inhalt der Programmpräsentation dem Charakter des jeweiligen Programms entsprechen.[1]

Die Vermittlung von Programm (Programmpräsentation)[2]

Bislang behandelte man bei uns die Vermittlung und Präsentation von Programm stiefmütterlich. Nur zweimal in der Hörfunkgeschichte widmete man sich dem Problem intensiver. In der Zeit des Nationalsozialismus wurden etliche Ausarbeitungen und innerbetriebliche Regeln erarbeitet.

Das Programm wurde als Propaganda verstanden und gelenkt; die sprachliche und sprecherische Gestaltung nach deren Maßgaben ausgerichtet.

In den fünfziger Jahren setzten erneute Diskussionen ein. Durch die Einführung von UKW gab es Platz für mehr Programm, die Konkurrenz des Mediums Fernsehen sorgte zusätzlich für Beunruhigung. Fragen nach inhaltlicher und formaler Gestaltung stellten sich neu.[3] Allerdings bestimmte mehr das WAS, der Inhalt, die Diskussion als das WIE, die Präsentation.

Für das Sprechen waren Berufssprecher verantwortlich, die die vom Journalisten vorformulierten Texte vorlasen. Die Dominanz der Sprecher geriet ins Wanken, als zu Beginn der 60er Jahre die Magazinform entwickelt wurde. Für die Aufgaben im Magazin erhielten Journalisten die Chance, an's Mikrofon zu kommen. Live-Interviews, Gespräche, Abfragen verlangen journalistische Fähigkeiten und Fertigkeiten. Auch bei anderen Sendeformen verdrängten nach und nach Journalisten die Sprecher vom Mikrofon. Fragen nach den Kriterien für die sprecherische Vermittlung und Gestaltung von Programm wurden nicht gestellt.

Anfang der 80er Jahre, als die private Konkurrenz in Sicht war und der öffentlich-rechtliche Hörfunk seine Programme ausweitete, stellten sich die Fragen zur Programmpräsentation erneut. Zufriedenstellende Ergebnisse sind bislang nicht vorzuweisen.

Authentizität allein genügt nicht

Heute treten Berufssprecher selten im Programm auf. Den Löwenanteil des Sprechens am Mikrofon von der Moderation bis hin zum Sprechen von Beiträgen bestreiten Journalisten oder speziell verpflichtete Moderatoren (hauptsächlich bei den Serviceprogrammen).

"Authentizität" hieß das Schlagwort, mit dem Journalisten die Mikrofone für sich eroberten. Sie wollten und sollten ihre eigenen Texte selbst vortragen und durch die Sendungen führen. Der Ruf nach Authentizität war nicht unbegründet, denn viele Berufssprecher neig(t)en dazu, die unterschiedlichen Texte und Beiträge im einheitlichen Stil zu lesen: die Nachrichten zu sprechen wie den Bericht aus Rio, den Kommentar zur Rentenpolitik wie das Portrait über die Person xy, wie das Feature, wie die Reportage ... wenn auch "richtig" und oft "schön" und mit der technisch einwandfreien Aussprache, deutlich und ohne Sprachfehler, aber doch nicht eigentlich radiophon. Die meisten Sprecher sind für die Bühne, für's Theater ausgebildet, nicht für die Bedingungen des Radios, für das Sprechen am Mikrofon, das allein die Stimme zum Hörer bringt, feinste Nuancen in Betonung, Dehnung, Artikulation gleichsam wie mit einem Teleobjektiv vergrößert und mithin auch die "persönliche Note" registriert.

Doch gerade an ihrer Rolle als Kommunikatoren, die sie innehaben, wenn sie die Hörer mit Beiträgen "ansprechen", scheitern die technisch versierten Sprecher häufig. Diese Aufgabe umfaßt mehr und anderes als das Ablesen von Texten. Sie verlangt die Vermittlung und Verdeutlichung von Sinn in den Texten, in den Beiträgen, in den Sendungen.

Gedanken, Mitteilungen, Informationen - alles was via Radio gesendet wird, muß auf Anhieb aufnehmbar und verstehbar sein. Der Hörer hat keine Möglichkeit, den Satz oder die Passage, die er nicht mitbekommen hat, wieder zu hören. Er kann nicht zurückblättern wie der Leser. Er muß also konzentriert hinhören. Das gelingt ihm am leichtesten, wenn der Sprecher auf der anderen Seite des Radios eine Situation schafft, die den Hörer anspricht, ihn aufmerksam macht und ihm so die Aufnahme von Mitteilungen erleichtert. Eine "gemeinsam machende Kommunikationssituation"[4] ist Voraussetzung, ist mehr als der bloße Sprachtransport von Wörtern von einem zum anderen. Der Sinn, das Thema der Mitteilung muß dem Zuhörer verdeutlicht werden; dazu gehört eine sinnbezogene sprecherische Gestaltung. Das gelingt Persönlichkeiten, die einen ihnen eigenen

Sprach- und Sprechstil entwickelt haben eher als schönsprechenden, wohltönenden "Sprechmaschinen". Der Hörer hört nämlich nicht nur WAS gesagt wird und WIE es gesagt wird, sondern hört immer zugleich, WER es sagt.[5]

Die Frage ist berechtigt, ob sich die Präsentation des Programms durch authentisches Sprechen verbessert hat. Wer sich die unterschiedlichen Hörfunkprogramme anhört, kann diese Frage leicht selbst beantworten. Die Qualität der sprecherischen Vermittlung bzw. Gestaltung läßt zu wünschen übrig, Authentizität allein läßt sich schwer als Argument aufführen, wenn sie auf Kosten der Verständlichkeit geht.

Eine Ausnahme bilden die Serviceprogramme (wie beispielsweise das 3. Programm des HR), die sich gezielt an ein Publikum wenden, das hauptsächlich der Wunsch eint, viel Musik zu hören und wenig Wort. Die Informationen, verstreut im Musikprogramm, gleichen denen auf der bunten Seite in Tageszeitungen. Bunt zusammengewürfelt, kaum ein Beitrag länger als drei Minuten, richtet sich die Auswahl der Themen nach der Neugier der Zuhörer. Die Präsentation des Programms ist leicht und locker, im jugendlichen Jargon gesprochen, die Beiträge sind einfach und kurz. Es kommt nicht darauf an, ob die Hörer den einen oder anderen Satz nicht verstehen, etwa, weil zu schnell oder zu undeutlich gesprochen wird, denn diese Programme sind für das "Nebenbei Hören" konzipiert.

Die anderen Programme haben es schwerer mit Vermittlung und Präsentation (z.B. 1. und 2. Programm HR), weil sie eine Vielfalt an Themen abdecken müssen, die kaum leicht und flockig abzuhandeln sind.

Bei der Darstellung von komplizierten Sachverhalten, die nicht nur in zwei bis drei Minuten oberflächlich angerissen werden, sondern eine längere Sendedauer beanspruchen, spielt die Interdependenz von Inhalt und sprachlicher wie sprecherischer Gestaltung eine entscheidende Rolle.

"Mit den Ohren schreiben"[6] heißt die Forderung. Bei der sprachlichen Gestaltung sollte gleichzeitig die sprecherische Umsetzung mit berücksichtigt werden. Das WIE des Gesprochenen ist nicht ablösbar vom WAS des Gesprochenen.

Sprechen im Hörfunk bei der Moderation, im Interview, in der Reportage, ob vorformuliert oder frei vorgetragen, ist nicht zu trennen von der Kommunikationsfähigkeit der Sprechenden. Dem Hörer hilft richtiges, sinnbetontes Sprechen, den Text zu verstehen, denn Sprechrhythmus, Artikulation, Betonung, Melodie, Pausen, Geschwindigkeit geben wichtige Hinweise für die Struktur und beeinflussen die Kommunikationsbereitschaft der Hörer und ihre Bereitschaft zu verstehen. Dieser Prozeß der Vermittlung umfaßt mehr als das Übergeben von Informationen wie dargelegt in behavioristischen Ansätzen. Er zielt auf die "gemeinsame Aktualisierung von Sinn"[8], auf das "gemeinsame Erzeugnis des Sprechers und des Hörers".[9]

Komplizierte Texte, wie z.B. die Nachrichten, längere Texte, erfordern sprecherisches Können. Wenn undeutlich gesprochen, nicht sinngemäß betont, falsch artikuliert, genuschelt wird, hilft Authentizität allein nicht. Bei längeren und anspruchsvolleren Darstellungen muß zur Authentizität das sprecherische Können, nämlich professionelles Sprechen, dazukommen.

Bislang wird in den Rundfunkanstalten noch wenig auf das Sprechen geachtet. Jeder darf an's Mikrofon. Ob der Journalist in einer für den Hörfunk angemessenen Stimmlage spricht (z.B. nicht zu hoch, nicht gepreßt), Sprachfehler hat, verständlich sprechen kann, sinnhaft vermittelt, entsprechend betont - danach wird nicht gefragt und nicht ausgebildet. Nur wenige schaffen es, "zu kommunizieren", obwohl die Authentizität, das Vortragen des eigenen Produkts, dies erleichtern müßte. Befangen und gefangen durch die eigene Unsicherheit und Nervosität können sich die Journalisten dem Hörer nicht genug zuwenden. Allein gelassen wählen viele den Weg der Nachahmung und fügen sich in bereits vorhandene, vorfabrizierte Artikulationsmuster ein. Etliche orientier(t)en sich an bekannten Kolleginnen und Kollegen (höre die vielen Nachahmer von Peter v. Zahn, von Friedrich Nowottny, von Thomas Gottschalk). Andere versuch(t)en, sich den offiziellen respektablen Ton der Nachrichten anzueignen. "Nicht nur für die Zuhörenden wurden die Sendungen so zur Qual, auch die Sprechenden selbst leiden unter der Arbeit, die sie nicht gelernt haben und nicht gerne tun."[10] Es gibt zwar seit kurzer Zeit in wenigen Anstalten Kommissionen, die Journalisten für das Sprechen am Mikrofon testen, doch die Auswahlkriterien sind sehr allgemein. Es gelten Anforderungen, die üblicherweise an Sprecher/ Moderatoren gestellt werden, wie z.B.: "gute Mikrofonstimme, angenehm soll die Stimme sein, d.h. Aufmerksamkeit erregen, jedoch nicht von der Information ablenken; verlangt wird eine bescheidene, nicht lebhafte Diktion, wichtig ist zunächst eine gute Atemstütze. Der Sprecher braucht eine gut sitzende, leicht ansprechende Stimme."[11]

In einigen Rundfunkanstalten werden Trainingsstunden in Sprecherziehung angeboten. Unsicherheiten lassen sich durch Übung zwar abbauen, doch häufig verfährt man noch nach einem reduktionistischen Konzept: Sprache und Sprechen werden nicht miteinander verbunden, sondern Atmung, Stimmbildung, Lautung synthetisch getrennt und einzeln geübt. Sinnlos sind diese sinnfreien Übungen, bei denen jeder Funktionsbezug fehlt und sie zum Selbstzweck werden. Eine sinnvolle Sprecherziehung für Journalisten sollte immer den Zusammenhang von sprachlicher und sprecherischer Gestaltung beachten.[12]

Es ist die Aufgabe des Radiojournalisten, sein jeweiliges Thema in eine klare sprachliche und gut sprechbare Form zu bringen. Aber glaubwürdig und verständlich wird dadurch sein Beitrag nicht. Erst wenn der Text auch authentisch und eindrucksvoll gesprochen wird, findet die Botschaft den Weg zum Ohr des Hörers.[13]

Das Geheimnis einer gelungenen Präsentation von Programm im Hörfunk liegt in der kommunikativen Verbindung von Sprache und Sprechen.

ANMERKUNGEN

1 Hearst, St. (1983). Channel Identity. (Referat, vorgetragen auf dem Seminar 'Programmpräsentation' der Zentralen Fortbildung ARD/ZDF/ZFP), Berlin; Mariott, B. (1984). Channel Identity in Radio. (Referat), Köln.

2 Der Begriff 'Präsentation' umfaßt die Art des Vermittelns und Vortragens von Informationen und Mitteilungen im Hörfunk (Moderation und Sendebeiträge).

3 Siehe dazu: Faehndrich, H. (1981). Programmpräsentation und Sprechertätigkeit. (Referat), Baden-Baden.

4 Geißner, H. (1982). Sprecherziehung. Didaktik und Methodik der mündlichen Kommunikation. Königstein/Ts., S. 11 f.

5 ebd., S. 75.

6 vgl. dazu: Schneider, W. (1983). Deutsch für Profis, 4. Aufl., Hamburg, S. 117 f.

7 Vgl. Geißner, H. (1975). Das Verhältnis von Sprach- und Sprechstil bei Rundfunknachrichten, in: Strassner, E. (Hg.): Nachrichten. München.

8 Luhmann, N. (1971). Sinn als Grundbegriff der Soziologie, in: Habermas, J./ Luhmann, N.: Theorie der Gesellschaft oder Sozialtechnologie. Frankfurt, S. 42.

9 Geißner, H. (1982). Zwischen Geschwätzigkeit und Sprachlosigkeit, in: Lotzmann, G. (Hg.): Mündliche Kommunikation in Studium und Ausbildung. Königstein, S. 10, (Sprache und Sprechen, Bd. 9).

10 Häusermann, J. / Käppeli, H. (1986): Rhetorik für Radio und Fernsehen, Aarau, S. 80.

11 Weiß, R. (1986). Serviceleistungen, in: Mitteilungen der Deutschen Gesellschaft für Sprechwissenschaft und Sprecherziehung (DGSS), 2/86.

12 Vgl. dazu: Drach, E. (1937). Grundgedanken der deutschen Satzlehre, Frankfurt, S. 7: "Keine lebendige Sprechhandlung ist durchschaubar ohne den ihr zugeordneten Denkvorgang, kein geformtes Sprachwerk ('Wortlaut' eines Sprechsatzes; 'Text' einer Niederschrift) ohne den geistigen Akt, der es geformt hat."

13 vgl. Kayser, H. (1984). Akróasis. Die Lehre von der Harmonik der Welt, 4. Aufl., Basel/Stuttgart, S. 80 f.

WIE SPRECHEN HÖRFUNKJOURNALISTEN?
EINE SPRECHWISSENSCHAFTLICHE ANALYSE

KLAUS PAWLOWSKI

Der folgende Beitrag erhebt nicht den Anspruch, ein gesichertes Forschungsergebnis zu referieren. Er soll verstanden werden als erster Zwischenbericht zu einer umfangreichen Untersuchung über Mediensprecher in der Bundesrepublik (Untersuchungsstand September 1986), als ein Beitrag zur Medienanalyse und Medienkritik.

1. Untersuchungsgegenstand: "Umschausprecher"

Im Hörfunk setzen sich - zumindest in den Massenprogrammen - mehr und mehr sogenannte "Magazinsendungen" durch: Ein Moderator führt durch ein gemischtes Programm aus Musik, Berichterstattung, Interviews, Kurzreportagen. Die traditionellen Nachrichten-Sendungen werden auf ein Minimum reduziert.

Selbst die "klassischen" Umschausendungen nähern sich mehr und mehr dem Stil der Magazinsendungen an: Musikpassagen werden länger, die Wortbeiträge kürzer.

Nicht der professionelle "Sprecher" ist hier gefragt, sondern der sprechende Journalist, der Redakteur, der freie Mitarbeiter, der seinen Beitrag selbst erarbeitet und präsentiert. Er muß in der Lage sein zu moderieren, dabei auch Studiogespräche und Interviews zu führen. Er muß Berichte geben können, Kurzkommentare, Statements.

Aber: Sind Hörfunkjournalisten für diese Aufgaben ausreichend qualifiziert?

Ich untersuche seit zweieinhalb Jahren die Sprechleistungen von "Journalisten am Mikrophon".

Dabei habe ich mich zunächst beschränkt auf regionale und überregionale Umschausendungen, auf Sendungen also, in denen die Berichterstattung im Mittelpunkt steht. Gegenstand sind sämtliche dort erscheinenden Darstellungsformen.

Eine zweite Beschränkung ergab sich aus den technischen Möglichkeiten: ich habe bisher nur die Sender in die Untersuchung einbezogen, die ich in Göttingen direkt empfangen kann: HR, NDR, WDR.

Die untersuchten Sendungen:

- Morgen-, Mittags-, Abendkurier (WDR II, NDR II)
- Die Umschau (NDR I)
- Das Echo des Tages (WDR I, NDR I)
- Funkbilder aus Niedersachsen (NDR I)
- Unterwegs in Hessen (HR I)
- Passiert - notiert (HR I)
- Rundschau (HR I)

Ich nenne im folgenden die in diesen Sendungen tätigen sprechenden Journalisten "Umschausprecher".

Meine Untersuchung beschränkte sich zunächst auf die "Sprechleistung" der Umschausprecher, also auf die sprecherischen Mittel, die dem Sprecher zur Verfügung stehen, um dem Hörer den Sinn seines Textes zu vermitteln, das sind:

- melodische Mittel: Tonhöhe, Tonhöhenbewegung
  (z.B. Melodieführung, melodischer Akzent)

- dynamische Mittel: Lautstärke und Lautstärkewechsel
  (z.B. dynamischer Akzent)

- temporale Mittel: Sprechtempo und Tempowechsel
  (z.B. Pausensetzung, temporaler Akzent)

- artikulatorische Mittel: Lautbildung, Lautabgrenzung.

Inzwischen hat sich herausgestellt, daß zur Bewertung einer Sprechleistung oft eine genauere linguistische/stilistische Untersuchung des jeweiligen Redemanuskriptes unerläßlich ist. Es stellte sich häufig die Frage, ob der Umschausprecher sich nicht bereits durch seine Textgestaltung (Syntax, Wortwahl) die Möglichkeiten für eine angemessene Präsentation verstellt hatte. Diese neue Dimension der Untersuchung wird im vorliegenden Bericht allerdings nur teilweise berücksichtigt.

2. Die Normen: Verständlichkeit und Wirksamkeit

Wer die Angemessenheit einer Sprechleistung untersucht, muß zunächst die Frage nach der Norm beantworten.

Welche Erwartungen legt man bei der Beurteilung eines Umschausprechers zugrunde?

2.1. Hellmut Geißner definiert "Kommunikation" als "absichtliche (intentionale) gemeinschaftliche Verständigungshandlung". (1979, 12)

Die Situation "Umschausendung" ist nach dieser Definition keine Kommunikationssituation, denn es gibt für die Beteiligten (Rundfunksprecher - Radiohörer) nicht die Möglichkeit der direkten gemeinschaftlichen Verständigung, die Möglichkeit, in wechselseitigem Miteinander "etwas zur gemeinsamen Sache zu machen" (Geißner, 1979, 11). Es gibt keine Möglichkeit zum unmittelbaren Nachfragen, zum Infragestellen, zu Einwänden auf Seiten des Hörers, keine Möglichkeit zur Verständniskontrolle und damit zur sofortigen angemessenen Korrektur auf Seiten des Sprechers. Die Situation "Magazinsendung" ist eine Informationssituation. Dabei ist der Hörer angewiesen auf seine auditive Wahrnehmung, auf das Hör-Verstehen. Was er nicht im Moment des hörenden Wahrnehmens verstehen kann, ist als Information verloren.

Daraus ergibt sich die erste Forderung an den Umschausprecher: Die Forderung nach VERSTÄNDLICHKEIT.

2.2. Die Situation des Radiohörers ist heute eine andere als vor dreißig Jahren. Er setzt sich meist nicht mehr vor den Apparat mit dem ausschließlichen Ziel zuzuhören. Er hört nebenbei, neben der Hausarbeit, beim Autofahren. Seine Konzentration ist zunächst geteilt, häufig sogar einseitig auf seine eigentliche Tätigkeit gerichtet. Wenn das Radio läuft, bedeutet das nicht, daß er auch bereit ist zuzuhören, wirklich hinzuhören. Und er kann sich entscheiden: für das Hinhören oder, durch Knopfdruck oder selektive Wahrnehmung, dagegen.

Sollen die Wortbeiträge einer Umschausendung beim Hörer "ankommen", muß die zweite Forderung an den Sprecher heißen: medienspezifische WIRKSAMKEIT, d.h.

a) er muß die Aufmerksamkeit des Hörers gewinnen, ihn also zum Hinhören motivieren. Er muß diese Aufmerksamkeit über die Strecke seines Beitrages erhalten, den Hörer also zum Weiter-Zuhören veranlassen.

b) Er muß die Rollenerwartungen des Hörers erfüllen. Eine Umschausendung ist keine Nachrichtensendung. Der Hörer erwartet vom Sprecher, daß er sich persönlich einbringt. Er sollte also nicht nur "möglichst umfassend und objektiv informieren" - so lautet die Forderung an einen Nachrichtensprecher -, sondern sollte auch seine Meinung äußern mit dem Ziel, Meinung zu bilden.

Und er muß in der Lage sein, in seinem Beitrag eigenes Erleben für den Hörer nacherlebbar zu machen.

Die Präsentation seiner Beiträge muß also anders sein als die eines Nachrichtensprechers. Aber wie anders?

Es gibt - soviel ich weiß - bisher keine Medienrhetorik, die für die Sprechleistung eines Umschausprechers einen normativen Rahmen vorschlägt.

Zwei Forderungen an den Moderator kann man jedoch der aktuellen anstaltsinternen Diskussion[1] entnehmen:

a) die Forderung nach verstärkter Kommunikation mit dem Hörer, zu interpretieren als Forderung nach mehr Hörerbezogenheit,

b) die Forderung nach Authentizität beim Sprecher, d.h., daß nicht der geschliffene Sprecher gefragt ist, sondern die Sprecherpersönlichkeit mit individuellen Facetten (und Schwächen?), die Wiedererkennungsmarken, Identifikationshilfen für den Hörer sein können.

Diese Forderungen sind begründet in dem Bemühen um Regionalisierung und stärkere Zielgruppenbezogenheit, um mehr Popularität des Rundfunks.

Viele Umschausprecher glauben, diesen Forderungen am ehesten dadurch gerecht zu werden, daß sie eine Sprechausdruckshaltung wählen, die ich als "informellen Sprechstil" bezeichnen möchte oder, etwas salopp, als "lockeren Plauderton". So, als säßen sie mit ihren Zuhörern im Auto oder am Küchentisch. Ich behaupte noch einmal, daß das eine Fehleinschätzung der Situation ist.

Dabei will ich nicht bestreiten, daß in einem Unterhaltungsmagazin ein Moderator durchaus in der Lage sein kann, durch einen lockeren informellen Sprechstil "eine Atmosphäre der direkten Kommunikation zu imitieren und zu simulieren"[2]. Er aktiviert und bestätigt die Hör- und Sprechmuster aus der täglichen Kommunikation seiner Hörer. Er macht sich ihnen ähnlicher, und das ist beim hohen

Status, den die Funkmedien immer noch haben, ein durchaus erfolgsträchtiges Rezept. In einer solchen Unterhaltungssendung machen die zu vermittelnden Inhalte (z.b. Musikabnahme oder -ankündigung, Plaudereien, also Informationen mit z.t. großer Redundanz) einen solchen Sprechstil möglich, ohne daß die Gefahr besteht, daß auch bei geringer Konzentration auf Seiten des Hörers wesentliche Informationen verloren gehen.

Problematisch werden solche Versuche eine "parasoziale Interaktion"[3] herzustellen dann, wenn es darum geht, Beiträge mit Informationsanspruch und hohem Informationsgehalt verständlich zu präsentieren, wie das in den von mir untersuchten Umschausendungen meist der Fall ist.

Über die Angemessenheit eines Sprechstils, also über die Art, wie die Umschausprecher die notwendigen Wirkungen erzielen, kann man streiten.

Unumstritten ist für mich die Forderung nach Verständlichkeit. Mit den Worten der Sendeleiterkonferenz der ARD: "Wichtigster Grundsatz der Programmpräsentation ist die Verständlichkeit ... Dabei ist ggf. zwischen dem Prinzip der Authentizität und der Verständlichkeit abzuwägen und ggf. letzterem Gesichtspunkt im Interesse der Hörer und der Akzeptanz des Programmangebots Vorrang einzuräumen." (Ergebnisse ..., s.o., 1984)

3. Das Untersuchungskriterium: Verständlichkeit

Ich definiere VERSTÄNDLICHKEIT in Anlehnung an Hörmann (1976) als den Grad der Möglichkeit des Hörers, dem Gehörten einen Sinn zu verleihen durch Hineinstellen in einen Zusammenhang. Stoffel (1979, 52 f.) präzisiert diesen Vorgang des Verstehens in drei Modi:

a) synthetisches Hörverstehen (globales Verstehen der Botschaft, Konstruieren einer Sinnhypothese aus dem eigenen Wissen und der momentanen Prädisposition heraus),

b) analytisches Hörverstehen (Isolieren und Identifizieren besonderer Elemente der Äußerung),

c) kritisches Hörverstehen (kritische Reflexion des Verstandenen und auch des eigenen konkreten Hörverstehensprozesses).

Das zeigt, daß Verständlichkeit keine fest kalkulierbare Größe darstellt. Ob jemand etwas gut oder schlecht versteht und was er letztlich versteht und behält, hängt von folgenden Faktoren ab:

a) von der Prädisposition des Hörers,

b) vom Text (Textinhalt, Textaufbau, Sprachstil),

c) von der Präsentation.

3.1. Die Prädisposition des Hörers ist nur bedingt prognostizierbar. Sie ist bestimmt von abhängigen Variablen.

- Auf der Ebene der Inhalte: Was kann an Wissen beim Hörer vorausgesetzt werden? Welche (kollektiven) Einstellungen sind vorhanden? Was findet sein Interesse, was motiviert ihn zum Zuhören?

- Auf der Ebene der Präsentation: Welche Hörverstehensfähigkeit (Slembek, 1984) und welche Hörgewohnheiten, Hörmuster (Geißner, 1984) sind vorhanden? Über welches sprachliche Repertoire verfügt er?

Eine einheitliche Hörerstruktur kann nicht vorausgesetzt werden. Rezeptionsgewohnheiten lassen sich nur sehr grob und unzuverlässig verallgemeinern.

Wirklich kalkulierbar und beeinflußbar sind also nur der Text und die Präsentation.

3.2. Wie bereits angedeutet, hat sich im Laufe der Untersuchung in zunehmendem Maße ein unauflösbarer Zusammenhang zwischen Textvorlage (Sendemanuskript) und Präsentation bestätigt.

Sehr viele Hörfunkjournalisten formulieren ihre Sendemanuskripte wie Zeitungsartikel: hypotaktische Satzstruktur, Nominalstil, Informationsfülle pro Texteinheit, keine zusätzlichen Verstehenshilfen (z.B. Überleitungspartikel) usw.

Drei Beispiele:

(1)

(Sprecher 49, NDR, Kurzkommentar)

Da nicht anzunehmen ist, daß auch diesmal der oberste Dienstherr der Nachrichtendienste in der Bundesrepublik nicht gewußt haben könnte, was CIA und State Departement sicher dem Bundesnachrichtendienst mitgeteilt haben über Drogen und Paraguay, kann man das Angebot Paraguays, die Chemikalien uns zur Ver-

nichtung zu überlassen, als eine Art Nebelkerze interpretieren, die die jüngste Vergangenheit den Augen des Ministers entziehen soll.

(2)

(Sprecher 186, WDR, Telefonbericht)

Bekannt geworden ist nur, daß die Briten, die ebenso wie die Bundesregierung harte wirtschaftliche Strafmaßnahmen gegen das Bota-Regime ablehnen, einen Weg gefunden zu haben glauben, allzu strenge Beschlüsse noch einmal hinauszuschieben oder gar zu vermeiden.

(3)

(Sprecher 22, NDR, Bericht)

Während aber die Experten noch die politischen Schwierigkeiten beklagen, die den mehrfach angekündigten 10 %igen Subventionsabbau bisher verhinderten, liegt jetzt eine von der Wirtschaftswoche in Auftrag gegebene Studie des Kieler Instituts für Weltwirtschaft auf dem Tisch, die eine 50 %ige Kürzung aller Subventionen innerhalb von fünf Jahren fordert.

Umschausprecher ignorieren häufig, daß der Hörer nur eine begrenzte Menge an Informationen pro Zeiteinheit aufnehmen und verarbeiten kann, und sie ignorieren auch, daß ein Stil, der für das Leseverstehen geeignet sein mag, einen Hörer überfordern muß (La Roche, 1980, 150). Auch dann, wenn der Sprecher versucht, diesen Text sinnvermittelnd zu sprechen. Das fällt selbst einem ausgebildeten Sprecher schwer, und die meisten Umschausprecher sind keine Berufssprecher. Wenn diese Sprecher nun noch versuchen, einen solchen "Schreibtext" mit einem Überangebot an Information "plaudernd" zu präsentieren, sind die Folgen absehbar: Die Kost wird für den Hörer nicht verdaulicher, sondern geradezu unbekömmlich.

Die Forderung nach mehr Authentizität der Sprecher und nach mehr Hörernähe bedeutet für den Umschausprecher: Er muß lernen, komplexe Informationen zu "verdünnen" und zu elementarisieren. Er muß lernen, sprechbare Manuskripte zu schreiben oder nach einem Stichwortzettel frei zu formulieren. (Stoffel, 1980, 162)

3.3. Der dritte entscheidende Faktor für die Verständlichkeit ist die Textpräsentation. (Informations-)Psychologische und sprechwissenschaftliche Untersuchungen geben Hinweise auf den engen Zusammenhang von Sprechstil und Hörverstehen (z.B. Riedel, 1969; Slembek, 1984).

a) SPRECHTEMPO

Je größer das Sprechtempo, desto höher die Informationsmenge pro Zeiteinheit. Das bedeutet für den Hörer ein hohes Maß an Konzentration beim synthetischen und analytischen Hörverstehen. Bei Texten mit großer Informationsdichte führt das zu Verstehenslücken, Hörselektion.

b) TEXTGLIEDERUNG

Nicht sinngemäße Textgliederung (Pausensetzung) kann den Sinn der Aussage verändern, verlangt zumindest vom Hörer ein hohes Maß an Konzentration für das synthetische Hörverstehen. Er muß nämlich erst hörverstehend die sinngemäße Textstruktur "finden".

Auch die Häufung von Stau- und Atempausen (abgehacktes Sprechen) erschwert das Hörverstehen erheblich. Untersuchungen (Wängler, 1972, 62; 1973) haben gezeigt, daß sich beim intensiven Zuhören die Atemfrequenz des Sprechers auf die des Hörers überträgt, verstärkt dann, wenn die Einatmung hörbar ist. Dadurch überträgt sich auch die Grundspannung. Es kommt zu Unlustgefühlen, Ermüdung, Hörselektion.

c) TONHÖHENBEWEGUNG

Nicht sinngemäße Melodieführung verlangt vom Hörer ein hohes Maß an Konzentration beim synthetischen Hörverstehen, z.B.:

- Permanente progrediente Stimmführung, also das Fehlen fallender Kadenzen, produziert und erhält eine nicht textgemäße Erwartungsspannung.

- Textunabhängige Melodisierung, also nicht sinngemäße Häufung melodischer Akzente erschwert das Erkennen des Sinnkerns einer Aussage.

d) HERVORHEBUNGEN

Nicht sinngemäße Akzentsetzung führt zu Sinnveränderungen, verlangt zumindest ein hohes Maß an Konzentration als Voraussetzung für das synthetische Hörverstehen. Der Hörer muß das Gemeinte aus seinem "Hörgedächtnis" und dem Kontext aktiv erschließen.

Akzenthäufungen erschweren das "Finden" der relevanten Sinnkerne.

e) ARTIKULATION

Durch fehlerhafte (nicht hochlautliche) und undeutliche Artikulation (fehlende Lautbildungspräzision und Lautabgrenzung) kann die Verständlichkeit erheblich eingeschränkt werden. Abgesehen davon, daß Wortbedeutungen verändert werden, muß der Hörer beim synthetischen Hörverstehen ein hohes Maß an Konzentration aufbringen. Häufig binden artikulatorische Eigenarten des Sprechers (z.b. Lispeln) die Aufmerksamkeit des Hörers und lenken von der Wahrnehmung des Textes ab.

Aus diesen Erkenntnissen ergeben sich für die Präsentation von Hörfunkbeiträgen folgende Forderungen:

(1) Der Sprecher sollte die begrenzte Aufnahme- und Verarbeitungskapazität des Hörers berücksichtigen und sein Sprechtempo der Informationsmenge pro Zeiteinheit anpassen.

(2) Die Textgliederung sollte sinngemäß sein. Angemessene Pausen sollten dem Hörer das analytische Hörverstehen erleichtern. Die Einatmung sollte nicht hörbar sein und möglichst nur an Sinnschrittgrenzen erfolgen.

(3) Die Melodieführung sollte dem Spannungsverlauf des Ausspruchs folgen. So sollte der Hörer am Ausspruchs-Ende aus der Spannung "entlassen" werden.

(4) Durch (melodische oder dynamische) Akzentuierung sollten nur die wirklich sinntragenden Elemente hervorgehoben werden.

(5) Die Artikulation sollte präzise (Lautbildung, Lautabgrenzung) sein. Artikulatorische Eigenarten dürfen das Verständnis nicht beeinträchtigen (z.B. Dialekt) oder von der eigentlichen Information ablenken (z.B. Sigmatismus).

4. Die Analyse selbst

4.1. Methode

Der erste Schritt zur Untersuchung der Sprechleistung bundesdeutscher Umschausprecher war eine Höranalyse. Einige Ergebnisse dieses Untersuchungsschrittes sollen hier dargestellt werden. Aufgezeichnet und analysiert wurden bisher 211 Sprecherinnen und Sprecher. Von 148 Sprecherinnen und Sprechern liegen zwei und mehr Aufnahmen vor.

Die Analyse in diesem ersten Untersuchungsschritt wurde zunächst vom Autor vorgenommen. Als Kontrollgruppen standen zwei geprüfte Sprecherzieher und eine Gruppe von Studierenden des Faches Sprecherziehung zur Verfügung.

Die Untersuchungsmethode war bis zu diesem Zeitpunkt Hören und Transkribieren. Apparative Kontrolluntersuchungen haben inzwischen die auditiv gewonnenen Ergebnisse bestätigt. Genauere Untersuchungen zur Korrelation der einzelnen Parameter (z.B. Textstruktur - Akzentuierung, Sprechtempo - Textgliederung) beginnen erst jetzt. Eine Quantifizierung der Ergebnisse wird folgen. Bevor sie nicht abgeschlossen ist, können gesicherte Prozentzahlen nur für die Merkmale Sprechgeschwindigkeit und Stammelfehler gegeben werden.

Daher bleibt die folgende Darstellung in einigen Fällen auf der Ebene der Hypothesen, in anderen Fällen werden nur Tendenzen aufgezeigt.

Es ist schwer, Höreindrücke sichtbar zu machen. Ohne Belege hätte dieser Bericht jedoch wenig Aussagekraft. Ich habe daher die Beispiele so transkribiert, daß der Leser sie "sprechend nachvollziehen" kann.

Verwendete Zeichen:

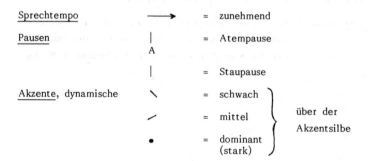

Sprechtempo	⟶	=	zunehmend
Pausen	| (A)	=	Atempause
	|	=	Staupause
Akzente, dynamische	＼	=	schwach ⎫
	╱	=	mittel ⎬ über der Akzentsilbe
	•	=	dominant (stark) ⎭

Akzente,	melodische (und Tonbrüche)	⌐	=	steigend	
		⌐	=	fallend	
Melodie	(am Ende eines Sinnschrittes)	╱	=	steigend	(interrogativ)
		╲	=	fallend	(terminal)
		—	=	bleibend	(progredient)

4.2. Ergebnis

Ich darf es vorwegnehmen: 149 Sprecherinnen und Sprecher (das sind ca. 70 %) präsentieren ihre Beiträge so, daß eine Einschränkung der mühelosen Verstehbarkeit angenommen werden muß.

4.2.1. Sprechgeschwindigkeit

Berichterstatter in Umschausendungen haben wenig Zeit. Häufig muß in 2 min 30 sec eine komplexe Informationsmenge über den Sender gebracht werden. Geißner (1976) hat für Nachrichtensprecher eine durchschnittliche Sprechgeschwindigkeit von 295,2 Silben/min ermittelt.

Bei 54 % der analysierten Umschausprecher liegt die Sprechgeschwindigkeit zwischen 290 und 350 Silben/min, bei 8 % über 350 Silben/min.

Auffällig ist der Zusammenhang von hoher Sprechgeschwindigkeit und inhaltlicher und stilistischer Komplexität. Große Materialfülle wird von den Berichterstattern stilistisch "verdichtet" (Hypotaxe, Nominalstil) und sprecherisch in die zur Verfügung stehende Zeit "eingepaßt". Die so entstehende Informationsmenge pro Zeiteinheit kann vom Hörer nicht rezipiert werden.

Außerdem zeigt sich eine enge Korrelation zwischen der Sprechgeschwindigkeit, der Textgliederung durch Pausen und der Verständlichkeit.

Beiträge mit klarer Sinnschrittgliederung waren trotz Sprechgeschwindigkeiten über 350 Silben/min noch relativ gut verständlich.

Dagegen wurden Beiträge mit nicht sinngemäßer Gliederung durch Pausen als sehr schnell und schwer verständlich erlebt, auch wenn sie unter 290 Silben/min lagen.

Beispiel (4)

(Sprecher 27, HR, Sprechgeschwindigkeit 282 Silben/min, Bericht mit O-Ton)

... ansonsten | äh war es so daß eben wie gesagt über den agrar - alkohol diskutiert wurde╱| und am rande kam die einkommenssituation | der bauern | ans licht und die | fand ich doch bemerkenswert ╲14.500 mark | so viel verdient ein hessischer bauer im jahr ...

- Nur zwei der sechs Pausen sind sinngemäß (die Sinnschrittmarkierung 'wurde | und' und die Staupause 'mark | so viel').
- Die drei Atempausen sind sehr kurz und die Einatmung ist stark hörbar.
- Notwendige Pausen werden übersprochen, z.B. Staupause 'so | daß', Sinnschritt-(Atem)Pause 'licht | und'.
- Nach dem terminalen Sinnschrittschluß 'bemerkenswert ╲' fehlt eine Pause, in die nächste Silbe (['fɪʀ...]) hinein wird Luft "geschnappt".

Dadurch wirkt der Bericht zerhackt, gehetzt, atemlos. Es wird eine unangemessene Spannung aufgebaut.

Diese Wirkung wird verstärkt durch einen stark verhauchten Stimmklang.

4.2.2. Textgliederung durch Pausen

Diese "unkontrollierte" Textgliederung ist ein hervorstechendes Merkmal der untersuchten Sprechleistungen.

Die Pausensetzung wird sehr häufig den natürlichen physiologischen Abläufen überlassen, das heißt: Pausen sind in erster Linie Atempausen, und diese Atempausen werden dann gesetzt, wenn die Sprechatemluft verbraucht ist. Das geschieht bei vielen Sprechern bereits nach jeweils kurzen Sprechphasen, vor allem bei Life-Berichten (Telefonberichten), die unter Streß (Zeitdruck) gesprochen werden.

Die Pausen entsprechen meist nicht dem Sinn, vor allem dann, wenn die Textvorlage syntaktisch kompliziert ist.

Darüber hinaus hat man manchmal den Eindruck, die Berichterstatter vermieden bewußt Pausen an Sinnschrittgrenzen, um dem Moderator nicht die Gelegenheit zu geben, sich mit einer Zwischenfrage einzuschalten oder sie auszublenden.

Dieser Eindruck wird oft dadurch verstärkt, daß auf jeden terminalen Sinn-schritt-Schluß verzichtet, die Sprechmelodie also an jeder Sinnschrittgrenze in der Schwebe gehalten oder interrogativ geführt wird.

Beispiel (5)
(Sprecher 126, NDR, 302 Silben/min, Bericht mit O-Ton)

... die post ist ja im gerede ⁄ sie haben es | schon angedeutet ⁄ der größte öffentliche arbeitgeber ⁄ | mit 540 beschäftigten ⁄ davon sind | 73 % in der deutschen postgewerkschaft | organisiert ⁄ und das ist ein kleiner postgewerk-schaftszwischenkongreß der hier stattfindet ⁄ und in der tat ⎯ der vormittag war ganz wesentlich geprägt ⁄ | von dem schlechten oder vielleicht auch nicht so schlechten image der post ⁄ ...

Der Beitrag wirkt <u>sehr</u> schnell gesprochen, vorwärtsgetrieben, durch die inter-rogativen und progredienten Sinnschrittschlüsse eintönig. Die fehlenden Sinnpausen beeinträchtigen stark die Verständlichkeit.

Aber nicht nur Nervosität und Zeitdruck sind Ursachen für dieses Phänomen der "unkontrollierten Textgliederung". Häufig ist es der offensichtlich gezielte Ver-zicht auf bewußte Textgestaltung. Wer dem Hörer Nähe suggerieren will, plaudert eben, wie es ihm gerade "über die Zunge" kommt.

Beispiel (6)
(Sprecher 68, HR, Life-Bericht im Studio)

... dazwischen degustierten 40 auserwählte gäste die ältesten weine der welt die der schwerreiche gönner hardy rodenstock 's der mit der brille | gestif-tet hatte | hannelore kohl gattin des bundeskanzlers in diesem unserem lande war natürlich auch dabei als spendensammlerin | für eine unfallopferhilfe ..

Der Sprecher spricht, bis die Atemluft verbraucht ist, muß dann (rasch und hörbar) einatmen, atmet dann an der Sinnschrittgrenze noch einmal nach und "stürzt" sich in den nächsten Gedankengang, den er an einer beliebigen Stelle durch die notwendige Einatempause unterbrechen muß.

Weitere Kennzeichen: geringe Intensität, geringe Artikulationsgenauigkeit, starke Melodisierung.

Ergebnis: lockere Plauderei, in diesem Fall angemessen (Stellenwert des Themas, geringe Informationsdichte). Das kann der Hörer auch "nebenbei" verstehen.

Allerdings liegen eine ganze Reihe von Beispielen vor, in denen auch komplexe Sachverhalte auf diese Weise über den Sender "geplaudert" werden.

4.2.3. Melodiebewegung

Es wurde im letzten Beispiel bereits angedeutet: Der Anspruch, dem Hörer Nähe zu signalisieren und den Beitrag möglichst "verdaulich" zu präsentieren, führt häufig zu einer nicht themen- oder textgemäßen Melodisierung, d.h. zu starken Tonhöhenschwankungen (Tonbrüchen) und der Häufung melodischer Akzente. Ich möchte dieses sehr häufig zu hörende Sprechausdrucksmuster "nicht textgemäße Melodisierung" nennen.

Beispiel (7)
(Sprecherin 127, NDR, Life-Bericht mit O-Ton)

In diesem Beitrag entstehen die Hervorhebungen fast ausschließlich durch Tonhöhenveränderungen. So wirkt dieser nüchterne Bericht wie eine Märchenlesung.

Dem Hörer wird ein hohes Maß an Konzentration abverlangt. Sehr schnell tritt Ermüdung ein.

4.2.4. Melodiebewegung und (dynamische) Akzentuierung

Während jedoch in diesem Beitrag noch die sinntragenden Silben hervorgehoben werden, ist bei vielen Sprechern das Zusammenspiel von Melodiebewegung, Akzentuierung und Textsinn mehr zufällig.

Beispiel (8)
(Sprecher 12, NDR, Bericht ohne O-Ton)

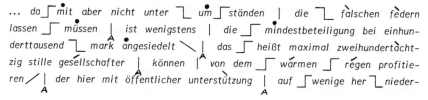

gehen soll | und in acht wochen sollen die achtundzwanzig millionen mark | von den sechsundachtzig mill ionen | eingespielt sein | die frage ist nur warum man dies | mit hilfe einer pressekonferenz publik macht wo doch sonst wirklich lohnende engage ments | wie beispielsweise seinerzeit spielbankbeteiligungen | unter der hand | von freund zu freund sozusagen | ver marktet wurden ...

Diese Partitur ist nach mehrmaligem Hören durch mehrere Kontrollhörer entstanden. Wenn Sie als Leser versuchen, sie nachzusprechen, werden Sie Schwierigkeiten haben, weil der mögliche Textsinn total verstellt ist:

- Die "nicht textgemäße Melodisierung" ist besonders stark ausgeprägt.

- Auch die Pausen sind meist nicht textgemäß.

- Die Verteilung der dynamischen Akzente geschieht mehr zufällig. Hauptakzente liegen häufig auf den Hilfsverben am Sinnschritt-Ende (müssen, sein, soll, wurden). Wirklich sinntragende Silben bleiben unakzentuiert (z.B. 'die falschen', 'achtundzwanzig millionen'). Häufig fallen die Hauptakzente neben die eigentlichen Sinnträger (z.B. 'sechsundachtzig millionen' statt 'sechsundachtzig millionen', 'wirklich lohnende' statt 'wirklich lohnende').

Auch nach mehrmaligem Hören war es kaum möglich, den Sinn der letzten beiden Sätze zu erfassen.

Von diesem Sprecher liegen inzwischen vierzehn Aufnahmen unterschiedlicher Darstellungsformen (Moderation, Interview, Bericht) vor. Das Sprechausdrucksmuster ist jeweils das gleiche. Die Verbindung von nicht textgemäßer Melodisierung und nicht textgemäßer Akzentverteilung ist jedoch ein Merkmal vieler Umschausprecher.

4.2.5. Komplexe Ausdrucksmuster

Neben der nicht textgemäßen Melodisierung gibt es ein zweites hörfunktypisches Sprechausdrucksmuster, das durch das Zusammenwirken von Textgliederung, Melodieführung, Akzentsetzung und Tempomodifikation entsteht.

Beispiel (9)

(Sprecher 46, NDR, Bericht ohne O-Ton)

ja siegfried ‾|

wiederum genügte ein fùnke um das hochbrisante | *soziale*
gemisch zu entzünden ‾|

das die farbigen gettos ⟍|

in englands großstädten nun einmal dàrstellen ⟍|

und wiederum war es der tòd einer schwarzen fràu ╱|

der die krawalle auslöste ⟍|

Die Merkmale:

- Die relativ kurzen Sprechphasen (häufige Atempausen) stimmen nicht immer mit den Sinnschritten überein.

- Die Hauptakzente (starke dynamische Hervorhebungen) liegen meist am Ende einer Sprechphase und markieren nicht immer die nach dem Text sinntragende Silbe.

- Andere Hervorhebungen sind nur sehr schwach ausgeprägt.

- Nach dem Hauptakzent folgt häufig (auch gegen den Textsinn) eine terminale Stimmführung und eine Pause.

- Das Sprechtempo steigt in jeder Sprechphase bis hin zur Akzentsilbe (das wirkt wie ein "Anlauf").

Dieser Sprechstil weckt zunächst Aufmerksamkeit, wirkt spannend, im oben transkribierten Bericht sogar dramatisch, erregend, mitreißend. Zum Textverständnis bedarf es jedoch einer hohen Konzentration beim Zuhören, da das synthetische Hörverstehen durch nicht textgemäße Akzentuierung und Textgliederung erschwert ist. Darüber hinaus lenkt das Rhythmische dieses Sprechausdrucksmusters vom Sinnverstehen ab und wirkt ermüdend.

Eine häufige Modifikation dieses Musters sieht so aus, daß vor der "im Anlauf" erreichten Hauptakzentsilbe eine Staupause für eine zusätzliche Verstärkung sorgt.

Beispiel (10)

(Sprecher 111, NDR, Moderation)

... herr dr òtto in einer allgemeinen | *bewértung* ⎯ |

spricht das ministerium voɴ lìcht und | *schátten* ╱ | ⋀

4.2.6. Artikulation

Bei sehr vielen Umschausprechern ist die Artikulation so unpräzise, daß der Hörer sich beim synthetischen Hörverstehen stark konzentrieren muß. Mangelnde Lautausformung und Lautabgrenzung korrelieren in hohem Maße mit großem Sprechtempo und unkontrollierter Textgliederung. Ich unterstelle hier einen Zusammenhang zwischen nicht präziser Lautbildung und der Tendenz zum weniger formalen "hörernahen" Sprechen.

Stark dialektale Abweichungen von der Lautungsnorm, die zu Verstehensproblemen führen können, wurden nicht festgestellt.

Bemerkenswert ist jedoch der relativ hohe Anteil von Stammelfehlern (Sigmatismus, Schetismus): 7 % aller untersuchten Sprecherinnen und Sprecher lispeln.

Es ist kaum möglich, präzise Aussagen über die Bedeutung solcher Lautbildungseigenarten für den Prozeß des Hörverstehens zu machen.

Sie stellen zumindest eine Abweichung von den Hörmustern und Rollenerwartungen dar (Lispeln paßt nicht zum Rollenbild eines Rundfunksprechers). Hinzu kommt, daß durch ihre hohen Frequenzen die Laute [s] und [ʃ] und damit auch die entsprechenden Normabweichungen durch die Aufzeichnungs- und Wiedergabegeräte besonders deutlich vernehmbar werden. Das kann dazu führen, daß die Aufmerksamkeit des Hörers gebunden, also von der Wahrnehmung des Textinhalts abgelenkt wird.

5. Zusammenfassung

Die hier skizzierten Ergebnisse dieses ersten Untersuchungsschrittes lassen sich wie folgt zusammenfassen:

Umschausprecher des NDR, WDR, HR sprechen zu schnell, häufig ohne die zum Verständnis des Textsinns notwendige Sinnschrittgliederung durch Pausen.

Sie neigen zur nicht textgemäßen Melodisierung und erschweren die Verständlichkeit häufig noch zusätzlich durch nicht textgemäße Akzentsetzung.

Umschausprecher reproduzieren häufig text- und themenunabhängige Sprechausdrucksmuster, die Hörernähe signalisieren sollen, die aber die Verständlichkeit stark beeinträchtigen.

Umschausprecher versuchen, durch ihren Sprechstil den Vorstellungen vom bürgernahen Radio gerecht zu werden und überfordern damit oft ihre Zuhörer. Sie muten ihnen zumindest viel zu an Konzentrationswilligkeit und Konzentrationsfähigkeit.

Andererseits: Mit der Tendenz, auch Umschausendungen mehr im Magazinstil zu präsentieren, werden an die sprechenden Journalisten Forderungen gestellt, denen sie ohne eine spezifische journalistische und vor allem sprecherische Ausbildung nicht gerecht werden können.

Als Radiohörer kann ich die Forderung nur begrüßen, auch komplizierte Sachverhalte hörernah zu präsentieren. Nur: hörernah heißt für mich in erster Linie VERSTÄNDLICH und erst danach authentisch, was immer das heißen mag.

ANMERKUNGEN

1 Grundlage sind folgende Papiere der Sendeleiter-Konferenz der ARD:
Ergebnisse der AG "Programmpräsentation" (10./11.10.1984),
Personelle Voraussetzungen der Programmpräsentation im Hörfunk (3. Fassung vom 3.4.1985).

2 Horton und Wohl (siehe Decker, 1976, 398 f.) untersuchten das Zuschauerverhalten bei "personenzentrierten" Fernsehsendungen. Der Moderator (die "Persona") kann durch seinen Sprach- und Sprechstil, durch seine Gesten dem Zuschauer das Gefühl suggerieren, direkt dabei zu sein. Das gelingt ihm dadurch, daß er durch die Art seiner Präsentation Werte wie Geselligkeit, Freundschaft, Kontaktfreude vermittelt, "Werte, die mit dem freien Zugang und der ungehinderten Teilnahme an angenehmer sozialer Interaktion in Primmärgruppen in Verbindung gebracht werden". (Decker, 1976, 398)

3 siehe Anmerkung 2

LITERATURVERZEICHNIS

Decker, H. (Hg.): Einführung in die Kommunikationswissenschaft, Kurs im Medienverbund, Teil 2, München, 1976

Geißner, H.: Das Verhältnis von Sprachstil und Sprechstil bei Rundfunknachrichten, in: Strassner, E. (Hg.): Nachrichten, München, 1976, S. 137-150

---- Rhetorische Kommunikation, in: Praxis Deutsch 33/1979, S. 10-21

---- Über Hörmuster, in: Gutenberg, N. (Hg.): Hören und Beurteilen (Sprache und Sprechen, Bd. 12), Frankfurt, 1984, S. 13-56

Hörmann, H.: Meinen und Verstehen, Frankfurt, 1976

La Roche, W. v.: Fürs Hören schreiben, in: v. La Roche / Buchholz (Hg.): Radio-Journalismus, 2. Aufl., München, 1984, S. 148-160

Riedel, H.: Informationspsychologische Grundlagen, in: Geißner / Höffe (Hg.): Sprechen und Sprache (Sprache und Sprechen, Bd. 2), Wuppertal, 1969, S. 82-97

Slembek, E.: Leseverstehen und Hörverstehen, zwei vernachlässigte Grundleistungen der Kommunikation, in: Gutenberg, N. (Hg.): Hören und Beurteilen (Sprache und Sprechen, Bd. 12), Frankfurt, 1984, S. 57-78

Stoffel, R.: Sprechdenken und Hörverstehen, in: Praxis Deutsch 33/1979, S. 51-55

---- Frei Sprechen, in: v. La Roche / Buchholz (Hg.): Radio-Journalismus, 2. Aufl., München, 1984, S. 161-165

Wängler, H. H.: Physiologische Phonetik. Eine Einführung, Marburg, 1972

---- Über koordinierte Reaktionen der Atmung auf sprecherische (und sängerische) Ausdrucksgestaltung, Hamburger Phonetische Beiträge, 1973

"... DIE FÜR DEN 'NORMALHÖRER' WIRREN ABSONDERUNGEN DER HÖR-
SPIELABTEILUNGEN"[1] ODER: WAS HAT DAS ALTE NEUE HÖRSPIEL GE-
BRACHT?

EIN LÜCKENHAFTER ABRISS ZUR GESCHICHTE DES NEUEN HÖRSPIELS
UNTER DEM GESICHTSPUNKT DER SPRECHDENKMUSTER UND DES HÖRER-
HANDELNS

GABRIEL PTOK

Die Gattungsgeschichte des Hörspiels beginnt spätestens mit Hermann Pongs, der 1930 auf "eigene Hörwerke im **Materialstil** des Rundfunks"[2] hinweist. Das Hörspiel ist die einzige eigenständige (Kunst-) Gattung, die der Hörfunk hervorbrachte. Der Hörspielproduzent gebraucht einen technischen und institutionellen Apparat, der in die jeweilige Gesellschaft eingebunden ist. Dieser Kontext bildet ein Wechselverhältnis aus, bei dem sich die Hörer bisher zurückhielten: Wirtschaftlich und politisch Einflußreiche streiten mit den Rundfunkleitern und Hörspielmachern um Spielräume für jeweilige Interessen.

Der Hörspielhörer hatte nach fünfzig Jahren seine Hoffnung aufgegeben, mitspielen zu dürfen. Er war gewöhnt, daß ihm der Funk etwas vormacht (Wehrmachtsberichte; antike Dramen ...).

Da schlägt ihm in den siebziger Jahren ein Sprechchor aus dem Lautsprecher entgegen, härter als Kruppstahl, kälter als damals, 1943. Da soll er plötzlich aufstehen und Anordnungen des Hörspielsprechers befolgen.[3] In Straßendemonstrationen reißen jugendliche Schüler und Studenten die Klischees ihrer Eltern auf: Wie aus überlagerten Dosen quellen faule Geschichten aus der nationalsozialistischen Vergangenheit heraus. (Anlässe sind Schahbesuch und Vietnamkrieg.) Hier entdecken die nichtangepaßten, antifaschistischen Überlebenden des Krieges ihre Gelegenheit, aufzuklären, zu vermitteln, für eine künstlerische Auseinander- und Zusammensetzung zu begeistern. Hörspielmacher produzierten und provozierten in eine größtenteils aufgeweckte Öffentlichkeit hinein. (H. Heißenbüttel, P. Weiss, L. Harig, im feature J. Améry, A. Schmidt.) Für einen Teil der älteren Hörer waren selbst die bloßen Spielangebote einiger Hörspiele, die allenfalls medienkritisch waren, schon zuviel: Erst haben sie sich der staatlichen Ordnung gefügt, sie dann übernommen, und nun wurde alles in Frage gestellt. Die Aufforderung zum Mithandeln wurde zurückgewiesen. Das "Spiel mit Hörer" als: "Spiel mit, Hörer!" (Geißner) zu verstehen, gelang eher den damals Jugendlichen (die heute APO-Opas sind).

Mitspielen bedeutet hier, über das Hörverstandene hinaus selbst weiterzudenken, das Gehörte und sich als Hörer in Frage zu stellen. Analyse und Kritik sollen Bestandteil des Hörspiels werden. Unbewußtes gilt es, bewußt zu machen, Manipulation wird aufgedeckt. Wo dies verbissen statt "hörspielerisch" geschieht, auf Produzenten- wie Hörerseite, wird die menschenverachtende Vergangenheit mit untauglichen, weil entsprechenden, Mitteln abgewehrt. Mitspielen bedeutet weiter, Einfluß auf die Institution zu suchen: Programmgestaltung und Autorschaft anzustreben.

Die erarbeitete Medienkritik der siebziger Jahre führte auch zu einer Suche nach hörerbezogenen, handlungsauslösenden Hörspielen aus der Frühzeit des Radios. Neben dem konventionellen, stilreproduzierenden Illusionshörspiel wurde eine Traditionslinie zum erneuernden, medienangemesseneren Hörspiel aufgezeigt.

Dieser Aufsatz hält sich im folgenden an die Gliederung des Schemas auf S. 115.

1. Rundfunk nach 1923

1. a Öffentlichen Rundfunk gibt es seit 1923. Er wird von regionalen Aktiengesellschaften des Mittelstandes und zunehmend der Großindustrie betrieben. Nach 1926 sichert sich die Post 51 % des Kapitals, führt Rundfunkgebühren ein und fügt die Sender unter Hans Bredow (DVP-Anhänger) zur Reichsrundfunkgesellschaft zusammen. Durch Kulturbeiräte und Ausschüsse wird politische Neutralität kontrolliert, d.h. Kommunisten und Sozialdemokraten werden ausgeschlossen.

1. b Meist wird live ab Kohlemikrophon, später Kondensatormikrophon, gesendet. Außenaufnahmen können auf Wachsplatten gespeichert werden. Nach Erfindung des Tonfilms bedient sich auch der Hörfunk der Zelluloidstreifen, um Lichttonbänder einzusetzen. Diese erst ermöglichen den Schnitt, das übergangslose Verbinden getrennt aufgenommener Hörereignisse.

1. c Zunächst hat der Hörer Empfänger und Kopfhörer, später erst Lautsprecher. Weil die Kosten für Empfangsgeräte zu hoch sind, gründen Arbeiter Radiovereine zum Basteln von Radiogeräten. Dies ist ihnen gesetzlich verboten.

Übersicht zur Entwicklung des experimentellen, autonomen und Neuen Hörspiels:
Faktoren, die den Stil des Sprechdenkens und Hörverstehens beeinflußt haben

a Gesellschaftliche und rundfunkpolitische Voraussetzungen	b Technische Möglichkeiten des Senders	c Technische Möglichkeiten des Hörers	d Sprech(er)stil	e Hör(er)stil
1923 –				
1 Rundfunk der Industrie, Post, des Staates	live, Wachsplatte, Lichtton, Kohle- und Kondensator-Mikro 1932 Tonband	Kopfhörer, Lautsprecher, 1924 1 Mio. Teilnehmer, 1926 2 Mio. Teilnehmer	Schauspiel und Oper, Hörbühne ⫫ Montage und Beginn des Mikrophonsprechens	Technikfixiert, Bühnenersatz ⫫ Bastlervereine: Arbeiterradio
1933 –				
2 Rundfunk als Führungsmittel, zentralistisch		Volksempfänger (volle Versorgung)	Pathos, Theatralik	Volksempfänger oder Exilprogramm
1945 –				
3 Föderalistische Neuordnung; ARD; kein inhaltlicher Neubeginn	1950 UKW	UKW = bessere Qualität	Historisierung, Unterhaltung ⫫ Sozialkritik, Sprechdenkspiele	Eskapistisch ⫫ Nachdenklich, Verbotenes "nach-hören"
1965 –				
5 ARD als Machtfaktor und Kulturwarenproduzent Veranstalter und Hersteller in sämtlichen kulturellen Bereichen	1965 Stereo, quantitative Verbesserung (Aufwendige Studios, z.B. Köln (WDR), Baden-Baden (SWF))	"Raumklang", "Musiktruhe", kulinarische Genußmöglichkeiten durch HiFi (DIN 45500) Kunstkopf-stereophonie	Experimente: Elementarisierung des Sprechens, soziale Themen, Hörerbezug in kritischer Distanz, autonomes Schallspiel, Neues Hörspiel	Bewußtwerden der handlungsauslösenden Wirkung des Radios: Annahme oder Ablehnung des Mitspielens

1. d Schauspieler tragen Gedichte und Monologe vor. Das "Sendespiel Bühne" mit den Abteilungen "Oper" und "Schauspiel" bringt die jeweilige Kunstform komplett vor das Mikrophon: Es wird in Kostüm und Kulisse gespielt, ohne Rücksicht auf (optische und akustische) Verluste. Geräusche werden ergänzt. (Beispiel: Wallensteins Lager, realisiert von A. Braun.)

Der Sprechstil folgt aus der vermuteten Hörererwartung: Jeder soll an großer deutscher Dichtung teilhaben, bedeutende Schauspieler hören. Das ergibt eine historisierende, pathetische Sprechart, die fünfzig Jahre später "übertrieben" wirkt. Erst allmählich erarbeiten sich einzelne Schauspieler das, was als "Mikrophonstimme" bezeichnet wird. Die Stütze, Phonation und Artikulation sollen keinen Raum füllen, sondern über Mikrophon in elektrische Impulse verwandelt werden. Die feine Durchgliederung und der eventuell vorgestellte Hörer werden zum Mittelpunkt einer neuen, funkischen Art des Sprechdenkens. Mit dem Beginn montierter, experimenteller Sendungen werden zu dem gewohnten, meist überartikulierten, Sprechen auch Formen der Alltagsaussprache, Dialekte, Befindlichkeitslaute, Geräusche gesendet.

Bevor der Funk eigenständig arbeitet, greift er zunächst auf das Schauspiel, dann auf den Film zurück. Beide Tendenzen sind bis heute zu hören (A. Behrens "Hörfilm" 1987 z.B.).

A. Braun schreibt von den Filmtechniken der Blende, die er ins Akustische übersetzt: "Eine einfache, typisch primitive Kintopphandlung, mit Verfolgungen, mit Irrungen, und all den unbegrenzten Möglichkeiten und Unwahrscheinlichkeiten, die wir aus den ersten Filmen her kennen, ging durch das Spiel."[4] "Unser Publikum hat uns mit größter Begeisterung länger als zwei Stunden zugehört."[4]

Beispiele für eigenständige Auseinandersetzungen sind:

F. W. Bischoffs Hörfolge "Hallo hier Welle Erdball". Eine mit Lichtton zusammengeschnittene Montage aus Berichten, Hörspots, Dialogen, Geräuschfolgen innerhalb eines Rahmens. In die jeweiligen Hörbereiche wird eingeblendet, überblendet. (Schlesische Funkstunde Breslau, 1929)

F. Wolfs Montage aus verzerrten Funksprüchen und, allerdings illusionistischen, Rundfunkzitaten "SOS ... Rao Rao ... Foyn / 'Krassin' rettet 'Italia'" zeigt, wie eine Eisbrecherbesatzung ein Luftschiff aus dem Polareis befreit. Ob die dort vorgeführte radiovermittelte Hilfeleistung die Technik oder die Sowjetunion verherrlichen sollte, oder hier die Bedeutung des Rundfunks vorgeführt wird[5], tritt hinter den Aspekt der Ausnutzung spezifisch funkischer Mittel zurück. (Berliner Funkstunde 1929)

B. Brechts Lindberghflug (später: Ozeanflug) ist ein Versuch, die Einbahnstraße des Mediums zu überwinden. Durch den Aufbau des Spiels wird versucht, den Hörer zum gedanklichen Mitspieler zu machen: Stellvertretend für den Dialog mit dem Hörer wird vor dem Mikrophon ein Dialog geführt. Ein Sprecher erläutert die Handlung, ein Sänger interpretiert den "Helden" Lindbergh, und eine Chorgruppe dialogisiert mit ihm und gegen ihn als "Verkörperung" von Nebel, Müdigkeit und anderen Hindernissen. Dieses "Radiolehrstück für Knaben und Mädchen" (Untertitel) vereinigt mehrere funkische Möglichkeiten: 1. Die Raumvorstellung vor der Stereophonie: Sprecher, Lindbergh und Chor sind vor dem Mikrophon gestaffelt hörbar. 2. Die Stimme wird in jeder Form des Sprechausdrucks genutzt: Lindbergh wechselt zwischen Sprechgesang und Oratorienstil, der Chor skandiert und singt, orchestralisch kommentiert (nicht begleitet!) durch K. Weill und P. Hindemith. Die Singmelodie von Lindbergh und Chor ist sequenzweise der Sprache näher als der Musik, jedoch in der rhythmischen Gliederung nicht dem Sprechen ähnlich. 3. Sprech- und Klanggestalten sind gleichwertige Prozesse. 4. Die distanzierte, dialogische Sprecher- und Sprechsängerhaltung, die gegensätzliche Inhalte vermittelt, ohne den Hörer zu fesseln - befangen zu machen -, fördert das Mitdenken des Hörers. Hierzu dient auch die klare Gliederung und das Tempo, das Zeit läßt, über den dargestellten Inhalt hinaus weiterzudenken. (Alle Sender, außer München, 1929)

Die Überschreitung und Verbindung der Gattungen Wort und Musik, die Montage, Collage, Komposition von Klängen, Geräuschen, Sprachelementen im Hörfunk hat Wegbereiter in den Künstlern des Futurismus und Dadaismus, der Zeit vor und nach dem ersten Weltkrieg. Lautdichter und Wortspieler wie H. Arp, H. Ball und K. Schwitters fühlen sich dem Theater und Film näher als dem bürokratisierten, zensierenden Rundfunk. Schwitters Aufnahme des Scherzos seiner Ursonate im Süddeutschen Rundfunk (1924) bleibt die Ausnahme.

1. e Die Hörer zwischen 1923-1933 sind entweder aus der Mittelschicht oder hören schwarz, - denn Radios sind teuer. Deshalb entstehen seit 1923 Arbeitervereine, die sich mit dem Rundfunk befassen: Neben dem Radiobasteln sind Einflußnahme auf die Programmgestaltung und die Gründung eines Arbeitersenders weitere Ziele. 1929 wird der KPD-nahe "Freie Radio Bund" gegründet, um der bisherigen SPD-nahen Linie entgegenzuwirken, die eine bildungsbürgerliche Konsumhaltung auf die Arbeiter übertragen will.

Weil die Institution Rundfunk von großbürgerlichen Interessengruppen bestimmt ist, wird kritische Hör(er)erziehung mittels Zeitschriften angestrebt: "Jede Arbeiterzeitung muß deshalb eine regelmäßige Wochenkritik des Rundfunkprogramms enthalten."[6] (Arbeiterfunk 1924, Der neue Rundfunk 1926, Der Arbeitersender 1929)

2. Rundfunk nach 1933

2. a Nach der Machtergreifung der Nationalsozialisten dient der Rundfunk als Führungsmittel, wie es die so betitelte Schrift von G. Eckard ankündigt. Er wird zentral gesteuert und verwaltet.

2. b Tragbare Magnettongeräte, Mischpulte, Übertragungswagen machen den Rundfunk technisch dem heutigen Zustand vergleichbar.

2. c Volksempfänger: Billig zu haben, immer (befehls-)empfangsbereit, scharf und eng im Klang: Ein Sinnbild des Deutschen?

2. d Nachrichten und Musik lösen allmählich das Hörspiel ab (1933 2 %, 1939 0,7 %)[7]. Schauspielanaloge Hörfolgen (Thingspiele, Hörbilder) und im Krieg Propagandaspots werden angeboten.

Die Übertragung von Massenveranstaltungen, bei denen zwischen Redner und Sprechchor ein Wechselgesang, aber kein Dialog entsteht, nimmt breiten Raum ein. Die akustischen Selbstinszenierungen der Führer im totalen Staat sind überlange live-Hörspiele. Der Sprechstil ist historisierend, pathetisch. Singendes, melodiöses Klanggebärden wechselt mit ekstatischem Rufen. Übersteigertes Sprechen dient der theatralischen Verklärung des Dargestellten, der Suggestion. Der Hörer soll ergriffen, überredet werden, damit rasch Mehrheiten entstehen. (H. Schwitzke, F. Köppe: "Fahne der Jugend, Fahne des Sieges", 1934)

2. e Der Hörer hört: Entweder den vom Schul- und Kasernenhof vertrauten Befehlston, überartikuliertes Pathos (Hörfolgen) und sentimentales Vibrato (Frontgrüße mit Musikwünschen). Oder er wird zum Radiospieler: Mit dem Radio unter der Bettdecke wird der Feindsender angepeilt: Der Hörer kämpft gegen den Wellensalat zwischen Beromünster, London und später Moskau, nur um etwas über sich und seine Situation zu erfahren. Hörstrapazen und Gefängnisstrafe ist ihm die Wahrheit wert. Zugleich wird in der vermittelten Hörform deutlich, daß sie bestimmten Inhalten entsprechen muß: Der Sprech- und Sendestil ist deutlich zu unterscheiden, noch bevor Inhalte verstanden werden. Brechts pazifistisches Hörspiel "Das Verhör des Lukullus" wird, mit offenem Schluß, durch Beromünster 1940 gesendet.[8] A. Seghers Dokumentarhörspiel "Jeanne d'Arc" sendet 1937 der flämische Rundfunk.

3. Rundfunk nach 1945

3.a In den Jahren nach 1945 wird der Rundfunk den Siegermächten gemäß nach Zonen aufgeteilt und kontrolliert. Durch die rasche Entnazifizierung bleiben viele Rundfunkleute der Kriegszeit für den Wiederaufbau (!) des Rundfunks erhalten (H. Schwitzke z.B.).

3.b Der Sendebetrieb kann rasch aufgenommen werden, weil die Technik teilweise von den Besatzungsmächten stammt. Ab 1950 wird auch auf UKW gesendet, weil Lang- und Mittelwelle fast gesperrt sind.

3.c Seit Beginn der sechziger Jahre steigt mit der Sendequalität auch die technische Leistung der Empfangsgeräte. Die Begleitgeräusche entfallen, Stille und Schweigen können als solches wahrgenommen werden. Der Frequenzbereich wird größer und damit werden die Klänge obertonreicher. Schon vor der Stereophonie wird die "Hörspielwiese" größer.

3.d Während das Rundfunkprogramm von den Besatzungsmächten umstrukturiert wird, im Westen der "flotte" angloamerikanische Sende(r)stil Einfluß gewinnt, bleibt der Stil in Literatur- und Hörspielsendungen größtenteils so wie vor 1945.

Ausnahmen, wie Borcherts "Draußen vor der Tür" (1947) und Eichs "Träume" (1951), in denen der Widerspruch zwischen sozialem Anspruch auf Veränderung und Restauration der Gesellschaft deutlich wird, sind selten. In beiden Hörspielen wird auf pathetischen Sprechstil verzichtet. Die Protagonisten machen eine Distanz zur Alltagswirklichkeit stimmlich offenbar: Sie sprechen monoton oder ekstatisch. Ein Sprechdenkspiel, bei dem das Hörverstehen von Gedanken und Gefühlen im Vordergrund steht, hat das eher illusionistische Hörspiel abgelöst.

Eine Nachkriegsbearbeitung des "Lukullus" (s.o.) wird zensiert, muß umgearbeitet werden, womit sich sowohl Sprechtext wie Inhalt ändern: statt Ironie leeres Pathos und Idylle (H. Hömberg: "Kirschen für Rom", 1953).[9]

3.e Eichs "Träume" beginnt in der Ursendung (1951) nicht, wie später die meisten Neuen Hörspiele, mit einer behutsamen Ein- und Hinführung durch einen redaktionellen Text, sondern mit einem Aufruf zur Ächtung der Atombombe. Nicht nur deshalb, sondern auch wegen der damals unerwünschten Thematisierung der "schuldhaften" Vergangenheit und bedrohlichen Zukunft (bei Eich wie bei Borchert) trifft bei den Sendern eine Flut von Hörerprotesten ein. Der Hörspielpreis der Kriegsblinden wird für "Träume" abgewiesen, weil sich Eich "aller helfenden, weisenden Aussage entzieht"[10].

4. Zwischenkapitel

Das Vorangegangene sollte verdeutlichen, daß die inhaltlichen und formalen Grundlagen des Neuen Hörspiels in der Auseinandersetzung mit den konventionellen Produktions- und Sendeformen entstanden; dies vollzog sich seit Beginn des Hörfunks, wobei sich eine "Geschichte des experimentellen Hörspiels" schreiben ließe.

Das konventionelle Hörspiel wird in den folgenden Jahrzehnten ebenso weiterentwickelt (besonders aufnahmetechnisch) wie das experimentelle; Hör(er)experimente werden zunächst in die Nachtprogramme verbannt, kommen dann, ab 1970 in die Abendprogramme, weil sich der Hörerkreis erweitert hat. Im Stil der Inszenierungen gibt es keine kontinuierliche Weiterentwicklung. An Mehrfachproduktionen ist dies abhörbar: Eichs "Geh' nicht nach El Kuwehd" hört sich in der Fassung von Betz (1950) aus meiner Hörweise zeitgemäßer an als die Fassung von Monk (1956). Die erste ist ein Stimmenspiel, mit zurückhaltendem Ausdruck und leisen, sparsam eingesetzten Geräuschen. Die zweite entspricht dem Klischee illusionistischer Hörspiele, die zu Übertreibungen in Stimmklang und Artikulation neigen. Naturalistische Geräusche ergänzen und überlagern die Hörbildfolgen.

Den Wandel des Produktions- und Inszenierungsstils stellt R. Döhl am Beispiel der "Stuttgarter Genietruppe" (M. Walser, P. Adler, H. Jedele u.a.) dar.[11] Eine theoretische Fundierung erfährt das neue Hörspiel vor dem Neuen Hörspiel durch F. Knilli 1961.[12]

Stellvertretend für andere verfechten E. K. Fischer (1963) und W. Klippert (1977) das konventionelle Hörspiel gegen das experimentelle, elementbezogene Hörspiel Knillis und das Neue Hörspiel z.B. K. Schönings. W. Klippert nähert sich den Elementen des Neuen Hörspiels, ordnet aber die gesamte Hörspielstruktur der "Stimme" unter.

Vor dieser Auseinandersetzung nun ein kurzer Einblick in einige Bestandteile des Neuen Hörspiels.

5. Rundfunk nach 1965

5. a Um 1965 hat sich die Bundesrepublik restauriert, eine erste Wirtschaftskrise überstanden. Kritische Denker warnen vor einem CDU-Staat und vor faschistoiden Tendenzen der Bevölkerung (H. E. Richter, Th. W. Adorno, P. Brückner u.a.). Die "Allgemeinen Rundfunkanstalten Deutschlands" sind durch Staatsverträge und Gebührenpflicht, Rundfunkräte aus Politikern und Kirchenleuten, und einem räumlich, technisch und personell aufwendig gestalteten Apparat zu einem Machtfaktor im Politik- und Kulturbetrieb geworden. Dadurch erhält der Rundfunk Monopolstellungen im Bereich der Neuen Musik, teilweise auch im gesamten Musikbereich durch die Präsentation des Schallplattenangebotes, des Features und des Hörspiels. Noch heute sind private Sender mit Minderheitenprogrammen entweder verboten (Sendemonopol der Post) oder nicht finanzierbar (falls Privatfunk staatlich zugelassen wird, kann er sich n u r durch Werbung oder Mäzene finanzieren, was sich auf die Programmstruktur auswirkt). Platten- und Tonbandproduktionen haben winzige Auflagen, erreichen kein nenneswertes Publikum (500–2000 Einheiten).

Produzent und Hörer sind getrennt, der Hörer ist bloßer Empfänger, für Knilli ein Spiegel gesellschaftlicher Hierarchie.

Rundfunk ist "Kunstrichter und Kunstproduzent in einer Funktion"[13]. Nach 1965 nähern sich viele Literaten der Institution Rundfunk: Teilweise, um sich einen Broterwerb zu verschaffen, da es sich von der verlagsbezogenen Arbeit nicht leben läßt, teilweise, um "mit Hilfe der technischen Mittel des Rundfunks Literarisches zu versuchen ..." und "mit Hilfe der Literatur den Rundfunk zu versuchen"[14], (H. Heißenbüttel, P. v. Cramer z.B.). Ein Medium, das Sprechdenkprozesse leibhaft (stimmlich) vermittelt, Rede(n) verbreitet, mag auf die Schreibe-(ns)gewohnheiten anregend wirken: Kritische, selbstreflexive Texte werden realisiert. Sogar Hörspiele, die außerhalb des Apparates entstehen, werden gesendet und prämiert (Karl-Szuka-Preis). W. Zobls Hörbild und Sprechdenkspiel "Ändere die Welt, sie braucht es!" (1973) bezieht sich mit dem Untertitel "Lehrstück für Komponist und Hörer" bewußt auf B. Brecht. Das Dialektisch-Dialogische der Sinnkonstitution durch Komponisten und Hörer wird hier als Lösung des von Brecht dargestellten Problems der "Einbahnigkeit" des Rundfunks angeboten (vgl. S. 117).

5.b Ab 1965 wird in Stereoton gesendet. Ein Sender kann gleichzeitig zwei Informationen senden. Ein monaurales Radio kann die beiden Informationen nicht trennen. Ein stereophones Radio spaltet die Informationen, die zur selben Zeit ankommen, räumlich auf. Bei einem Stereoradio lassen sich zwei (Gruppen) Lautsprecher anschließen, aus denen jeweils ein anderes Schallereignis kommt.

Diese technische Möglichkeit verändert die Hörerrolle auch in der Vorstellung der Rundfunk- und Hörspielproduzenten. Der Idealhörer soll zwischen den Lautsprechern sein, jedes Ohr frontal beschallen. Hörspielautor und Dramaturg können nun neben der klanglichen und stimmlichen Unterscheidungsmöglichkeit und der Möglichkeit, durch Nachhall und Mikrophonabstand raumimaginativ zu differieren, die Schallereignisse real räumlich trennen. Werden beide Möglichkeiten verbunden, läßt sich die Illusion eines Klangraumes, einer Bewegungsmöglichkeit des Wiedergegebenen, erzeugen.

Ohne auf die Anwendungsmöglichkeiten der verschiedenen Mikrophoncharakteristika einzugehen, folgendes:

Noch bevor das Schallereignis durch Mischpult, Regler und Filter "läuft", wird es von der Klang- und Richtcharakteristik des Mikrophons beeinflußt. Kondensatormikrophone übertragen ein Frequenzspektrum gleichmäßiger als dynamische Mikrophone, machen aber die "tiefen" Frequenzen "dünner". Mikrophone erfassen hauptsächlich bestimmte Raumausschnitte, die sich räumlich vorstellen lassen als Niere(n), Keule oder "Acht". Das Angebot der technischen Mittel geht zum Teil über die Vorstellungswelt der Autoren hinaus, weckt aber die Neugier und die Lust am Spiel: Zunächst mit sich und der Technik, dann mit den gemachten Erlebnissen und dem Hörer. Technische Entwicklung und Arbeitswünsche der Autoren sorgen ab 1965 für eine rasche wechselseitige Entwicklung.

Drei Möglichkeiten der Anordnung (mindestens) zweier Mikrophone: Beim A-B-Verfahren werden zwei Mikros nebeneinander vor das Aufzunehmende gebracht, frontal ausgerichtet. Durch die Zeitverzögerung der Ankunft des Schalls beim jeweiligen Mikro entsteht die sogenannte Phasenstereophonie.

Eine Raumvorstellung entsteht durch zwei Mikrophone, die im 90°-Winkel vom selben Ort aus angeordnet sind (Koinzidenzmikrophon). Die Mitte-Seite Stereophonie benutzt ein Mikrophon mit 8-förmigem Aufnahmefeld, das den seitlichen Schall aufnimmt, und ein nierenförmiges Mikrophon für das mittlere Schallfeld. Beide Mikrophonübertragungen werden in einem Differentialüberträger gewandelt:

Aus einem Lautsprecher kommt A = Mitte + Seite, aus dem anderen B = Mitte - Seite. Die Ortung einer "Soloschallquelle", eines Sprechers, ist monaural eher außerhalb, stereophon aufgenommen und wiedergegeben (außer bei dem A-B-Verfahren) eher innerhalb des Kopfes.

Um 1970 wird mit der kopfbezogenen Stereophonie experimentiert. In eine Kunststoffnachbildung eines menschlichen Kopfes wird hinter die Ohrmuscheln und Gehörgänge je ein Mikrophon gesetzt.

Der Stereohörer sollte die Aufnahme über Kopfhörer oder direkt zwischen den Lautsprechern abhören, um einen dreidimensionalen Raumeffekt wahrzunehmen. Während es aufnahme- und sendetechnisch keine Probleme gibt, sind von der Hörerseite eine Vielzahl von Einwänden möglich:

5. c Mit der bisher letzten technischen Neuerung, der Kunstkopfstereophonie, möchte ich beginnen. Als Weiterentwicklung der Stereophonie gedacht, sollte sie von einer reliefartigen (W. Klippert) zu einer räumlichen Vorstellung führen.

Der Raum soll auditiv dadurch entstehen, daß das akustische Ereignis direkt am Ohr stattfindet; der Hörer wird also aus seinem leibhaften Raumbezug gelöst. Die Ortungshilfe durch die Anordnung der Lautsprecher und die Raumakustik des Abhörraumes selbst fallen weg (dadurch, daß der Hörer in seinem Raum selbst Schall produziert, hat er schon eine Gemeinsamkeit mit dem Gesendeten).

Die Fremdheit des gehörten Raumes selbst erschwert die vorne-hinten, oben-unten Ortung. Das sollte, im Sinne der Hörverständlichkeit, auf die Produktion Einfluß haben: Die Wahl allgemein vertrauter Räume oder/und lange Einhörzeiten sind notwendig.[15]

Das Hauptproblem der Kunstkopfstereophonie besteht darin, daß nicht nur jeder anders hört, sondern auch andere Ohren hat. Ich höre mit der Klangcharakteristik eines fremden Ohres, auch wenn es dem meinen nahe kommt. Diese Art des "Fremdhörens" kann ähnlich befremden wie die ersten Monate der Verwendung eines Hörgerätes: Erboste Ablehnung überwiegt die Neugier. Kunstkopf eignet sich aus meiner Hörweise vor allem zur privaten Aufnahme und Wiedergabe mit Einhängemikrophonen in die eigene Ohrmuschel und ist nur eingeschränkt kommunikabel.

Reine Kunstkopfsendungen sind mit monauralen Radios nur stark verzerrt zu hören. Deshalb werden einige Aufnahmen mit "normalen" Mikros gemischt.

Um 1965 begann neben dem spärlichen Verwenden stereophoner Radios auch der private Einsatz von Tonbandgeräten. Aus dem Hörspiel als literarischem Versuch mit dem Rundfunk (Geißner) kann ein vom Medium gelöstes Spiel des Hörers mit dem Hörspielmaterial werden. Während sich das bisherige Mitspielen dem Sprechdenkverlauf der Sendung fügen mußte (Produktionsbedingungen und Sendezeit ausgeliefert war), hat der Hörer nun die materialisierte Sendung in der Hand: Er kann beliebig oft, mit beliebigen Pausen oder eigener Gestaltung in das Hörspiel eingreifen.

In dieser Zeit schließen sich Heimtonbandgerätebesitzer zusammen, um Hörspiele selbst herzustellen. Die technischen Möglichkeiten stehen dabei jedoch im Vordergrund. Bis heute lobt ein namhafter Gerätehersteller einen Wettbewerb der Tonbandamateure aus. Die Produktions- und Sendewege den Hörern zu öffnen, beginnt einige Jahre später (O-Ton Hörspiel, m.E.).

5. d Über den stärker gewordenen Einfluß der technischen Möglichkeiten auf die Hörspielgestaltung (5 c) und den Einfluß der Zeit (S. 113), verändert sich die Haltung der Hörspieler: Alles Mögliche wird realisiert, inhaltlich, medientechnisch, stimmlich-sprecherisch. "Spuren des Neuen Hörspiels" heißt ein Sammelband des leitenden Redakteurs des WDR 3 Hörspielstudios, K. Schöning.[16] Schöning hat die einzig adäquate Möglichkeit genutzt, die Möglichkeiten des Neuen Hörspiels zu vermitteln: Die Sammlung von Beispielen im Buch und die Produktion einer Hörspielfolge über Hörspiele mit Beispielen (aus Hörspielen zum Erlernen des Hörspielens mit Sprechdenkspielern und Hörverstehensspielern). Deshalb wird auch hier nur einigen Spuren des Neuen Hörspiels nachgegangen, unter sprechwissenschaftlichem Aspekt.

5. d 1 Zur Bestimmung der Gattung Neues Hörspiel

Das Hörspiel wird zu "einer Gattung unbestimmten Inhalts", wie M. Kagels es erarbeitet[17], Autor und/oder Dramaturg fragen nur noch, welches Mittel zu welcher Idee paßt. Autor und Radiohörer erforschen miteinander das Hörbare.

Die Elemente sind Geräusche, Klänge der Musik, Klänge des Sprechens, Laute ohne sprachliche Sinnvermittlung, Sprechdenkprozesse. Schriftsteller und Musiker nutzen das Hörspiel, um sich einander zu nähern (E. Jandel, M. Kagel), die Elemente zu verbinden. Die Eigenwelt des Schallspiels kann autonom über die Elemente der Außenwelt verfügen, wie es F. Knilli schon 1961 in Anlehnung an M. Bense forderte.

Die Geräusch- und Lautexperimente der Futuristen und des Dada, einschließlich Schwitters Merzkunst, haben den Elementen des Sprechens neue Verwendungszusammenhänge gegeben, auf die das Neue Hörspiel zurückgreift.

Ein frühes Beispiel ist ein Hörereignis, das A. Artaud im französischen Rundfunk (um 1930) veranstaltete: Affektlaute und Geräusche wurden übertragen, bis die Hörer den Abbruch der Sendung erzwangen. Originalton-Hörspiele verarbeiten Gesprochenes aus "natürlichen" Situationen, - teilweise mit (M. Scharang), teilweise gegen (L. Harig) die Sprechenden, oder an ihrer Statt (J. Geers). Der Sprechstil einer potentiellen Hörergruppe wird zum Stilmittel. In M. Kagels "(Hörspiel) ein Aufnahmezustand" (1969, WDR 3) sprechen überwiegend Musiker in ihren (soziolektalen) Mustern; von ca. 30 Stunden Band wurden nur die Äußerungen ins Hörspiel übernommen, die zur Herstellung, zum Produktionsprozeß selbst gehören. L. Harig kann durch die bloße Aufnahme des Staatsaktes zum Begräbnis K. Adenauers (mit kleinen "Schnitten") erreichen, daß a) die Sendung erst Jahre nach der Herstellung gesendet wird, weil b) das Gefühls- und Sinnentleerte der Reden deutlich wird (produziert 1969). Der getragene, behauchte Stimmklang des Reporters bricht abrupt ab: "War's das jetzt, oder kann ich jetzt Schluß machen", kommt es forsch über den Sender. Zufällig, unabsichtlich, entlarvend.

Erfahrungen aus erregten oder unterspannten Bewußtseinszuständen werden nach H.-J. Heinrichs im "Wahnsinns"-Hörspiel vermittelt. Diese Montage aus O-Tönen und Hörkunst der als geisteskrank Bezeichneten ist "der Synkretismus der Formen und Sprachebenen, gebunden an die Authentizität des Gelebten ..."[18]

Eine Verbindung ästhetischer und sozialer Ebenen versucht auch das Schulhörspiel. Wenn statt der Imitation von Hör(funk)klischees mit O-Ton und Montage gearbeitet wird, können damit Sprechdenken und Hörverstehen ebenso geschult werden wie die sprecherischen Mittel.

5.d2 Das Sprechen im Neuen Hörspiel

Blenden des Raums, der Dimension, der Zeit, des Ausdrucks holen das Sprechen eines Menschen ins Hörspiel hinein oder aus ihm heraus. Ebenso der Schnitt, wobei hier der Sprechdenkprozeß mit jedem Laut an- oder abgeschnitten werden kann. Um das zu Hörende in seinen Bestandteilen deutlich zu machen, wird im Neuen Hörspiel mehr hart geschnitten oder bei offenem Regler mit einer Sequenz angefangen: Dadurch werden die Schallereignisse gegeneinander gestellt, wird eine Raum- und Zeitillusion verhindert. Mit dem Öffnen und Schließen des Blendenreglers wird das einzelne Schallereignis auch dem linken oder rechten Kanal zugeordnet und durch seine Lautstärke den zeitgleich hörbaren Schallereignissen über-, unter- oder beigeordnet (Mischung). Die Technik weist der Stimme nicht nur die Art ihres Hörbarwerdens zu und ihren Ort, sondern sie manipuliert auch:

Mikrophon, Verstärker und Regler filtern die Frequenzbereiche, verändern den Klang, noch bevor die eigentlichen Filter eingesetzt werden. Tiefe, hohe oder mittlere Frequenzen eines Klanges werden bedämpft, die Frequenzen innerhalb einer Terz oder Oktave (oder kleiner) können bedämpft, in ihrer Amplitude linear verzerrt werden.

Aus Differenz und Summe von Stimmklang und dem Ton eines Sinusgenerators wird (z.B. im Ringmodulator) ein neuer Stimmklang herstellbar. Im Vocoder wird der Stimmklang analysiert und kann willkürlich zusammengesetzt werden.[19]

Die bisher dargestellten Verfahren waren m.E. schon seit den dreißiger Jahren in Gebrauch, wurden aber nur zur Illusionierung, nicht als selbständige Stilmittel eingesetzt wie im Neuen Hörspiel. Die synthetische Klangerzeugung mittels Synthesizer (1955) galt bisher als Endpunkt. Dem Vocoder wie Synthesizer überlegen ist der Sound-Sampler. Hier kann der Stimmklang in die speicherbare Computer"sprache" übersetzt werden, wird mit allen Eigenschaften erfaßt und reproduzierbar wie beliebig veränderbar, als künstlich erzeugtes Sprechen.

Das Neue Hörspiel bietet der Stimme "technische Freiräume" an, die nur sparsam genutzt werden. Die Äußerung von Lauten und Sprechdenkprozessen hat in den meisten Hörspielen die nichtverfremdeten Eigenschaften des leibhaft vollzogenen Sprechens. Diese menschliche Stimme selbst wird dann eingebettet oder eingesperrt in das Geräusch- und Klangmaterial des Hörspiels. P. Pörtner setzt 1978 in einem Hörspiel liveelektronische Verfremder ein, also Modulatoren, Filter und Vocoder, die von den Sprechern gesteuert und über Monitor kontrolliert werden können: "In einem Laborversuch "Dyade" weigerten sich Schauspieler (!), mit diesen starken Verfremdungen ihrer Stimme zu arbeiten: Sie fühlten sich depersonalisiert und mißbraucht als Materialgeber für die Technik."[20] Entdeckungsfreudigere Schallspieler kommen zu anderen Ergebnissen: Die "Stimm-Masken" gewinnen eigene Ausdruckskraft und "legen eine Commedia-dell'arte-Improvisation an."[20]

Klangproduktion und Sprechen werden nicht mehr voneinander getrennt. Die konkrete und die elektronische Musik bauen Sprechdenkprozesse ein. Bekannte Beispiele sind K. H. Stockhausens "Gesang der Jünglinge im Feuerofen" und L. Berios "Hommage à Joyce".

W. Klipperts Vorwurf, Sprachfunktionen und Stimmqualität würden im totalen Schallspiel negiert, ignoriert die technischen Erweiterungsmöglichkeiten, die das Hörspiel aus der Rolle des "Schauspiels für Blinde" befreien können.

Neben den technischen Möglichkeiten kann der Sprechende selbst über sein eigenes Ausdrucksvermögen verfügen. Im naturalistischen Hörspiel dient die Stimme nur der Illustration, indem sie typisiert statt charakterisiert. Hiergegen wandte sich schon das alte Hörspiel, indem durch differenzierten Einsatz der Parameter des Sprechausdrucks Charaktere innerlich und äußerlich vorstellbar gemacht wurden.

Das Neue Hörspiel verwendet sowohl typisierten, klischeehaften Sprechausdruck als auch individualisiertes, sichtbarmachendes Sprechen. Jedoch nicht illusionierend, sondern in einen Kontext gesetzt, der auf die beabsichtigte Funktion verweist; somit wird nicht nur über die Sprechdenkprozesse der Hörspieler in ihren Sprechrollen nachgedacht, sondern auch über Funktion und Kontext der Hörspieler als Hörspieler. Durch dieses Mit- und Nachdenken erst wird der Hörer zum Mitspieler.

Hinzu kommt die Lautmaterialseite der Sprache, die Klänge und Geräusche ergänzen. Das Spiel mit Lautmaterial wird nicht nur in abstrakt ästhetischer Absicht vollzogen. Die Übergänge zu semantischen Gehalten sind fließend. Vital-impulse, Befindlichkeitslaute, Lautgebärden erweitern einerseits das zu ver-mittelnde Hörmaterial, das zur Montage bereitliegt, erweitern andererseits die Möglichkeiten des Sprechausdrucks, um beim Hörer Gefühls- und Denkvorgänge hervorzurufen.

Für Sprechende und Regieführende ist der erweiterte Umgang mit den Möglich-keiten des Sprechausdrucks schwierig. F. Mon schreibt zum Studio: "- im luft-leeren, also hier im situationsfreien Raum passiert nichts, ich mußte also ima-ginative Situationen als Motivation für die erwarteten Äußerungen herstellen."[21] Der Sprecher soll sich "mit Hilfe seiner spontanen Artikulationen zurechtfinden, behaupten, realisieren ..."[21] Beispiel: "Schieben sie mit ihrer Stimme einen Wagen vor sich her."[21] G. Rühm beschreibt eine Sprechrollenhaltung für eines seiner Hörspiele, bei der "dem hörer die introversion ophelias als die auflösung ihrer rolle in eine autonome textstruktur mit verallgemeinerten begriffen und vervielfältigten beziehungen erscheint"[22], "die sprache entgleitet der sprecherin und gewinnt ein befremdliches eigenleben."[22]

Der Sprecher muß über Variabilität und Experimentierfreude verfügen. Der Sprechausdruck kann entweder in seinen Sprech- und Hörmustern beschrieben werden (diese Merkmale psychischer Zustände nennt F. Trojan Akueme), oder nach bestimmten Parametern bestimmten Funktionen zugeordnet werden (H. Geißner gliedert in melodische, dynamische, temporale und artikulatorische Parameter, die linguistischen, sozialen und diagnostischen Funktionen zugeordnet werden können).[23] Wenn Sprechanweisungen für ein Hörspiel nach den Sprech- und Hörmustern beschrieben werden, mag dies für ein konventionelles Hörspiel ausreichen; ebenso ist dies hilfreich, um diese Muster in ein Neues Hörspiel zu integrieren oder dort ironisch zu brechen. Eine klärende Vermittlung, wie der Sprechausdruck gestaltet werden soll, läßt sich für das Neue Hörspiel nur durch differenzierteres Vorgehen erreichen. Hierzu Weiteres im nächsten Abschnitt (5. d 3).

Ein Beispiel für die konventionelle Beschreibung sind die Klang-Modelle nach R. Arnheim:[24]

1. Parallelität von Handlung und Stimmklang:
  - Gegensatz der Stimmen und Handlung (Baß gegen Tenor)
  - Ähnlichkeit der Stimmen und Handlung (zwei Soprane)

2. Kontrast von Handlung und Stimmklang:
  - Klangverwandt, aber im Handlungsgegensatz (Baß gegen Baß)
  - Klanggegensatz, aber Handlungsverwandt (Sopran und Baß)

5. d 3 Einige Kriterien zur Realisierung Neuer Hörspiele

Die eine Hälfte der Arbeitszeit ist der Aufnahme, die andere der Montage vorbehalten. Eine Notation hätte also die Parameter des Sprechausdrucks in ihren Funktionen, die technische Klangverarbeitung und zusätzlich oder nachträglich die Anweisungen zur Arbeit am Schneidetisch zum Inhalt. Weil die meisten Autoren den Text, vielleicht noch einzelne Anweisungen zur Sprecherhaltung, angeben, aber auf die Erstellung einer Partitur der drei genannten Bereiche verzichten (müssen ?), liegt die Hauptarbeit beim Regisseur/Dramaturgen und den Sprechern. Auch sie verzichten, aus ökonomischen Gründen, auf eine detaillierte Notation. So hängen die meisten Produktionen vom spontanen Geschick der Hörspieler ab.

M. Kagel und K. Schöning haben dies in ihrer Hörspielarbeit kultiviert: Das Hörspiel entsteht, ohne literarische Zwischenform, erst am Schneidetisch und wird hinterher in einer Partitur notiert.[25] Somit dient Gehörtes als Vorlage für die Produktion von zu Hörendem: Die Ebene des Hörspiels als **literarischem** Versuch mit dem Rundfunk (Geißner) wurde verlassen: Das Hörspiel wird als autonome Gattung, nur mittels Gesprochenem, Laut- und Klangerzeugnissen, fortgeführt.

Von der willkürlich erzeugten Text- und Sprechausdruckslage nun wieder zur Realisation schriftlich festgehaltener Sprechdenkprozesse. Um eine Partitur aus einem Text zu erstellen, kann dieser durch Zeichen erweitert werden. Hierfür bietet die Sprechwissenschaft eine Vielzahl von Parametern.[25a] Jede Stimme erhält einen detaillierten Verlauf in differenzierter Notation. Als schriftliche Interpretationsvorlage bleibt auch sie mehrdeutig, wie jeder Schrifttext. Die Partitur soll als Hilfe dienen.

Weil eine Partitur mehrere Stimmen, Klänge und Geräusche enthält und diesen technische und schnittbezogene Anweisungen zugeordnet sind, bietet sich die Übertragung in ein Achsenkreuz an: Einem Abschnitt der horizontalen (oder vertikalen Achse), welche den diachronen Verlauf angibt, wird ein Abschnitt der vertikalen (oder horizontalen) Achse zugeordnet, auf dem die synchronen Hörereignisse ihre jeweilige "Spur" haben.

Die Partitur eignet sich für das Rollensprechen ebenso wie für die Aufspaltung eines Textes auf verschiedene Sprecher, um sprecherisch zwischen den Textelementen neue Bezüge zu schaffen. Zusätzlich zur Differenzierung im Sprechausdruck ist es seit der Stereophonie (s.o.) möglich, räumlich die einzelnen Stimmen zu verteilen.

Ein frühes Beispiel einer stereophonen Textinterpretation durch das Neue Hörspiel ist H. Geißners "Haiku Hiroshima" (1969 SR), nach einem Text von L. Harig. Um eine ortbare Frauenstimme herum gruppieren sich anwachsend weitere Frauen-, Männer- und Kinderstimmen. Zwei Männerstimmen flankieren als Antipoden den imaginierten Raum, die Mittelposition bleibt frei, um die Dominanz einer Stimme zu verhindern. Auf die Ergänzung durch Klänge und Geräusche wird verzichtet, die technischen Mittel werden ihrer Funktion untergeordnet, ein "pures Sprechdenkspiel"[26] einzurichten: Raumblende und akustische Verstärkung werden behutsam eingesetzt.

Im Studio wird mit jedem der dreizehn Sprechenden der Sprechtext erarbeitet und am Mikrophon geprobt. Die Aufnahme erfolgt mehrmals. Am Schneidetisch werden die Sequenzen geschnitten und geklebt. Hinzugeschnitten wird zu Beginn eine Montage aus typischen Rundfunkgeräuschen. Der Übergang zum ersten Wort des Textes, "Nachtigall", wird durch die Vogelstimme einer Reportagesendung geschaffen. Der Hörer wird bei seinen alltäglichen Rundfunkhörmustern angesprochen, geht mit dem Gehörten hinüber auf das, was die erste Frauenstimme ihm sagt; läßt er sich auf den Sprechdenkprozeß der weiteren Stimmen ein, wird er zum Mitspieler, indem er sich seinen Sinn mit dem Gehörten konstituiert.[27]

Wie wirkt ein in solchem Maße konstruierter Sprechtext auf den Hörspieler? Nach der Auflistung geforderter Merkmale des Sprechausdrucks bemerkt Geißner: "Wenn dies auch Forderungen an Berufssprecher sind - während der Inszenierung hat mich übrigens überrascht, wie differenziert und präzis die 4 Kinder reagierten -, so können ähnliche Fähigkeiten ... auch von Nicht-Profis erarbeitet werden."[28] Was für das Sprechdenken gilt, stimmt auch für's Hörverstehen: Hörspieler wird, wer sich auf die Offenheit des Kindes einläßt, wer lernt, sich am gemeinsamen Schaffen von Sinn zu beteiligen, ohne mit gewohnten Denkmustern zu "mauern".

5. e Der Hörer im Neuen Hörspiel

Um beim letzten Satz (5. d 3) fortzufahren: Die Schulwahrnehmung hat Strukturen aufgebaut, die Neugier und Experiment verhindern. Weder der eigene noch der fremde (Mit-) Vollzug einer Erkenntnisgewinnung wird als lustvoll erlebt, wenn die Kindheit durchgemacht ist. Wer mit Bewußtheit und kritischer Distanz an den akustisch-auditiven Versuchen des Hörfunks teilnimmt, leistet einen Teil Selbsterfahrung und kann zunehmend Lust bei dieser Arbeit der Aufklärung mit sich und über sich empfinden.

Wer sich gegen das stilbildende Prinzip des Neuen Hörspiels, die Montage, wendet, sollte bedenken, daß sie die Vorgänge des Sprechdenkens wiederspiegelt. Im "inneren Sprechen"[29], das dem Geäußerten vorangeht, sind psychische Motive Auslöser für Bild- und Bewegungsvorstellungen, vor allem aber für ein Denken in und mit gespeicherten Anfangslauten. Diese Laute sind "Platzhalter" für Sätze, Gedankengänge. Das System ist derart komplex vernetzt, daß wir im bewußten Sprechen nur die Elemente eines Gedankenganges herausgreifen, die uns zueinander passend wähnen. Hierin schreckt uns das Neue Hörspiel auf, indem dort Elemente aneinander gesetzt werden, die unseren Mustern nicht passen. Somit können wir gerade durch den Mitvollzug eines montierten Sprechdenkspiels mehr über uns erfahren.

Wie hoffentlich deutlich wurde, hat das Neue Hörspiel formal und inhaltlich seine Produktionsmöglichkeiten genutzt: Die Ansprüche der Autoren trafen im Rundfunk auf offene Ohren: Sie erweiterten dort ihren (Hör-) Spielraum. Inzwischen haben viele die Sendeanstalten verlassen, weil die parteipolitischen Produktionszwänge immer einschneidender werden.[30] Die Wirkungen des Neuen Hörspiels können auf drei Ebenen angesprochen werden: Medienproduzenten, Sekundärliteratur und Hörspielbücher, Hörereinschätzungen. (5. e 1, 5. e 2, 5. e 3) Zu allen drei Ebenen gehören Hörspielhörer. Forschungen über einzelne Hörergruppen gibt es nicht. Die Einschaltquoten sind ungefähr mit 0,1 % bei "Nachtprogrammen" festlegbar, was je nach Sendegebiet 5 - 10 000 Hörer bedeutet. Die geringe Hörerzahl dient dann als Grund, das kostenintensive Hörspielangebot allmählich aus dem Programm zu drängen.

5. e 1 Die Medienproduzenten haben sich die Möglichkeiten des Neuen Hörspiels angeeignet.

– Die Hörspielproduzenten verwenden die technischen Stilmittel, den erweiterten Sprechausdruck, halten sich aber mit politischen Inhalten zurück.

F. Knilli polemisierte, daß das Neue Hörspiel so lange das alte bleibt, wie die Institution Rundfunk Mitbestimmung für Hörer, Autoren und Redakteure verhindert.[31]

J. Geers ist einer der wenigen Autoren, die diesen politischen Anspruch des Neuen Hörspiels, hier O-Ton, heute noch einlöst: In seinem "Meinungscontainer" konnten sich Menschen zur Zeit der Kasseler Dokumenta über sich und die Welt äußern, was im Zusammenschnitt gesendet wurde. 1986 ermöglichte der HR im ersten (!) Programm die Sendereihe "Liebes Volk ...", in der Hörer einen Sendeplatz von ca. 10 Minuten völlig frei zum Thema "Deutschland" gestalten konnten. Zensurversuche blieben nicht aus.

– Hören Sie einen Moment auf zu lesen und sagen Sie dann alle Werbespots auf, die Sie gelernt haben! Mit dieser Live-Montage sind Sie einer der ersten Regisseure des Autistischen Hörspiels.

Kinder wachsen in diese Reizmontagen hinein. Gerade die Werbung hat die meisten sprecherischen und technischen Stilmittel der akustischen Avantgarde absorbiert, nachdem deren erste Hörschocks vertraut wurden.

– Tonbandkassetten haben seit zwei Jahrzehnten wachsende Märkte:
a) Das Kinderhörspiel der privaten Studios, das meist all die Fehler macht, welche das Kinderfunkhörspiel sorgsam meidet: Fesseln und fühlen lassen, hören lassen ohne zu verstehen.

b) Das literarische Hörspiel der Funkanstalten. Ein Großverlag gibt (mit H. Naber, SWF) Bänder über die Buchhandlungen heraus.

c) Kleinverlage verbreiten Eigenproduktionen (S-Press, Network).

5. e 2 Während der Hochzeit des Neuen Hörspiels (mit einigen Hörern) wurde die Produktion von einzelnen aufwendigen Büchern begleitet: Die typografische Realisierung Harigs "Fußballspiel" (H. Mayer, 1967), Kriwets Buch "Apollo Amerika" (ed. suhrkamp, 1969), das die Ereignisse um die Mondlandung adäquater interpretiert als das Hörspiel (Onetwotwo) oder der Film Kriwets. Der Sammelband "Neues Hörspiel. Texte, Partituren" (suhrkamp, 1969) enthält beides, zeigt die Möglichkeiten auch grafischer Notation. Sein Autor, K. Schöning, sammelte den Widerhall des Neuen Hörspiels bei den Produzenten: "Spuren des N.H." (suhrkamp, 1982).

Die Kritik, besonders die negative, findet allenfalls durch Hörspielproduzenten statt, wie unter 6. angedeutet wird.

5. e 3 Da keine Untersuchungen über diesen Hörerkreis vorliegen, hier nur einige Vermutungen darüber, was das Neue Hörspiel beim aufmerksamen Hörer bewirkt haben mag:

— Der Reiz einer Raumvorstellung durch Stereophonie konnte und kann zum Zuhören verlocken. Wer sich eine teure Stereoanlage gekauft hat, will auch hören, wie sich Gesprochenes im Raum anhört, zumal es ja dasselbe kostet. Das Spiel mit den Schallereignissen kann verlocken, sich mit den Inhalten auseinanderzusetzen. Während H. Hostnig in dieser Raumillusion eine Verlagerung vom Sprechdenken auf die Sprecherfigur befürchtet, sieht F. Mon die Künstlichkeit dieser Raumillusion und darin ein Mittel der Desillusionierung: Man hört, wo es zu sehen unvorstellbar wäre.

— Je nach Kontext der Hörspiel- und Hörersituation haben beide "recht": F. Knilli unterscheidet zwei Hörstile: Phantasierendes, ganzheitliches Hören mit optischen Vorstellungen und reines Hörverstehen ohne optische Vorstellungen. Im Neuen Hörspiel nun werden die Möglichkeiten genutzt, durch "Brüche" in der Grundhaltung der Sprecher und des gesamten Spiels, die Hörstile im Wechsel anzusprechen.

— Die Montagetechnik von Hörspiel und Literatur haben sich wechselseitig beeinflußt. Mittelbar sind damit die Rezipientenerwartungen erweitert worden. (Dada, Wiener und Grazer Gruppe, Konkrete Poesie)

– Über die Medien der Hörspielhörer, die selbst produzieren, sind die "Durchschnittshörer" mittelbar beeinflußt. Für die meisten Hörer ist es uninteressant, sich in kompliziertere, neue Hörmuster einzuhören. Wo Hörer ohne die Mühe, sich ein notwendiges Vorverständnis zu erarbeiten, um zum Spiel zu gelangen, direkt etwas über sich erfahren, hat ein Teilbereich des Neuen Hörspiels eine Chance: In der Produktion und Sendung von O-Ton-Spielen zu Themen sozialer Betroffenheit (Betriebsstillegung, Streik, Umweltbedrohung). Mündigkeit durch Mündlichkeit im Apparat des Rundfunks. Ein seit fünfzig Jahren ungelöstes Problem des Rundfunks.

ANMERKUNGEN

1   D. Kraeter, in: Theorie der Hörspiels, hg. v. H. Scheffner, Stuttgart, 1978, S. 95

2   H. Pongs, Das Hörspiel, Stuttgart, 1930, S. 6

3   W. Vostell, "100 mal Hören und Spielen" (WDR, 1969) – Im Chorischen des Neuen Hörspiels, angefangen bei den bis zum Schreien gesteigerten Skandierungen in L. Harigs "Blumenstück" (SR, 1968), schallen die Sprechchöre der Nationalsozialisten aus dem Mund ihrer Kinder zurück.
    Literaturempfehlung: S. B. Würfel, Das deutsche Hörspiel, Stuttgart, 1978 , der eine reichhaltige Bibliographie zusammengetragen hat; P. Dahl, Arbeitersender und Volksempfänger, Frankfurt a.M., 1978, der die Möglichkeiten und Grenzen der Hörer aufzeigt: Statt mitzuspielen wird ihnen übel mitgespielt; Mynona (d.i. Salomo Friedländer), Goethe spricht in den Phonographen, in: Mynona, Schwarz-Weiss-Rot. Grotesken, Leipzig, 1916, S. 9 ff.

4   A. Braun, in: Spuren des Neuen Hörspiels, hg. v. K. Schöning, Frankfurt a.M., S. 206-207

5   Auf die Mißverständnisse weist: F. Knilli, Deutsche Lautsprecher, Stuttgart, 1970, S. 71

6   K. Grünberg, in: F. Knilli, Deutsche Lautsprecher, Stuttgart, 1970, S. 113

7   Zahlen aus: S. B. Würfel, Das deutsche Hörspiel, Stuttgart, 1978, S. 55

8   Diese Mitteilungen stammen von R. Döhl, in: Vom "Kahlschlag" zu "movens", S. 97 ff.

9   ebd.

10 ebd., S. 108

11 ebd., S. 114 ff.

134

12   F. Knilli, Das Hörspiel, Stuttgart, 1961

13   K. Schöning, Hörspiel hören, in: Spuren des Neuen Hörspiels, hg. v. K. Schöning, Frankfurt a.M., 1982, S. 290

14   H. Geißner, Spiel mit Hörer, in: Neues Hörspiel. Essays, Analysen, Gespräche, hg. v. K. Schöning, Frankfurt a.M., 1970, S. 105

15   Die private Nutzung des "Kunstkopfes" als Innenohrmikrophon hat sich bei Tonbandamateuren bewährt.

16   K. Schöning (Hg.), Spuren des Neuen Hörspiels, Frankfurt a.M., 1982

17   Näheres bei M. Kagel, in: Das Buch der Hörspiele, hg. von K. Schöning, Frankfurt a.M., 1985

18   H.-J. Heinrichs, Im Abseits des normalen Lebens, in: Spuren des Neuen Hörspiels, hg. v. K. Schöning, Frankfurt a.M., 1982, S. 254

19   Beispiel für den Vocodergebrauch ist "Der Monolog der Terry Jo", ein Hörspiel von L. Harig und M. Bense. Das Sprechen eines aus Bewußtlosigkeit auftauchenden Mädchens wird simuliert, indem aus verzerrten Lautfetzen allmählich Sprechen entsteht.

20   P. Pörtner, Keine Experimente mehr?, in: Spuren des Neuen Hörspiels, hg. v. K. Schöning, Frankfurt a.M., 1982, S. 270

21   F. Mon, Hörspiele werden gemacht, in: Spuren des Neuen Hörspiels, hg. v. K. Schöning, Frankfurt a.M., 1982, S. 87

22   zitiert nach K. Ramm, Neues Hörspiel im Radio, in: Spuren des Neuen Hörspiels, hg. v. K. Schöning, Frankfurt a.M., 1982, S. 223

23   H. Geißner, Sprechwissenschaft. Theorie der mündlichen Kommunikation, Königstein/Ts., 1981, S. 122

24   zitiert nach F. Knilli, Das Hörspiel, Stuttgart, 1961, S. 42 f.

25   s. Anm. 17

25a s. z.B. H. Geißner, Sprecherziehung. Didaktik und Methodik der mündlichen Kommunikation, Königstein/Ts., 1982, s. 91 f.

26   ebd, S. 196

27   Am "Zeitverbrauch" der Produktion, eine Woche Studio, eine am Schneidetisch, wird erkennbar, daß sich viele Sender aus finanziellen Gründen von anspruchsvollen Produktionen fernhalten.

28   H. Geißner, Sprecherziehung. Didaktik und Methodik der mündlichen Kommunikation, Königstein/Ts., 1982, S. 197

29   Die Theorien inneren Sprechens von Freud (mentales Probehandeln) zu Wygotski (L. S. Wygotski, Denken und Sprechen, Stuttgart, 1969) beziehen sich auf vorbewußtes Denken, das Sprechen vermittelt.

30   "Selten wurde mir so deutlich, daß Rundfunk heute weitgehend gegen die geleitet wird, die Rundfunk machen." J. E. Berendt (SWF) in einem Brief, zitiert nach Die Zeit, Nr. 23, v. 29.5.1987, S. 42

31   F. Knilli, Deutsche Lautsprecher, Stuttgart, 1970, S. 85

ZUR RHETORIZITÄT DES FERNSEHENS[1]

HELLMUT GEIßNER

Wer dem Fernsehen, umgangssprachlich 'der Glotze'[2], nicht einfach sich überläßt, sondern wer verstehen will, was mit ihm geschieht, wenn er 'fernsieht' ('glotzt'), der sieht sich unversehens vor ganz verschiedene Fragen gestellt. Eine, für einen Rhetoriker die zentrale, ist die nach der 'Rhetorizität des Fernsehens'. Diese Frage entpuppt sich bei genauerer Überlegung als eine Doppelfrage: Gefragt wird 1. nach der Rhetorizität einzelner Sendungen bzw. von Typenklassen von Sendungen im Fernsehen und 2. nach der Rhetorizität des Fernsehens. Schließlich ist zu fragen, ob die Rhetorizität des Mediums notwendigerweise die der Sendung bedingt, und welche Konsequenzen das für den hat, der 'fernsieht'.

1. Rhetorik und Rhetorizität

Traditionell bezeichnet der Term 'Rhetorik' Theorie und Praxis 'beeinflussender Rede'. Dies folgt aus der "Rhetorik" des Aristoteles, Rhet. A 1355 b, 25-26. Sieveke übersetzt diese Stelle: "Die Rhetorik stelle also das Vermögen dar, bei jedem Gegenstand das möglicherweise Glaubenerweckende zu erkennen" (1980:12); und Black übersetzt: "Rhetoric is the faculty of discovering in any given case the available means of persuasion" (1978:63).

'Rede' wird dabei im attischen Modell zunächst und zumeist verstanden als die komplexe Sprechhandlung, die 'zusammenhängende Rede', eines einzelnen zu mehreren anderen, deren Zuhörfunktion sich je nach dem Genus der Rede, abhängig von der Redesituation unterscheidet. Modellcharakter hat in der Folgezeit - vor allem in der 'Schulrhetorik' - das 'genos dikanikon' / 'genus iudiciale' gewonnen, während die beiden anderen der von Aristoteles beschriebenen genera weniger theorieprägend waren, das 'genos symbouleutikon' / 'genus deliberativum' und das 'genos epideiktikon' / 'genus demonstrativum'. Freilich ist zu bemerken, daß schon zur Zeit der Logographen ein unmittelbarer Zusammenhang zwischen der geschriebenen und der tatsächlich gesprochenen Rede bestand; ein Faktum, das in der Folgezeit - zumal in Zeiten nichtdemokratischer Öffentlichkeit - immer bedeutsamer wurde. Auch aus der Kenntnis dieser Entwicklung ist Edwin

Black zuzustimmen, wenn er konstatiert: "Rhetorical discourses are those discourses, spoken or written, which aim to influence men." (Black, 1978:17) Dieses 'to influence', dies 'ad persuadendum accomodate' (Cicero, de or. I, 138), ist offensichtlich ein essential aller 'Rede', sei sie gesprochen oder geschrieben. Allem Reden liegt also das Rhetorischsein zugrunde, oder, wie Helmut Rahn es formuliert hat, "Das Rhetorische ist das Umfassendere: es erscheint als die Kraft der wirkungsvollen, gewinnenden Rede auch über die lehrbare rhetorische Technik hinaus in der poetischen, historiographischen und philosophischen Mitteilung." (Rahn, 1966:44) Festzuhalten ist zunächst, daß Rhetorik und Rhetorischsein Begriffe unterschiedlicher Qualität sind. Deshalb ist es angemessen, das 'Rhetorischsein' mit einem eigenen Terminus zu bezeichnen: Rhetorizität (rhetoricity). In historischer Blickrichtung erweist sich Rhetorizität als die Klammer, die das mittelalterliche 'trivium' zusammengehalten hat (vgl. Geißner, 1973; 1981 a : 190).

Wenn im 'Strukturwandel der Öffentlichkeit' (Habermas, 1962), zumal in parlamentarischen Demokratien, das genus deliberativum größere Bedeutung gewinnen konnte, dann ist es angebracht, innerhalb der 'Rhetorik' neben der Rhetorizität des 'Sprechens zu anderen', also der **'Rederhetorik**, auch die Rhetorizität des 'Sprechens mit anderen', also die der **'Gesprächsrhetorik'** (Geißner, 1981 b), zu thematisieren. So notwendig diese Differenzierung innerhalb des Feldes der Rhetorik auch erscheint, bei ihr kann nicht stehengeblieben werden, wenn es um die Erforschung fundamentaler Rhetorizität gehen soll. Dann scheint es unvermeidlich, den Bereich des sprachgebundenen Rhetorischen zu übersteigen, selbst wenn diese nach wie vor das zentrale Paradigma bleibt. Es ist folglich auch die Rhetorizität "von Büchern, Bildern, Mythen, Filmen, Musiken, Bauwerken, Aufmärschen, Versammlungen, Gottesdiensten, Zirkusveranstaltungen" zu berücksichtigen (Geißner, 1981 a : 190); oder mit Douglas Ehninger: "Rhetoric is not exclusively a study of public speaking; its concern encompasses symbols of inducement wether they are expressed as speeches, essays, films, drama, novels, poems, or demonstrations" (in: Bitzer/Black, 1971:210). Speziell zu dem letzten 'Praxisfeld' sind Richard McKeon's Gedanken zum Wechsel von der 'demonstrativen Rhetorik' zur 'Rhetorik der Demonstrationen' nach wie vor aktuell: "Yet we seem to be surprised that 'demonstrations' have become exhibitions, presentations, manifestations rather than inferences, inductions, proofs." (l. c.:59) In diesem Zusammenhang sei daran erinnert, daß Friedrich Schlegel in der

'Lucinde' bereits 1799 von der "Rhetorik der Liebe" gesprochen (vgl. 1943: 25), ein Phänomen, dem jüngst Ann Okerlund eine Untersuchung gewidmet hat (1982).

Letztlich erweist sich Rhetorizität als **universal;** denn wo immer und mit welchen Mitteln auch immer Menschen sich unmittelbar oder mittelbar beeinflussen, ist **Rhetorizität.** Mit dieser Aussage wird eine Ansicht aufgegriffen, die Kenneth Burke vor über 30 Jahren formuliert hat: "Wherever there is persuasion, there is rhetoric. And wherever there is meaning, there is persuasion." (1969:172) Statt Begriff und Erscheinungsformen von 'Persuasion' hier erneut zu problematisieren (vgl. dazu Geißner, 1977), mag es im gegenwärtigen Beweisgang zureichen, daran zu erinnern, daß von alters her drei Persuasionsgrade unterschieden wurden: docere, movere, delectare. Im Deutschen können 'belehren', 'appellieren', 'unterhalten', als angemessene Übersetzungen gelten; in amerikanischen Rede-lehrbüchern werden unterschieden, Reden 'to inform', 'to persuade', 'to enter-tain'. Zur Kennzeichnung der Typenklassen von sowohl Gesprächen als auch Reden habe ich die Adjektive 'informativ', 'persuasiv', 'delektativ' vorgeschlagen (Geißner, 1981 c:168); zur im Begründungsgang einer kommunikativen Ethik erforderlichen Subklassifizierung von 'persuasiv' die Adjektive 'manipulativ' (für überreden) und 'convictiv' (für überzeugen) (Geißner, 1981 b:79).

Auf der Basis universaler Rhetorizität bieten nun die zuletzt genannten Persua-sions'Klassen' eine Zugriffsmöglichkeit auf die Medien, speziell das Fernsehen; denn was gibt es dort anders als

persuasive (Kommentar, Aufruf, Werbung),

informative (Nachrichten, Berichte, Dokumentarfilm) und

delektative (Krimi, Show, Spiel, Sport)

Sendungen.

2. Rhetorizität im Fernsehen

Um die Rhetorizität einzelner Fernsehsendungen, bzw. die Typenklassen von Sendungen im Fernsehen, zu verstehen - also die sektorale 'Medienrhetorik' (vgl. Geißner, 1981 b:69) -, scheint es vorab unerläßlich, sich einige der grund-legenden Bedingungen von Massenkommunikation ins Gedächtnis zu rufen.

Umberto Eco faßte sie auf folgende Weise: Es müssen gegeben sein "1. eine Gesellschaft industriellen Typs, die scheinbar ausreichend nivelliert, aber in

Wirklichkeit reich an Unterschieden und Gegensätzen ist; 2. Kommunikations-
kanäle, die es erlauben, nicht nur bestimmte Gruppen, sondern einen unbestimmten Kreis von Empfängern in soziologisch verschiedenen Lagen zu erreichen;
3. Produktionsgruppen, die bestimmte Botschaften mit industriellen Mitteln aus-
arbeiten und verbreiten" (1972:26). Ob Eco auch darin zu folgen ist, wenn er
weiter meint, daß "Wesens- und Wirkungsunterschiede verschiedener Kommunika-
tionsarten" (er nennt 'Kino oder Zeitung, Fernsehen oder Comic strip') in den
Hintergrund gerieten, "wenn diese drei genannten Bedingungen vorhanden seien",
wird später zu diskutieren sein.

Da es in dieser Betrachtung nur um das Fernsehen geht, bleibt festzuhalten,
daß **gefragt** ist **nach der Rhetorizität industriell produzierter, multimedialer
Waren, die an ein disperses 'Publikum' vorwiegend in die Heimsituation ohne
Rückgabe- oder Umtauschrecht technisch distribuiert werden. Fernsehen** als
Medium fällt - nach Adorno - "ins umfassende Schema der Kulturindustrie und
treibt deren Tendenz, das Bewußtsein des Publikums von allen Seiten zu umstellen
und einzufangen, als **Verbindung von Film und Radio** weiter" (1963:69; Hervorhebungen von mir, H.G.).

Nach diesen Vorüberlegungen sollen einige Sendungstypen in aller Kürze besprochen werden.[3]

2.1 Zunächst die **persuasiven** Sendungen, deren Rhetorizität offenkundig ist, d.h.
jene Sendungen, die (ungeachtet der komplizierten prä-post-Problematik) direkt
auf Beeinflussung und Folgehandeln zielen. Dies gilt für Aufrufe, wie "Die Polizei
bittet um Ihre Mitarbeit!", Warnungen (z.B. vor dem Verzehr gestohlener oder
vergifteter Waren), viele Verkehrsdurchsagen; hierher gehören auch 'veroperte
Formen', wie "Aktenzeichen XY - ungelöst". Wahlaufrufe ("Die Parteien vor
der Wahl") gehören dagegen bereits in den Bereich der Werbung, denn ob es
sich um 'political commercials' handelt (vgl. den entlarvenden Produktionsbericht
von Benson, 1981) oder um 'product commercials' (vgl. Mander, 1981:129ff., 221)
macht dabei keinen prinzipiellen Unterschied. Bei Kommentaren, den 'offenen'
Meinungsäußerungen, ist die beeinflussende Absicht kaum weniger verhüllt als in
Ansprachen (prominenter Kirchenfürsten, Gewerkschafter, Politiker, Wirtschafts-
führer), Predigten (vgl. Schmid, 1971; Schiwy et. al., 1976), Reden "an mein
Volk" (von Staatspräsidenten oder Kanzler) (vgl. Geißner, 1969:71 ff.) oder
Debatte der Spitzenkandidaten (vgl. Berquist & Golden, 1981) und ihren 'Spiel-
formen', wie z.B. "pro und contra" (vgl. dazu Kopperschmidt, 1975).

2.2 Schwieriger scheint ein spezifischer Rhetorizitätsnachweis bei Sendungen, die als 'informativ' deklariert werden, wenngleich - unabhängig vom Medium - alle informativen Äußerungen ('docere') bereits als per se 'rhetorische' eingestuft wurden (s.o. 1.). An erster Stelle dürften in diesem Bereich die Nachrichten-Sendungen (news) stehen, sowohl bezogen auf die Häufigkeit der Sendungen als auf die Zahl der 'Seher'. In der Bundesrepublik Deutschland, in der es noch keine Kabelprogramme gibt, werden Nachrichten überregional derzeit auf zwei Kanälen verbreitet: aus Hamburg für die ARD, aus Mainz für das ZDF. Bei einem Vergleich dieser beiden Nachrichtensendungen werden beträchtliche Unterschiede deutlich. Sie betreffen Sendezeit und Präsentation, Anzahl der Meldungen, vor allem jedoch Auswahl und Formulierung der Nachrichten, das Verhältnis von Wort und Bild, ebenso wie das von 'verlesener Nachricht', stützendem 'Life'-Bericht und Kommentar.

Was auf die 'Tagesordnung' einer Nachrichtensendung kommt, die Reihenfolge der Tagesordnungspunkte und die Art ihrer Behandlung ist nicht 'wertfrei' oder 'objektiv', sondern Folge subjektiver journalistischer Entscheidung, die ihrerseits ebensowenig 'frei' ist, sondern die von verschiedenen Faktoren beeinflußt wird. Der Journalist ist der "Türhüter" (gate-keeper; vgl. dazu Noelle-Neumann, 1982:211); allerdings steht er nicht wie jener in Kafkas 'Prozeß' "vor dem Gesetz", der dem 'Mann vom Lande' wenigstens noch die Parabel-Illusion ließ, daß ein "Eingang nur für dich bestimmt" war (Kafka: "Der Prozeß", Frankfurt: Fischer, 1960:155). Die 'Tagesordnungsfunktion' (agenda-setting-function; vgl. dazu Noelle-Neumann, l. c.:221 und die Anm. 11, S. 278f.) betrifft nicht nur die jeweilige Sendung, sondern durch die jeweilige Sendung hindurch auch die "Tagesordnung" im Kopf des vereinzelten Sehers (falls es dort eine 'Ordnung' gibt) bzw. - im problematischen Verhältnis von "veröffentlichter Meinung" (published opinion) und "öffentlicher Meinung" (public opinion) - auch die 'Tagesordnung' von Folgegesprächen, falls es dazu kommt. "Die meisten von uns", schreibt Jerry Mander, "beziehen ihr Wissen heute aus den TV-Nachrichten. Ohne jede Vergleichsgrundlage verändert sich mit dem Inhalt der Nachrichten auch unser Weltverständnis" (1981:88). Da der einzelne höchst selten eine Vergleichsmöglichkeit und noch viel seltener eine Kontrollmöglichkeit hat, ist es letztlich unvermeidlich, daß sich in seinem Kopf das Bild von der Welt nach den gesendeten Bildern bildet. Dies gilt selbst dann, wenn "Nachrichten nur noch medial existieren und nirgends mehr sonst in der realen Welt" (Mander,

l. c. : 25). Die Seriosität des vermittelnden Medienpersonals, "der angeblich 'neutrale' Sprechstil des Nachrichtensprechers verschafft nicht ihm selbst oder nur den von ihm gelesenen Nachrichten das Image der Glaubwürdigkeit, sondern dem Sender und seinem Programm" (Geißner, 1975:149).

Der Zuschauer kann nicht (mehr) unterscheiden, ob es sich um die "soziale Konstruktion von Wirklichkeit" handelt oder um die "parasoziale Konstruktion von Schein" (L. Huth, 1981 b:290). Indem gerade auch die Nachrichten 'fiktionalisieren', erzeugen sie, was Ernest Bormann 1972 'Phantasy and rhetorical vision' genannt hat.[4] Bormann kommt in seiner Untersuchung der Nachrichtensendungen vom 20. Januar 1981, dem Tag der Geißelbefreiung und Reagan's Inauguralrede, zu dem Schluß: "Television coverage of the breaking news is surrounded with the aura of objectivity and reality. The rhetorical vision of many news people includes the fantasy that they report the facts objectively and that their duty is to inform the public. Viewers may well accept the suggestion that news programs differ from imaginative dramatic fare because such programs create the illusion that they report the facts realistically (...) The pictures, however, are stitched into dramatically improved scenes. The viewer sees an artistic, interpretative, organized portrayal of social reality" (Bormann, 1982:145).

Die branchenübliche Trennung von 'facts and commentary', bzw. die treuherzige Versicherung, ein 'guter' Nachrichten-Journalist handle strikt nach dieser Trennung, vermag nicht zu verhindern, daß Nachrichten nicht nur als 'informative' im allgemeinen Sinne des 'docere' rhetorisch sind, sondern, daß sie auf besondere Weise persuasiv sind. Ob das, was für die enumerativ geordneten 'Szenen' im 'Drama' Nachrichtensendung nachgewiesen wurde[5], auch für die kohärenten Formen von Reportage, Dokumentarbericht und Dokumentarfilm gilt, ist jetzt zu überprüfen.

In seinem 'Baukasten zu einer Theorie der Medien' stellte Enzensberger schon 1970 fest: "Die Produktion der elektronischen Medien unterläuft prinzipiell Unterscheidungen wie die zwischen Dokumentar- und Spielfilm. (...) Der Produzent ... ist ... von vornherein parteiisch" (1970:184). Er argumentierte mit der unerläßlichen technischen Manipulation des Materials, wie Schneiden, Montieren und Mischen. Hinzu kommt die Tatsache, daß die Kamera gegenüber dem 'Material' schon immer einen Standort hat, eine bestimmte Distanz, daß durch den Wechsel der Objektive (Weitwinkel, Tele) oder durch 'Zoomen' die Distanz und damit der sichtbare 'Kontext' verändert werden kann. Weiter ist zu berücksichtigen, daß es sich immer - völlig unabhängig von jeglicher technischer Raffinesse - nur um Ausschnitte handelt, um Perspektiven, deren Auswahl vom Reporter, Berichterstatter, Kameramann oder Dokumentarfilmer abhängen, die niemals die Chance haben, ein Ereignis 'total' zu filmen. Es muß immer gerafft und gekürzt werden, aber was und wie komprimiert wird, ist Sache der subjektiven Entscheidung des 'Produzenten'. Bernhard Wember hat all dies in seiner exemplarisch zu nennenden Analyse des 'Dokumentar'-Films "Bergarbeiter im Hochland von Bolivien" akribisch belegt (1972).[6] In ihrer subtilen Analyse des Dokumentarfilms "The City" (1939) wiesen Medhurst & Benson die "rhetoric of rhythm" nach, d.h. wie sich auch im 'cutting', in der zeitlichen Gliederung der Szenen, "the overall dramatic and rhetorical structure" (1981:59) des Films zeigt.[7]

Hinsichtlich der Produktion und des Produkts gibt es, was die Rhetorizität des Dokumentarfilms anlangt, kaum Unterschiede zwischen Kinofilm und Fernsehfilm, wohl aber was die Konsumtion betrifft. Sind schon die Wahlmöglichkeiten des Distanzpublikums in einer Kinofilmvorführung eingeschränkt, verglichen mit denen des Präsenzpublikums in einer Theateraufführung[8], so sind die Wahlmöglichkeiten des vereinzelten Zuschauers, dessen Sicht auf den kleinen Bildschirm konzentriert wird, im 'Heimkino' (Adorno, l. c:72) noch mehr reduziert. Deshalb gab Bruce Gronbeck seinen Untersuchungen von 'Genres of documentary' zurecht den Titel "Celluloid Rhetoric" (1977). Diesen Titel hat jüngst Karen Foss aufgegriffen in einer Studie zur Anwendung verschiedener Methoden des 'rhetorical criticism' in der Analyse von Dokumentarfilmen. Ihr Ausgangspunkt sind "the recent conceptualizations in our field that documentary film is inherently rhetorical in nature" (1983:51), denn der Dokumentarfilm als artistisches Portrait der 'Realität' habe immer das Ziel, "of influencing public thought" (ibd.). Rhetorische Analyse sogenannter 'informativer' TV-Sendungen kann sich allgemein orientieren an den Zielen, die Wember für die Analyse von Dokumentarfilmen aufgestellt hat, nämlich zu untersuchen ob bzw. zu beweisen, daß

"1. der Film nicht neutral ist, sondern ganz eindeutig eine bestimmte Ideologie vertritt,

2. die ideologischen Wertungen als unreflektierte Implikationen verarbeitet worden sind,

3. der Film allein innerhalb seines Verständnishorizontes voller Widersprüche steckt, und nicht dem von ihm selbst postulierten Anspruch

einer 'reinen Dokumentation' entspricht,

4. der Film von seinem ideologischen Hintergrund her gewisse Zusammenhänge nicht zugeben will und sie deshalb mit einer nur schwer durch-
schaubaren manipulativen Taktik umgeht." (1972:16)

Die Bemerkungen über die Gemeinsamkeiten von Kinofilm und TV-Film leiten
über zur Beantwortung der Frage

2.3 ob sich für **delektative** TV-Sendungen Rhetorizitätskriterien finden lassen.
Über diese allgemeinen Äußerungen hinaus soll versucht werden, einige Beispiele
daraufhin zu befragen: Beispiele von Sendungen, die weder als 'persuasive' noch
als 'informative' produziert und konsumiert werden, sondern die landläufig zur
Spannung bzw. Entspannung angeschaut werden, zur Unterhaltung oder 'just for
fun'. Vermutlich konkurrieren in dieser Hinsicht drei Sendungs-Typen um Platz 1:
Western, Krimi und Sportübertragungen.

Während die alten Western (seit 1920) noch als 'Individuen' ins Kino kamen,
werden sie von der und für die 'Heimelektronik' häufiger zu Serien verbunden,
z.B. alle 'John Wayne's', oder von Serien abgelöst, z.B. "Shilo Ranch", "Bonanza",
bzw. in der Zeit von "Electric Horseman" (1980) und "Urban Cowboy" schließlich
von "Dallas". Die 'Serialisierung' entspringt der Tatsache, daß "das Medien-
programm strukturell endlos auf seine eigenen Folgen hin geöffnet ist" (Enzensberger, l. c.:184; vgl. Huth, 1981 a:104 f.). Jane Hocker Rushing kommt in ihrer
faszinierenden Analyse von "The Rhetoric of Western Myth" zu dem Schluß, daß
J. R. so beeindruckend sei, weil "he has become a mirror of our current Western
rhetoric" (1983:30), daß "Dallas" wahrscheinlich die einzige zutreffende Darstellung sei "of the results of the rhetorical pattern of dialectical pseudo-
synthesis" (ibd.). Diese Scheinsynthese zwischen traditionellem Heldenmythos
und städtischer Zivilisation führt zu einer anderen, der nämlich, "That the two
rhetorical contexts of Presidential Politics and popular Culture interact and
reinforce one another ..." (l. c.:24). Daß Amerika einen 'Cowboy-Präsidenten'
(l. c.:14) gewählt habe sei die Folge davon, daß der gegenwärtige 'actor-Presi-
dent' - so meint seine Kritikerin - "has synthesized the two poles of pioneer
heroism", daß er "is actually a pseudo-synthesis" (l. c.:26). Während der 'Go-
West'-Mythos für deutsche Zuschauer eher Kinoqualität haben dürfte, können
die 'Western' aufgrund der Karl-May-fiktiven und NATO-praktischen Erwartungen
auch hierzulande mythenbildend wirken.

"Myth in the Television Discourse" bilden auch die K rimis. Abgesehen von wenigen Eigenproduktionen, wie "Der Alte" und "Tatort", werden für das deutsche Fernsehen amerikanische Serien angekauft, z.B. "Ironside", "Einsatz in Manhattan", "Starsky and Hutch", "Columbo", "Auf der Flucht", "Die Straßen von San Francisco" usw. Vermutlich beziehen die meisten Bundesbürger ihr Amerikabild aus 'Western' und 'Krimis'. Breen & Corcoran folgern, daß - obwohl jede dieser Serien verschiedene Mythen erzeugt - sie alle zusammen als Gattung "gives expression to the egalitarian ideology of America and [quoted from Levi-Strauss] 'reifies the notion of the autonomous individual'." (1982:130).[9]

Abgesehen von der 'atemberaubenden' Spannung oft aberwitziger 'actions' bieten die K rimis Projektionsmöglichkeiten sowohl für ganz verschiedene, bewußte und uneingestandene, Gewaltphantasien als auch K ompensationsmöglichkeiten für die Frustration eigener Passivität und Schwäche - beides mit der Lehnstuhlsicherheit, daß am Ende 'law and order' sich durchsetzen, der Bösewicht in die Falle geht, und das (eigene) Gute siegt. In einer explorativen Studie über "Holocaust" und die Wirkungen der Gewalt im Fernsehen konnte Dieter Prokop belegen (1981:98 ff.), daß selbst "die Rezeption von 'Holocaust' bei den Jüngeren ohnehin mehr auf der Ebene der üblichen K rimiwahrnehmungen statt [findet]" (l. c.: 105). Andere der befragten Personen konsumierten "Holocaust" eher auf der Ebene der üblichen Sportwahrnehmungen. Die phantasierte Identifikation mit der Rolle des Gewinners, des (hochbezahlten) Helden, kompensiert das Erleben täglicher Niederlagen, das Miterleben fremder Aktivität kompensiert die Erfahrung eigener Passivität; der vereinzelte Zuschauer "kanalisiert seine Wünsche in den kodierten Strom - citius, altius, fortius - des Sports" (l. c.: 183), für ihn so ungefährlich wie Mord und Verfolgung im TV-Krimi. Die Reporterfloskel vom 'Fußballkrimi' ist keineswegs metaphorisch. Western, Krimi und Sportsendungen sind in aller 'Delektativität' persuasiv.

3. Rhetorizität des Fernsehens

Ein Medium, das in seinen hauptsächlichen sprachgebundenen Gattungen rhetorisch ist, dessen Rhetorizität müßte nicht mehr gesondert problematisiert werden. Zu fragen ist allerdings dennoch, ob nicht die Rhetorizität des Fernsehens eine von eigener Qualität ist, die in den bisherigen Rhetorizitätsnachweisen noch nicht, oder nicht deutlich genug, zum Vorschein kommen konnte. Mit der Gefahr der Simplifizierung im Nacken sollen einige Schlaglichter auf Produzenten, Produkt und Konsumenten diesen 'Vorschein' ermöglichen.

3.1 Die Fernseh-Produzenten

Ob das Fernsehen deskriptiv als 'Elektronische Industrie' bezeichnet wird oder kritisch 'Kultur- oder Bewußtseinsindustrie' genannt wird, fest steht, daß es sich um eine Industrie handelt, die im Interesse von Personen oder Personengruppen mit bestimmten Verfahren bestimmte Waren herstellt und verkauft. Auf Produktionsinteressen, Produktionsmittel, Produktionsverfahren und auf die Produkte haben die Konsumenten keinen Einfluß, wie in allen privat- oder staatskapitalistischen Großtechnologien. Mander beschreibt, daß in den U.S.A. etwa 100 von über 400.000 Firmen das Fernsehen kontrollieren; es sind dies jene 100 Firmen, die im Jahr 1974 allein 59 % der Gesamtwerbezeit im Fernsehen gekauft hatten. Mander schlußfolgert: "Sowohl das öffentlich-rechtliche wie das kommerzielle Fernsehen muß also auf Teufel komm raus Programme senden, die diesen hundert größten Werbekunden gefallen" (1981:143). Obwohl die Verhältnisse in der Bundesrepublik auf diesem Sektor (noch!) nicht völlig den amerikanischen gleichen, herrschen auch hier vergleichbare monopolistische Bedingungen. Dieter Prokop schreibt dazu: "Heute sind Produktion und Vertrieb der Massenmedien im Besitz von teils großen multinationalen, teils auch kleineren nationalen, auf jeden Fall in mehreren Branchen tätigen Konzernen. Diese Konzerne besitzen neben Banken, Versicherungsgesellschaften, Tabakindustrien, neben der Produktion von Autoteilen, Reifen, Autoverleihfirmen, Hotels, Spielzeugproduktion, neben Firmen, die Parfum herstellen, und pharmazeutischen Firmen eben auch Firmen, die Fernsehprogramme herstellen oder vertreiben, Kabelfernsehstationen betreiben, Filme, besonders Fernsehserien, herstellen und Schallplatten produzieren. Schon allein diese Aufstellung macht evident, daß ein spezifisches Interesse an künstlerischer oder journalistischer Qualität hierbei ein Randphänomen darstellt" (1981:17f.). "Im Monopol", sagt Prokop an anderer Stelle, "gewinnt jeder Sektor an Bedeutung, in dem nicht unmittelbar über Geld getauscht wird, sondern in dem über die Inszenierung von 'Kommunikation' zwecks Stabilisierung und Kalkulierbarkeit des Konsumentenverhaltens die allgemeine Bereitschaft zum Konsum hergestellt wird: Kulturindustrie, Werbung ..." (l. c.:283f.). Im Verfolg dieser Interessen verstärkt die Institution zum einen die "bürokratische Kontrolle des technischen, künstlerischen und journalistischen

Personals" (l. c.:281), sofern bei diesem nicht längst die "Schere im Kopf" als allmählich unbewußte 'freiwillige' Selbstkontrolle funktioniert, zum andern normiert die Institution, die über die Produktionsmittel verfügt, auch die Muster der Produktion. "Die institutionellen Muster sind nicht Spiegel der Bedürfnisse, auch nicht des 'verzerrten Bewußtseins' der Rezipienten. Sie sind fetischartig verselbständigtes Gesamtergebnis 1. der Kalkulation auf die universalsten Merkmale der Konsumenten, 2. der strukturellen Lage der Konsumenten, fehlender Artikulationschancen in der Öffentlichkeit und 3. der Koordinationsfunktion, die die Oligopolisten und Monopolisten in diesen Strukturen besitzen." (l. c..287f.) Dabei scheint es letztlich unerheblich, ob die Interessenvertreter des Kapitals direkten Zugriff auf das Fernsehen haben oder indirekt über die (kapitallosen) Vertreter der sogenannten "gesellschaftlich relevanten Gruppen" in den 'Aufsichtsgremien', bzw. ob diese Interessen durch Produktionen der den Sendeanstalten assoziierten Filmfirmen ins Programm eingeschleust werden. Wo der einzelne, so summiert Lutz Huth diesen Zustand, "nicht in der Institution handeln kann (aktive Kompetenz), da ist es ihm auch nicht möglich, das Handeln der Institution zu verstehen (passive Kompetenz)" (1981 b:287).

3.2 Die Fernseh-Technologie

Fernsehen selbst ist eine technische Ware, die technisch produzierte Waren auf technischem Wege vertreibt. Diese Waren sind Bildfolgen, die traditionell gefilmt oder elektronisch hergestellt und drahtlos oder via Kabel in den häuslichen 'Röntgenapparat' gesendet werden. Dort 'ist' das Bild nie, sondern es 'entsteht und vergeht' auf der phosphoriszierenden Mattscheibe dadurch, daß je nach 'Zeilenraster' in einer bestimmten Folge eine bestimmte Anzahl von Lichtpunkten pro Sekunde 30mal aufleuchten.

Diese Bilderzeugungstechnik bringt es mit sich, daß nur Bilder mit beträchtlichen Kontrasten sich gut übertragen lassen, also kaum 'Kleines, Detailliertes, Subtiles'. "Diese Tendenzen ... beeinflussen auch die emotionalen Inhalte" (Mander, l. c.: 233); alle 'groben' Gefühle sind telekonformer als die 'feinen', alle deutlich sichtbaren Aktionen im Raum geeigneter als der Ausdruck seelischer Regungen. Zum Überdruß bekannt sind die nichtssagenden Wagenauffahrten bei Staatsbesuchen oder Ministerrunden usw.; oder, da sich z.B. das am 30. Mai 1983 in den Straßen der Kölner Altstadt stehende Hochwasser schlecht filmen ließ, wurde ein Paddler durch das Bild bemüht; oder: das Kamerateam, das die trostlos leere

'Wasserwüste' filmen wollte, wartete bis über die Rheinbrücke von rechts nach links ein Zug durch das Bild fuhr.

'action' ist deshalb ein entscheidendes Kriterium für Aufnahme und Auswahl der zu sendenden Bilder, und selbst in 'Nachrichten' dominiert die Bewegung des Sujets die Aufnahmen der (beweglichen) Kamera. Naturkatastrophen, Unglücksfälle, Krawalle, 'Mord und Totschlag' sind deshalb bevorzugte Bildinhalte. Von ähnlicher Kontrastschärfe ist außerdem - bei entsprechend herstellbarem Hintergrund - nur noch das 'Menschengesicht'. Deshalb die vielen 'Großaufnahmen' von Gesichtern; daß sie meistens der 'Prominenz' gehören, versteht sich aus den genannten (3.1) polit-ökonomischen Bedingungen.

Voraussetzung ist bei alle dem zweierlei: 1. daß ein Kamerateam zur Stelle ist, und es wird zur Stelle sein, wo 'action' zu erwarten ist, 2. daß genügend Aufnahmelicht da ist; wenn keine Kameras da sind oder wenn sie nicht arbeiten können, bleibt das spannendste Ereignis ungefilmt. Wenn gefilmt werden konnte, werden Bilder ausgewählt, geschnitten, montiert, vor allem wird der 'Streifen' auf die gewünschte Länge gebracht. Nicht nur das Filmmaterial wird verändert, schon die Kamera kann vieles, was das menschliche Auge nicht kann. Alle technischen Effekte (Schnitt, Blende, Zoom, Lichtwechsel, Objektivwechsel, Entfernungswechsel, Slow-Motion, Bildüberlagerungen usw.) bringen erneut 'Bewegung' in die Bewegung - sofern nicht wie im Trickfilm 'Unbelebtes' belebt wird -, auch das Statische wird 'aktionalisiert'. "Im durchschnittlichen kommerziellen Fernsehen (gibt es) pro sechzig Sekunden acht oder zehn derartiger Kunstgriffe." (Mander, l. c.:264)

Technische Effekte und Kunstgriffe zeigen nicht nur hohen Stand der Technik und großes Können von Kameraleuten und Cutterinnen, sondern sie zeigen das dahinter verborgene Interesse, den Zuschauer vor dem Fernsehapparat zu halten, damit die auch noch dahinter verborgenen Interessen verfolgt werden können, den Zuschauer zu beeinflussen. Wer je bei einer Fernsehproduktion dabei war und das mit eigenen Augen Gesehene zeitverschoben mit dem auf dem Bildschirm Gezeigten vergleichen konnte, der weiß, daß das Fernsehbild immer artifiziell ist. Es ist im Verbergen seiner Artifizialität in besonderer Weise 'fiktional', gerade weil es den Schein authentischer Realität präsentiert. Dies gilt auch für die sogenannten Live-Sendungen, in denen Bilder verschiedener Kameras von der Bildregie gemischt werden, während der Ton, der durch separate Leitungen von meist stationären Mikrofonen kommt, gleich bleibt. Ob Großaufnahme des Gesichts oder 'Totale', ob Schwenk auf das Orchester oder über das Publikum im Saal, die Stimme des Politikers oder der Sängerin verändert sich dadurch nicht. Der 'Düsenjägereffekt' des verspäteten Schalls wird ausgeglichen, auch bei getrennten Aufnahmen von Bild und Ton wird 'Lippensynchronie' technisch hergestellt, aber Hören und Sehen werden prinzipiell 'entkoppelt'. Daran wird auch der Einbau von Stereolautsprechern nichts ändern.[10]

3.3 Der Fernseh-Konsument

Der Zuschauer sitzt meist isoliert oder in Gruppen-Isolation, die gelegentlich unterbrochen wird von kollektiv-monologischen Kundgaben, in einem, von Störgeräuschen weitgehend abgeschirmten und abgedunkelten Raum. Sein Blick ist fixiert auf die Lichtquelle der Mattscheibe. Wenn er/sie sich entschlossen hat - falls dies noch 'Entschluß' genannt werden kann und nicht vielmehr ein unbeabsichtigtes Zwangsverhalten als Folge gelungener Konditionierung - den Apparat einzuschalten, dann hat er/sie "gar keine andere Wahl als den Schwall von elektronischen Bildern so zu akzeptieren, wie er aus dem Gerät kommt" (Mander, l. c.: 191) "... im Einschalten des Fernsehapparates haben die Individuen, überspitzt formuliert, eigentlich schon alles getan, was für das Entstehen der massenkulturellen Institutionen relevant ist." (Prokop, l. c.: 26). Aus der Gewöhnung an Flackerlicht bestimmter Wellenlänge im abgedunkelten Raum folgern einige Forscher eine direkte Vergleichbarkeit mit der Hypnose, andere sagen "Fernsehen findet auf der Bewußtseinsebene des Schlafwandelns statt" (EMERY-Report, 1975, zit. in Mander, l. c.: 198). Schon aufgrund dieser elektronischen Bilderzeugungsprozesse werden kognitive Prozesse minimiert. "Während fraglos das Gehör in vieler Hinsicht 'archaischer' ist als der alert auf die Dingwelt eingeschworene Gesichtssinn, ist noch die Bildersprache, die der Vermittlung des Begriffs enträt, primitiver als die der Worte. Der Sprache aber werden die Menschen durch das Fernsehen noch mehr entwöhnt, als sie es auf der ganzen Erde heute schon sind." (Adorno, l. c.: 75)[11] Statt zu denken, öffnet sich der Konsument den einströmenden Bilderfluten. Die bild- und tonverarbeitende rechte Hirnhälfte bekommt viel mehr zu tun als die linke; temporäres 'split-brain'. Mag der Durchschnittseuropäer auch noch nicht wie der Durchschnittsamerikaner die Hälfte seiner täglichen Freizeit vor dem Fernsehgerät zubringen, Sehgewohnheiten und Langzeitwirkung dürften vergleichbar sein. Unterschiedliche Grade der "Medienfixierung" (Prokop, l. c.: 79) können hier nicht diskutiert werden, aber es stimmt nachdenklich, wenn Dieter Prokop aus einer englischen Untersuchung zum Freizeitverhalten von Arbeitern zitiert: "Gespräche mit Nachbarn sind uninteressant im Vergleich zum Fernsehen" (l. c.:78), obwohl die meisten Sendungen doch als 'Mittelschichtsendungen' eingestuft werden können.

Sehgewohnheiten werden zu 'Sehmustern'; Wember spricht von "verseuchten Sehbedürfnissen" (l. c.:12). Da der Zuschauer nicht unterscheiden kann, welche Bilder 'wirklich' und welche 'fiktiv' sind, wird ein Sehklima allgemeiner 'Fiktionalisierung' erzeugt (Huth, 1981 b:293). Da nun in diesem Sehklima mit den geschilderten elektronischen Techniken (Überblenden, Zeitraffer usw.) alles mit allem verbunden werden kann, ergibt sich eine weitere 'Entwirklichung', die Pseudowelt einer Tele-'Vision'. "Die Bilder in unserem Kopf [werden] eine Pseudowelt, auf deren Realität wir schwören." (Noelle-Neumann, l. c.:210) Allverbundenheit, von der gerade die Rede war, ist eines der Form-Kriterien, das 'Märchen' kennzeichnet (vgl. Geißner, 1978:110ff.). "Television has assumed the mythical role of the story-teller and is carving out for itself something of a monopoly in the creation and propagation of myth." (Breen & Corcoran, 1982:136) Wenn die 'reale Welt' fiktionalisiert, wenn sie im spezifischen Sinn 'märchenhaft' gemacht wird, dann wird der Zuschauer zwangsweise infantilisiert. Adorno begründete die Infantilisierung auf andere Weise: "... die aufblitzenden und entgleitenden Bilder von Film und Television [nähern] der Schrift sich an. Sie werden aufgefaßt nicht betrachtet. Das Auge wird vom Streifen mitgezogen wie von der Zeile, und im sanften Ruck des Szenenwechsels blättert die Seite sich um. Als Bild ist die Bilderschrift Mittel einer Regression." (l. c.:87) Infantilisierung und Regression können zu einer 'Fernsehsüchtigkeit' führen[12], die sich zirkulär stabilisiert; denn "Süchtigkeit ist unmittelbar Regression" (Adorno, l. c.:75). Ein weiteres Argument liegt in der Tatsache, daß mit der industriellen Erzeugung eines 'pseudo-environments' (W. Lippmann, 1922, zit. in Noelle-Neumann, l. c.:212) nicht nur 'Hören' und 'Sehen' voneinander abgekoppelt werden, sondern alle anderen Sinnesqualitäten allmählich denaturieren, einen Vorgang, den Mander als "sensorische Deprivation" bezeichnet (l. c.:66, 69, 159). Schließlich ist zu bedenken, daß das Fernsehen entgegen der allgemeinen Etikettierung gerade kein Kommunikationsmedium ist (vgl. schon Enzensberger, l. c:160), weit eher läßt es sich als 'Distanzmedium' verstehen; denn - wie Prokop nachgewiesen hat - "Distanz ist als Abwehrmechanismus den Medien immanent." (l. c.:23) Dieser Satz schließt folgenden Gedankengang ab: "Das Interesse an den Medien ist keinesfalls ein Interesse an Kommunikation. Im Gegenteil geht es immer auch auf ein Interesse an Distanz zurück: beim Zuschauer, der dem unangenehmen Gespräch, dem Familienstreit, der Konfrontation mit bedrohlichen Vorstellungen ausweicht und den Fernsehapparat anstellt; dem Kameramann, der zwischen sich und die Situation einen Apparat stellt, der ihn als Beobachter definiert; den 'Kommunikatoren' in der Verwaltung ohnehin, die Neutralität zu Ritualen kultivieren. Distanz ist als Abwehrmechanismus den Medien immanent." (ibd.)

Die Regredientensituation - diese Bezeichnung scheint angemessener als die quasiobjektive 'Rezipientensituation' - erfüllt ihrerseits die hauptsächlichen Bedingungen der 'Serialität', die Sartre (1967:300) beschrieben hat: indirekte Ansammlung, Vereinzelung, Fixierung, Sprach- und Kommunikationslosigkeit. Leithäuser u.a. folgern: "Die serielle Struktur der 'indirekten' Ansammlung erzeugt ein autistisches Milieu." (1977:70) Im autistischen Milieu wird Passivität eingeübt am Arbeitsplatz, in der Familie und vor allem in der Fernsehsituation, so daß diese nicht nur exemplarisch ist, sondern sozialisierende Wirkung hat (vgl. Geißner, 1981 c:75f.). René Spitz meinte noch, daß Mütter, die von den Bedingungen ihrer Psychostruktur her und der ständigen Unterbrechung der 'Aktionszyklen' unter den Bedingungen "großstädtischen Wohnens" selbst verwirrt sind, nur mehr zum "Pseudo-Dialog" fähig wären (1976:100ff.). Inzwischen "wirken industriell gefertigte und medienvermittelte secondhand-Erfahrungen längst schon auch in die Sozialisation der Sozialisierenden", so daß die Regression ins 'autistische Milieu' längst keine Frage mehr der Psychostruktur 'verwirrter Mütter' ist, sondern onto- und aktualgenetisch eine Frage der Koinzidenz von Psychostruktur und Sozialstruktur (vgl. Geißner, l. c.:93). "It is certainly possible, even likely, that the viewing of particular programs, perceived to be highly realistic, over a long period of time might procedure a noticeable influence on social reality independent of all other viewing behaviors." (Slater & Elliot, 1982:79) "Most people have been watching television news for so long that they have learned how to participate in its dramatizations until it has become second nature to them" (Bormann, 1982:133).

Es bedarf also keineswegs jener (inzwischen verbotenen) "geheimen Verführer", jener 'Werbebotschaften', die unter der Bildauflösungsschwelle ins Bewußtsein der Zuschauer eindringen, ohne daß er/sie die 'Reize' auf der Mattscheibe wahrnehmen könnte. Fernsehen ist in allen seinen Dimensionen - Produzenteninteresse, Produktionsweise, Produkt und Konsumentensituation - 'persuasiv'. Breen &

Corcoran stellen fest: "television commands a community of viewers, who although spatially separated, are in multisensory, simultaneous contact with the same stimulus materials. (...) We are generally unaware of the ideological forms of television within which we think and act because these forms are taken to be 'natural'." (1982:136) Gemessen an dieser totalen Persuasivität sind die direkten Äußerungen konkurrierender Programmwerbung harmlos, mit denen um Einschaltquoten und damit um Gebührenanteile (sowohl der Zuschauer als der Werbeindustrie) gekämpft wird. Der Schein der Authentizität, der Realität, "der Glaubwürdigkeit (Credibilität) fördert die Persuabilität." (Geißner, 1975:149) Hierin liegt die Rhetorizität des Fernsehens.

4. Rhetorizität der Pseudo-Rhetorik

Freilich, so ist abschließend zu fragen: Was ist das für eine Rhetorizität? Wenn Kommunikation zwischen 'dem' Fernsehen und 'dem' (durchschnittlichen) Zuschauer prinzipiell ausgeschlossen ist, dann kann auch keine "rhetorische Kommunikation" stattfinden. Für diese Aussage ist folgender Kommunikationsbegriff leitend: "Gespräch als Prototyp der Kommunikation ist als mündliche Kommunikation die intentionale, wechselseitige Verständigungshandlung, mit dem Ziel, etwas zur gemeinsamen Sache zu machen, bzw. etwas gemeinsam zur Sache zu machen" (Geißner, 1981 c:45). Mit diesem Gesprächsmodell der Kommunikation verfallen alle technischen Kommunikationsmodelle der Kritik (Nachrichtenmodell, Zeichenmodell, Verhaltensmodell) (zur Begründung vgl. Geißner, l. c.:14 ff.). Die intentionale Wechselseitigkeit der kommunizierenden Subjekte wird 'rhetorisch' dann, wenn durch 'Informieren' oder 'Überzeugen' in dialogischer Vergewisserung Dissens begründet oder Konsens ermöglicht wird, wenn die "vergesellschaftet miteinanderlebenden Subjekte versuchen, miteinandersprechend - klärend und streitend - über Wege und Ziele künftigen Handelns sich zu verständigen." (Geißner, 1982 c:25). Nur in diesem Verständnis gilt die frühere Formulierung "Rhetorische Kommunikation ist der Prozeß des situativ gesteuerten, mentale 'oder reale Handlungen auslösenden Sprechens" (Geißner, 1981 a:19). Rhetorische Kommunikation setzt voraus, daß 'Alltagswissen' nicht länger als Grundlage betrachtet wird, sondern 'Alltagsbewußtsein'. "Alltagsbewußtsein ist der Modus des Bewußtseins der Individuen, der ihre Bewußtlosigkeit von den gesellschaftlichen Verhältnissen und deren Entstehungsgeschichte ausdrückt" (Leithäuser, 1979:11); "in dessen Borniertungen (...) drücken sich gesellschaftliche Machtverhältnisse aus" (l. c. : 5 f.). Rhetorisch werden die Kommunikationsprozesse, "wenn die Routinierung thematisiert, die Bornierung des Horizonts problematisiert [werden], so daß mit dem veränderten Thema-Horizont-Schema die Ziel-Mittel-Relation intentional ergriffen werden kann." (Geißner, 1981 c : 152) Nur wo dies möglich ist, ist 'überzeugen' möglich, wo nicht, bleibt 'überreden'.

Fernsehen ist - wie gezeigt - in allen Dimensionen unfähig zur Überzeugungskommunikation im gerade beschriebenen Sinn. Die Rhetorizität des Fernsehens ist dominiert von seiner 'Überredungsfunktion'. Noelle-Neumann schreibt dem Fernsehen eine 'Artikulationsfunktion' zu (1981:XV und 244 ff.). Sie schreibt: "... die Medien verleihen den Menschen die Worte, die Wendungen, mit denen sie einen Standpunkt verteidigen können." (l. c. : 247) Dies ist jedoch einerseits nur die Folge der 'Thematisierungsfunktion', die die 'Türhüter', Produzenten und Journalisten, gemäß ihren Interessen und Selektionsmechanismen usurpieren, andererseits ist dies Ausdruck genau jener 'Refeudalisierung' (Habermas, 1962: 233 und 273 f.), die sich in Großkonzernen, Großverbänden, Massenparteien längst vollzogen und institutionalisiert hat (vgl. Prokop, 1981:52 f.). "Once television's artificial reality has been established as familiar and 'real', it becomes a vehicle for the communication of the cultural ideologies of the dominant forces that have greatest access to television. Television realism, therefore, acts as a silent weapon in the extension of certain ideologies (those maintaining the socioeconomic system within which television operates) over all other sections of society." (Breen & Corcoran, 1982:134) Die Unmündigen haben keine Chance der Thematisierung, geschweige denn der Mitbestimmung im Fernsehen; infolgedessen handelt es sich nur um eine Schein-Argumentationsfunktion, die den Zuschauern nicht helfen kann, ihre nicht selbst verschuldeten, sondern systemspezifischen und organisationsstrukturellen Bornierungen gemeinsam abzuarbeiten. Wenn beispielsweise Zeitgenossen sich mittwochs auf dem Weg zur Arbeit über "Dallas" vom Dienstag abend unterhalten, ist das keine 'Artikulation' ihrer Lage. Die durch eine Pseudo-Rhetorik vermittelte Pseudo-Artikulation verdichtet im Gegenteil den Schleier der Routine. Für derartige Alltagsgespräche gilt: "Dem Fertigwarencharakter des Routinewissens entsprechen die Fertigbauteile des Routinesprechens und ihre Fertigmontage im Routineverstehen." (Geißner, 1982 b : 43) Die Unmündigen (infantes) bleiben im Pseudos ihrer phatischen Kommunikationen. Für die medienvermittelte Pseudo-Rhetorik gilt wie für jede Herrschaftsrhetorik: "Der 'Macht der Rede' entspricht die Ohnmacht der Unmündigen." (Geißner, 1981 a : 119)

Der Schein des Mitredenkönnens versenkt die Unmündigen nur noch tiefer in ihre Ohnmacht. "Vermutlich macht das Fernsehen sie [die Menschen] nochmals zu dem, was sie ohnehin schon sind, nur noch mehr so, als sie es ohnehin sind." (Adorno, 1963:70) In der Abhandlung "Vergesellschaftung und Sozialisation des Bewußtseins" entwickelt Thomas Leithäuser diesen Gedanken weiter: "Das Alltagsleben wird zum Objekt von Marktkalkulationen und bürokratischer Verwaltung. Hierin können wir eine zweite Phase der Vergesellschaftung des Alltagslebens ausmachen ..." (1977:171). Diese "Sozialisation des Bewußtseins" wird vor allem "industriell produziert" (l. c.:43), wobei innerhalb der Bewußtseinsindustrie dem Fernsehen die bedeutendste Rolle zufällt (vgl. auch Negt/Kluge, 1973:169 ff.). In der Sozialisation auch noch des Bewußtseins, also in der Erzeugung von 'Alltagsbewußtsein' erfolgt die weitere und keineswegs nur "sensorische" (Mander, l. c.:159) Deprivation der Deprivierten, die, je länger und je intensiver die Beeinflussungen durch das Fernsehen dauern, bereits ihre Erwartungen mit den "verseuchten" (Wember, l. c.:12) Sehgewohnheiten präformieren. Sie können schließlich den Schein nicht mehr durchschauen, den sie nicht durchschauen sollen.[13]

"In der zeitgenössischen bürgerlichen Gesellschaft", schrieb Roland Barthes, "wird also der Übergang von der Wirklichkeit zur Ideologie definiert als der Übergang von einer Antinatur zu einer Pseudonatur." (1981:130) Er fuhr fort: "Durch ihre Rhetorik zeichnen die bürgerlichen Mythen die allgemeine Perspektive jener Pseudo-Natur, durch die der Traum der zeitgenössischen bürgerlichen Welt charakterisiert wird." (l. c.:140) Mythen sind nicht nur im Fernsehen, sie werden auch durch das Fernsehen gebildet. "Perception of reality through television is mediated through the many different codes of television, not the least of which is based on the corpus of myths which the producers of mediated messages share with their viewers." (Breen & Corcoran, 1982:128) Fernsehen selbst gehört zu den "Mythen des Alltags" (Barthes, l. c.:140). Noch einen Schritt weiter: Fernsehen ist nicht nur ein Alltagsmythos, es betreibt seine Mystifikation. In diesem Verständnis von 'Mystik' läßt sich Enzenberger's Kritik an McLuhan über diesen hinaus verallgemeinern: "Was er zwar nicht erfunden aber als erster ausdrücklich gemacht hat, ist eine Mystik der Medien, die alle politischen Probleme in Dunst auflöst - jenen blauen Dunst, den sie ihren Anhängern vormacht. Ihre Verheißung ist die Erlösung der Menschheit durch die Technologie des Fernsehens, und zwar des Fernsehens, so wie es heute betrieben wird." (1970:177)

Wenn Luhmann's systemtheoretische Sozialtechnologie aus Gründen "knapper Aufmerksamkeit" (1975:15) und "schneller Ermüdungserscheinungen" (l. c.:19) es für legitim hält, zum Zwecke der "Komplexitätsreduktion" sogar "Pseudokrisen, Pseudoneuigkeiten" (l. c.:25 f.) zu erzeugen, dann stabilisiert auch sie die "Pseudowelt" (Noelle-Neumann, 1981:210) der Medienmystik. Für den Zuschauer ist das durch den "Pseudorealismus" (Adorno, 1963:86) konstruierte "pseudo-environment" (Lippmann, 1922/1965:16) und die darin vorgegaukelte "pseudo-synthesis" (Hocker Rushing, 1983:30) nicht mehr durchschaubar; er hält die "Pseudo-Dialoge" und die pseudo-events" (Hocker Rushing, l. c.:32) für 'real'. "The choice of appearance over the reality is, of course, quite consistant with this age of media pseudo-events, where the illusion often becomes more persuasive than reality itself." (ibd.) Die Pseudo-Rhetorik ist - wie es scheint - 'effektiv'; soll Rhetorizität aber Grundlage 'rhetorischer Kommunikation' sein, die nur in Partizipation gelingen kann, dann - so meint Lutz Huth - "wird sie auf einen Begriff der Effektivität verzichten müssen, der auf die Rhetorik des Scheins setzt." (1981 b:293) Die verschiedenen Wortbildungen mit 'Schein-' oder 'pseudo-' wurden zusammengestellt, um zu zeigen, daß von ganz heterogenen theoretischen Positionen aus Übereinstimmung darin besteht, daß Medienrhetorik Pseudo- oder Schein-Rhetorik ist. Dies bewußt zu machen, ist eine Aufgabe rhetorischer Kritik (rhetorical criticism).

Angesichts der politischen Konsequenzen dieser Pseudorhetorik wäre es allerdings zu wenig, es bei dieser Feststellung bewenden zu lassen. Politische Konsequenz hat die "infantile Personalisierung der Politik" (Adorno, l. c.:87) durch 'Politik-Darsteller' und ihre akkreditierten 'Hofberichterstatter'; so werden weltpolitische Konferenzen wie der Weltwirtschaftsgipfel in Williamsburg als 'Medienereignis' annonciert und tatsächlich auch so zelebriert. Politische Konsequenz hat die in vielen Nachrichtensendungen nahegelegte Gleichsetzung von Naturereignissen und Politikereignissen; sie suggeriert, beides sei gleich 'naturwüchsig', d.h. beides sei gleich unvermeidlich und nicht beeinflußbar. Politische Konsequenz hat die mono-polistische oder oligopolistische Produzentenmacht, die dem Zuschauer strukturell jede Partizipation verwehrt. "Was als 'management by participation' geplant war, wird zum participation by management" (Luhmann, l. c.:26). Politische Konsequenz hat die Technologie selbst, von der Mander sagt, "wenn wir die Technologie nicht unter Kontrolle bringen, ist das ganze Gerede von Demokratie eine Farce." (l.c.: 304) Politische Konsequenz hat schließlich die allmähliche Infantilisierung, die fortschreitende Regression, die zweite Vergesellschaftung der Zuschauer. Die politische Konsequenz von all dem ist letztlich: Entpolitisierung.

"Unter den Bedingungen des Scheingesprächs kann es keine andere als Schein-argumentation geben, mit der ein Scheinkonsens sich dennoch 'erwirtschaften' läßt" (Geißner, 1981 c : 162). Wenn dies die strukturell vermittelte Konsequenz der Schein-Rhetorik des Fernsehens ist, dann ist zu fragen, ob dies nicht zugleich Ausdruck von Schein-Demokratie ist. Deshalb muß eine ihre politischen Ziele und sich selbst nicht verratende rhetorische Kritik nicht nur die Schein-Rhetorik im Fernsehen aufdecken, sondern die diese Pseudo-Rhetorik bestimmende Rhetorizi-tät.

ANMERKUNGEN

1 Überarbeitete und erweiterte Fassung eines anläßlich der Tagung der INTER-NATIONAL SOCIETY FOR THE HISTORY OF RHETORIC im Juni 1983 in Florenz gehaltenen Vortrags.

2 Die Glotze - vermutlich entstanden als Verkürzung von 'die Glotzkiste' (auch 'Flimmerkiste', der Glotzkasten, das Glotzophon) - ist eine Substantivierung von glotzen, 'verständnislos starren, stieren' (engl. to stare); redensartlich üblich "Glotz nicht so dämlich!", "Was gibt's denn da zu glotzen?" (Kümmere Dich um Deine Angelegenheiten, das hier Geschehende verstehst Du doch nicht!); literarisch: "Glotzt nicht so romantisch" (B. Brecht). 'Glotzen' wird auch verwendet zur Bezeichnung des 'Augenausdrucks' von per se als 'dumm' attribuierten Kühen bzw. der Übertragung auf weibliche Wesen: "dumme Kuh", die "so blöd glotzt". Diese Redensweise dürfte eine lange Tradition haben, nannte doch schon Homer die Göttermutter Hera "kuhäugig" (bo-ópis), im Kontrast zu "euläugig" (glaukópis), dem Attribut der Weisheitsgöttin Athene. Die Kontraktion 'Glotzauge' dürfte dagegen erst im 18. Jahrhundert entstan-den sein. Weil Glotzaugen oder ein Glotzauge meist als Zeichen geringer intellektueller Regsamkeit gewertet wird, kann ihr Glotzauge bei einigen Kabarettisten (M. Feldmann, D. Hallervorden) eine Pointe eigener Art er-zeugen.
Die 'Glotze' gleicht 'außer Betrieb' einem Glotzauge (vgl. Bullauge), das beim Einschalten - ohne Testbild und Programm - einen milchigen (bläulich-weiß-lichen) Lichteffekt produziert, der auf der 'Mattscheibe' erscheint. Auch dieser Terminus technicus wurde bereits in Vor-TV-Zeiten metaphorisch ver-wendet, ebenfalls zur Bezeichnung des Zustandes vorübergehender oder stän-diger Minderung der intellektuellen Regsamkeit ("Der/die hat 'ne Mattschei-be'"). Zwischen 'Glotze' und 'Mattscheibe' besteht also eine metaphorische Attraktion.

Beachtenswert ist nun der Wechsel des Agenten. Während 'die Glotze' allenfalls im ausgeschalteten bzw. programmlosen Zustand so aussieht wie ein Glotzauge, starrt sie, sobald das Programm läuft, nicht mehr milchig und 'blöd', vielmehr kennzeichnen diese Attribute jetzt den Glotzenden, der allmählich 'Glotzaugen' bekommt. Nicht die Glotze glotzt, sondern der in die Glotze Glotzende.

Die Bezeichnung 'Glotze' erweist sich so als eine Verschiebung, eine Projektion (metonymische Synekdoche), die trotz der auch möglichen Deutung als Vorgang selbstironischer Distanzierung nicht zu verschleiern vermag, daß der von der Glotze passiv gemachte Glotzende es ist, der "verständnislos starrt."

Mit einer synaesthetischen Verschiebung trifft eine weitere ironische, relativ früh aus den U.S.A. übernommene Redensart (vgl. E. E. Maccoby, in W. Schramm (Hg.), Grundfragen der Kommunikationsforschung, München: Juventa, 1964, S. 145) in dieses Deutungsmuster: "Fernsehen ist Kaugummi fürs Auge!"

3 Es dürfte einsichtig sein, daß es sich in einem Vortrag nur um möglicherweise verkürzende Aussagen zu Beispielen handeln kann, also weder Vollständigkeit noch empirische Abstützung möglich sind.

4 Ernest Bormann hat in der Folgezeit auch Nachrichtensendungen nach der von ihm vorgeschlagenen Methode rhetorischer Kritik analysiert, z.B. 1973 - vgl. dazu die 'Nach'-Untersuchungen von Bantz, 1975 und 1981, auch Breen & Corcoran, 1982:130 ff.

5 Zum Verhältnis 'elementarer, szenischer und dramatischer' Formklassen vgl. Geißner, 1981 c:107 ff. und 1982 a:67 ff.

6 Beispiele für medien'konforme' Kürzungen zitieren Mander, 1981:257 und Geißner (für das Medium Schallplatte), 1978:116 ff.

7 Vgl. auch Medhurst's Analyse der Rhetorik von "Hiroshima mon amour", 1982.

8 Zur Rhetorik des Theaters vgl. Gutenberg, 1979.

9 Zum Einfluß von 'Krimi-Sendungen' auf Jugendliche vgl. beispielsweise die Untersuchung von Slater & Elliot, 1982.

10 Vgl. Adorno, 1963:72; Berquist & Golden, 1981:133 f.; Huth, 1981 a:112; Mander, 1981:210; Noelle-Neumann, 1982:210.

11 Zum 'Hören' vgl. Geißner, 1981 c:37 ff. (später: Geißner, "Über Hörmuster", in: N. Gutenberg (Hg.) Hören und Beurteilen, Frankfurt, 1984, 13 - 56).

12 In diesem Verständnis spricht Mary Winn von der "Droge" im Wohnzimmer, 1979.

13 Hier sei der Hinweis gestattet, daß Neil Postman in "Wir amüsieren uns zu Tode. Urteilsbildung im Zeitalter der Unterhaltungsindustrie", (dt.) Frankfurt, 1985, auf anderen Wegen zu ähnlichen Schlußfolgerungen gekommen ist. Hier kann ich weder auf Einzelheiten dieser Schrift eingehen, noch auf die durch sie angeregte Auseinandersetzung: dies erforderte eine eigene Abhandlung.

LITERATURVERZEICHNIS

Adorno, Th. W. (1963). Prolog zum Fernsehen, in: ders. Eingriffe, Frankfurt: Suhrkamp, 69-80.

---- (1963). Fernsehen als Ideologie, ibd., 81-98.

Bantz, Ch. R. (1975). Television News: Reality and Research, in: Western Speech Communication 39, 123-130.

---- (1979). The Critic and the Computer: A Multiple Technique Analysis of the ABC Evening News, CM 46, 27-39.

Barnouw, E. (1974). A History of the Non-Fiction Film, New York: Oxford U Press.

Barthes, R. (^{6}1981). Mythen des Alltags (frz. 1957), Frankfurt: Suhrkamp.

Benson, Th. W. (1981). Another Shooting in Cowtown, QJS 67, 347-406.

Berquist, G. F. & J. L. Golden (1981). Media Rhetoric. Criticism and the Public Perception of the 1980 Presidential Debates, QJS 67, 125-137.

Bitzer, L. F. & E. Black (eds.) (1971). The Prospect of Rhetoric, Englewood Cliffs: Prentice Hall.

Black, E. (^{2}1978). Rhetorical Criticism (1965), Madison: The U of Madison Press.

Bormann, E. G. (1972). Fantasy and Rhetorical Vision: The Rhetorical Criticism of Social Reality, QJS 58, 396-407.

---- (1973). The Eagleton Affair. A Fantasy Theme Analysis, QJS 59, 143-159.

---- et al. (1978). Political Cartoons and Salient Rhetorical Fantasies: An Empirical Analysis of the 76 Presidential Campaign, CM 45, 317-329.

---- (1982). A Phantasy Theme Analysis of the Television Coverage of the Hostage Release and the Reagan Inaugural, QJS 68, 133-145.

Boorstin, D. (^{2}1974). From News-Gathering to News Making. A Flood of Pseudo-Events, in: The Process and Effects of Mass Communication, rev. ed. W. Schramm & D. F. Roberts (eds.), Urbana: U of Illinois Press, 116-150.

Breen, M. & F. Corcoran (1982). Myth in Television Discourse, CM 49, 127-136.

Brock, B. L. & R. L. Scott (1980). Methods of Rhetorical Criticism: A Twentieth-Century Perspective, Detroit: Wayne State U Press.

Brown, W. R. (1976). The Prime Time Television Environment and Emerging Rhetorical Visions, QJS 62, 389-399.

Burke, K. (^{2}1969). The Rhetoric of Motives (1950), Berkeley: U of California Press.

Comstock, G. et al. (1978). Television and Human Behavior. New York: Columbia U Press.

Corcoran, F. (1981). Towards a Semiotic of Screen Media: Problems in the Use of Linguistic Models, Western Journal of Speech Communication 42, 182-193.

Cragan, J. F. & D. C. Shields (1981). Applied Communication Research: A Dramatistic Approach, Prospect Heights, ill.: Waveland Press.

De Sousa, M. A. (1979). The Curious Evolution of the Video Family, in: Television Quarterly 16, 43-45.

Eco, U. (1966). Per una indagine semiologica sul messagio televisione, in: Rivista di Estetica 11, 237-259.

---- (1972). Einführung in die Semiotik (dt.), München: Fink.

Enzensberger, H. M. (1970). Baukasten zu einer Theorie der Medien, in: Kursbuch 20, 158-186.

Epstein, E. J. (1974). News from Nowhere, New York: Vintage Books.

Frentz, Th. S. & Th. B. Farrell (1975). Conversions of Americas Consciousness. The Rhetoric of 'The Exorcist', in: QJS 61, 40-47.

Foss, K. (1983). Celluloid Rhetoric: The Use of Documentary Film to Teach Rhetorical Theory, in: Communication Education 32, 51-61.

Geißner, H. (1969). Rede in der Öffentlichkeit, Stuttgart: Kohlhammer.

---- (1970). Spiel mit Hörer, in: K. Schöning (Hg.), Neues Hörspiel, Frankfurt: Suhrkamp, 92-107.

--- (1975). Das Verhältnis von Sprach- und Sprechstil bei Rundfunknachrichten, in: E. Straßner (Hg.), Nachrichten, München: Fink, 137-150.

---- (1975). Ist Schweigen Gold?, in: Badura u.a., Reden und reden lassen. Rhetorische Kommunikation, Stuttgart: dva, 183-198. (Begleitbuch zur gleichnamigen Fernsehreihe SWF/ORF).

---- (1977). 'überzeugen vs. überreden'. Zum Doppelcharakter der Persuasion und 'Überzeugungshindernisse', in: H. F. Plett (Hg.), Rhetorik, München: Fink, 233-251.

---- (1978). Sprechplatten für Kinder, in: Ch. Hannig (Hgn.), Deutschunterricht in der Primarstufe, Neuwied/Darmstadt: Luchterhand, 107-119.

---- (1979). Über das Rhetorische in der Politik und das Politische in der Rhetorik, in: R. Dahmen (Hg.), Erziehung zur politischen Mündigkeit, Otzenhausen: Schriften und Dokumente der Europäischen Akademie, Nr. 37, 9-37.

---- ([2]1981 a). Rhetorik und politische Bildung (1973), Königstein: Scriptor, (3. Aufl. 1986).

158

Geißner, H. (1981b). Gesprächsrhetorik, in: W. Haubrichs (Hg.), Perspektiven der Rhetorik, 66–89, (= lili 43/11).

---- (1981c). Sprechwissenschaft. Theorie der mündlichen Kommunikation, Königstein: Scriptor.

---- (1982a). Sprecherziehung. Didaktik und Methodik der mündlichen Kommunikation, Königstein: Scriptor, (2. Aufl. 1986).

---- (1982b). Gesprächsanalyse · Gesprächshermeneutik, in: Kühlwein/Raasch (Hg.), Stil: Komponenten, Wirkungen, Bd.I, Tübingen: Narr, 37–48.

---- (1982c). Zwischen Geschwätzigkeit und Sprachlosigkeit. Zur Ethik mündlicher Kommunikation, in: G. Lotzmann (Hg.), Mündliche Kommunikation in Studium und Ausbildung, Königstein: Scriptor, 9–31, (= Sprache und Sprechen, Bd. 9).

---- (1983). Rhetoricity and Literarity, in: Communication Education 32, 275–284.

Gronbeck, B. E. (1977). Celluloid Rhetoric: On Genres of Documentary, in: Form and Genre: Shaping Rhetorical Action, ed. K. Kohrs Campell and C. Hall Jamieson, Falls Church: Speech Communication Association, 139–161.

Gutenberg, N. (1979). Theater und Rhetorik, in: W. L. Höffe (Hg.), Gesprochene Dichtung - heute?, Ratingen: Henn, 49–71, (= Sprache und Sprechen, Bd. 7).

Habermas, J. (1962). Strukturwandel der Öffentlichkeit, Neuwied: Luchterhand.

Hanet, K. (1973). Does the Camera Lie? Notes on Hiroshima mon amour, in: Screen 14, 59–66.

Hendrix, J. & J. A. Wood (1972). The Rhetoric of Film: Toward Critical Methodology, in. Southern Speech Communication Journal 38, 105–122.

Hocker Rushing, J. H. (1983). The Rhetoric of the American Western Myth, in: CM 50, 15–32.

Hocker Rushing, J. H. & Th. S. Frentz (1978). The Rhetoric of 'Rocky': A Social Value Model of Criticism, in: Western Journal of Speech Communication 42, 63–72, 231–240.

Hoffer, Th. W. & R. A. Nelson (1979). Evolution of Docu-Drama on American Television Networks: A Content Analysis 1966–1978, in: Southern Speech Communication Journal 45, 149–163.

Huth, L. (1981a). Fiktionalisierung interpersonaler Beziehungen in der Fernsehunterhaltung, in: E. Schäfer (Hg.), Medien und Deutschunterricht. Tübingen: Niemeyer, 101–120.

---- (1981b). Das Fernsehen als Dialogpartner, in: A. Lange-Seidl (Hgn.), Zeichenkonstitution, Berlin: De Gruyter, 286–294.

Kaemmerling, E. (1971). Rhetorik als Montage, in: F. Knilli (Hg.), Semiotik des Films, München: Hanser, 94–109.

Kopperschmidt, J. (1975). 'Pro und contra' im Fernsehen, in: Deutschunterricht 27, 42-62.

Lawrence, J. Sh. (1979). News and Mythic Selectivity: Mayaquez, Entebbe, Mogadishu, in: Journal of American Culture 2, 321-330.

Lippmann, W. (1922/1964). Public Opinion (New York: The Macmillan Press), (dt): Die öffentliche Meinung, München: Rütten & Loening.

Leithäuser, Th. u.a. (1977). Entwurf zu einer Empirie des Alltagsbewußtseins, Frankfurt: Suhrkamp.

---- (^{2}1979). Formen des Alltagsbewußtseins, Frankfurt: Syndikat.

---- & B. Volmerg (1979). Anleitung zu einer empirischen Hermeneutik, Frankfurt: Suhrkamp.

Luhmann, N. (^{2}1975). Öffentliche Meinung, in: ders., Politische Planung (1971), Opladen: Westdeutscher Verlag, 9-34.

Maletzke, G. (1981). Medienwirkungsforschung, Tübingen: Niemeyer.

Mander, J. (^{2}1981). Schafft das Fernsehen ab. Eine Streitschrift gegen das Leben aus zweiter Hand (dt. 1979), Reinbek: Rowohlt.

Mast, C. (1979). Politik im Fernsehen, in: W. Langenbucher (Hg.), Politische Kommunikation, München/Zürich: Piper, 167-201.

Medhurst, M. J. & M. A. De Sousa (1981). Political Cartoons as Rhetorical Form: A Taxonomy of Graphic, in: CM 48, 197-236.

Medhurst, M. J. & Th. W. Benson (1981). The City: The Rhetoric of Rhythm, in: CM 48, 54-72.

Medhurst, M. J (1982). Hiroshima mon amour: From Iconography to Rhetorik, in: QJS 68, 345-370.

Montague, I. (1970). Rhythm, in: The Movies as Medium, Il. Jacobs (ed.), New York: Farrar, Straus and Giroux, 178-188.

Negt, O. u. A. Kluge (^{2}1973). Öffentlichkeit und Erfahrung, Frankfurt: Suhrkamp.

Newcomb, H. (ed.) (1976). Television: The Critical View. New York: Oxford U Press.

Nimmo, D. & J. E. Combs (1980). Subliminal Politics: Myth and Mythmaking in America, Englewood Cliffs, NJ: Prentice Hall.

Nissen, P. u. W. Menningen (1979). Der Einfluß der Gatekeeper auf die Themenstruktur der Öffentlichkeit, in: W. Langenbucher (Hg.), Politik und Kommunikation, München/Zürich: Piper, 211-231.

Noelle-Neumann, E. (1980). Die Schweigespirale. Öffentliche Meinung - unsere soziale Haut, München/Zürich: Piper.

Okerlund, A. N (1982). The Rhetoric of Love, in: QJS 68, 37-46.

Prokop, D. (1981). Medien - Wirkungen, Frankfurt: Suhrkamp.

Quasthoff, U. (1973). Soziales Verhalten und Kommunikation, Frankfurt: Athenäum.

Rahn, H. (1966). Die rhetorische Kultur in der Antike, in: Der altsprachliche Unterricht, 23-49.

Salje, G. (1977). Psychoanalytische Aspekte der Film- und Fernsehanalyse, in: Th. Leithäuser u.a., Entwurf zu einer Empirie des Alltagsbewußtseins, Frankfurt: Suhrkamp, 261-286.

Sartre, J. P. (1976). Kritik der dialektischen Vernunft, (dt) Reinbek: Rowohlt.

Schiwy, G. u.a. (1976). Zeichen im Gottesdienst, München: Kaiser und Kösel.

Schlegel, Fr. v. (1943). Lucinde, München: Dietrich.

Schmid, G. (1971). Zur rhetorischen Analyse der kirchlichen Fernsehsendung "Das Wort zum Sonntag", phil. Diss., München.

Shrag, R. L. u.a. (1981). Television's New Humane Collectivity, in: Western Journal of Speech Communication 45, 1-12.

Schwarz, G. (1980). Anthropologie des Fernsehens, Wien: ORF, (= Berichte zur Medienforschung, Nr. 22).

Slater, D. & W. R. Elliot (1982). Television's Influence on Social Reality, in: QJS 68, 69-79.

Smith, R. R. (1979). Mythic Elements in Television News, in: Journal of Communication 29, 75-82.

Spitz, R. (1976). Vom Dialog, (dt.) Stuttgart: Klett-Cotta.

Wember, B. (1972). Objektiver Dokumentarfilm?, Berlin: Colloquium Verlag.

Winn, M. (1979). Die Droge im Wohnzimmer, (dt.) Reinbek: Rowohlt.

(Die Abkürzungen **CM** bedeuten "Communication Monographs"
und **QJS** "The Quarterly Journal of Speech",
beide herausgegeben von der Speech Communication Association (SCA).)

ZEICHENDIDAKTISCHE ASPEKTE EINES KURSES: "RHETORIK IM UMGANG MIT RUNDFUNK, PRESSE UND FERNSEHEN"

FRANK LÜSCHOW

Einführung

Mein Ziel ist es, ein zeichentheoretisches Modell vorzustellen, an dem didaktische Prozesse orientiert werden können, die auf eine Vermittlung des Umgangs mit Medien zielen. Die zeichentheoretischen Überlegungen verstehe ich als Ergänzung zu anderen didaktischen Begründungsansätzen.

Dies geschieht am Beispiel des Kurses "Rhetorik im Umgang mit Rundfunk, Presse und Fernsehen", der von E. Bartsch, E. Jaskolski, F. Lüschow und M. Pabst-Weinschenk entwickelt wurde (vgl. den Beitrag von E. Bartsch in diesem Band).

Der Kurs soll Mitarbeiter von Verbänden, öffentlichen Institutionen, Firmen usw. zu einem effektiveren Umgang mit Journalisten der verschiedenen Medien befähigen.

Das Trainingskonzept ist besonders auf solche Mitarbeiter zugeschnitten, die keine reinen "Medienprofis" etwa im Sinne von hauptamtlichen Pressesprechern sind, sondern die die Aufgabe des Öffentlichkeitskontakts neben anderen Funktionen wahrnehmen. Die multifunktionale Belastung der Zielgruppe führt oft dazu, daß die äußerst komplexe Situation der Zusammenarbeit mit Journalisten nicht optimal ausgefüllt werden kann.

Unter einem effektiven Umgang mit Journalisten ist verstanden, daß die oft scheinbar undurchschaubaren Entscheidungsprozesse, wie über was in den Medien berichtet wird, transparenter werden und nicht, daß die, für die demokratische Gesellschaft konstitutive, Mittler- und Korrektiv-Funktion des Journalisten ausgeschaltet werden soll.

I. Problembeschreibung

Die Begegnungssituation zwischen Medienreferent und Journalist ist vielschichtig und vieldimensional. Sie unterscheidet sich in ihrer Komplexität von "normalen" direkten Kommunikationssituationen. Ich zeige die Komplexität der Zusammenarbeitssituation an beispielhaft ausgewählten Faktoren.

Es können personal bzw. institutionell bedingte Situationsparameter von medial bedingten Parametern unterschieden werden.

1. Personal/institutionell bedingte Faktoren

1.1. Grundformen der Situation

Je nachdem, ob die Initiative zur Zusammenarbeit vom Medienreferenten oder vom Journalisten ausgeht, können drei Grundformen der Begegnungssituation unterschieden werden, die jeweils spezifische Handlungsweisen vom Medienreferenten verlangen.

- Die Initiative geht gleichermaßen vom Medienreferenten und vom Journalisten aus;
- Die Initiative geht allein vom Medienreferenten aus;
- Die Initiative geht nur vom Journalisten aus.

1.2. Die Interessenausrichtung der Akteure

Ihre Eigenschaft als Interessenvertreter unterschiedlicher Institutionen prägt die aktuelle, fallbezogene Zusammenarbeit zwischen Medienreferent und Journalist.

Der Medienreferent betrachtet die Information vor allem unter dem Gesichtspunkt einer "guten Presse" für seine Institution. Der Journalist dagegen bewertet die Information in erster Linie aus der Perspektive des Informationsbedürfnisses der Öffentlichkeit. Die Medien sind Wirtschaftsunternehmen im weitesten Sinn, die die "Ware" Information so gut wie möglich verkaufen wollen.

1.3. Die Differenz in der Ausbildung kommunikativer Strategien

Gerade ein Medienreferent, der nicht Profi im Pressekontakt ist, verfügt oft nur über ein begrenztes Repertoire an kommunikativen Strategien in der Zusammenarbeit mit dem Journalisten. Der Journalist dagegen hat aus professionellem Interesse ein breites Spektrum derartiger Strategien entwickelt, die es ihm erlauben, in den verschiedenen Situationen an weitreichende Informationen zu gelangen.

Solche Strategien bestehen vor allem in der Fähigkeit des Journalisten, einschätzen zu können, ob sein Gegenüber eher durch eine verstärkte Ansprache auf der Ebene der personalen Relation oder auf der der sachlich-inhaltlichen Relation zu weitgehender Informationsabgabe bereit ist.

2. Medial bedingte Faktoren

Die Aufnahme einer Information durch den Journalisten ist abhängig vom Medium selbst und vom besonderen Medienprodukt, in das die Information einfließen soll.

Informationen mit regionaler Wirkung können für Zeitungen ausgesprochen reizvoll sein, wogegen sie für das überregionale Fernsehen fast uninteressant sind. Umgekehrt sind weitreichende Hintergrundinformationen für die Printmedien relativ uninteressant, wogegen sie für ein Fernsehfeature sehr ergiebig sind. Hinzu kommt noch eine gewisse Konkurrenz zwischen den Medien. Eine Neuigkeit, die bereits in einem Medium behandelt wurde, kann im anderen Medium ausführlich nur dann wieder aufgegriffen werden, wenn sich ein gänzlich neuer Aspekt ergibt. Auf diesem Weg entsteht zwischen den audio-visuellen und den Printmedien so etwas wie eine Problem-Lösungs-Kooperation, bei der das eine auf einen Mißstand hinweist und das andere nach vorhandenen Lösungsverfahren sucht.

3. Ziel des Kurses

Das Ziel des Kurses besteht darin, die Vielzahl von Faktoren für den Teilnehmer so zu strukturieren, daß er in einer konkreten Einzelsituation die jeweils wirksamen Komponenten richtig einschätzen kann und dadurch optimal handlungsfähig wird.

Diese gezielte Handlungsfähigkeit wird im Kurs durch Prozesse angestrebt, die in der Zeichentheorie als Prozesse der Superzeichenbildung beschrieben werden.

II. Der Prozeß der Superzeichenbildung

Die Beschäftigung mit Superzeichen in der Semiotik hat zwei Wurzeln. Zum einen geht sie zurück auf Theorien der Gestaltpsychologie, zum anderen fußt sie auf semiotischen Ansätzen, die informations- und systemtheoretisch orientiert sind. Unter sprechwissenschaftlicher Perspektive hat Geißner im Rahmen seiner Ansätze zur rhetorischen Analytik das Phänomen der Superzeichen bzw. "Großzeichen" aufgegriffen (vgl. Geißner, 1976).

In zeichentheoretischer Sicht sind Superzeichen Komplexe von zusammengefaßten und verknüpften (atomaren) Zeichen mit einer neuen Bedeutung.

Bei den Ausführungen zu den Superzeichen stütze ich mich auf Aufsätze von Moles, Dörner und Maser, die unter der Kapitelüberschrift "Superzeichenbildung" in Roland Posners Sammelband "Zeichenprozesse" 1977 erschienen sind.

1. Arten von Superzeichen

Superzeichen werden nach der Weise wie sie gebildet werden unterteilt in:

- Superzeichen durch Komplexbildung

  "Ein Sachverhalt, der aus unterschiedlichen Komponenten zusammengesetzt ist, jedoch 'als Ganzes' wahrgenommen wird, ist ein Superzeichen durch Komplexbildung." (Dörner, 1977:73)

- Superzeichen durch Abstraktion

  "Ein Sachverhalt hingegen, für dessen Klassifizierung nur bestimmte Merkmale berücksichtigt werden, wohingegen von der Betrachtung anderer, 'irrelevanter' abgesehen ('abstrahiert') wird, ist ein Superzeichen durch Abstraktion." (a.a.O.)

- Superzeichen, durch Komplexbildung und Abstraktion

  Die Bedeutungen dieser Superzeichen werden als abstraktes Konzept realisiert, zugleich ist die Bedeutung aber "ein komplexes Gebilde und besteht aus unterscheidbaren Teilen, die in einer bestimmten Relation zueinander stehen." (a.a.O.)

Die letzte Gruppe ist sicher die häufigste.

2. Elemente von Superzeichen

Superzeichen weisen in der Regel eine spezifische Struktur und eine spezifische Komposition auf.

Die Menge der Relationen zwischen den Komponenten eines Sachverhalts wird als dessen Struktur bezeichnet, und die Menge der Komponenten bildet dessen Komposition.

3. Produktion und Rezeption von Superzeichen

Produktion und Rezeption von Superzeichen erfordern beim Sender bzw. beim Empfänger Gedächtnisstrukturen, die die Identifikation und das Verständnis dieser Zeichen ermöglichen. Solche Gedächtnisstrukturen werden als Superzeichenschemata bezeichnet. Superzeichenschemata werden schrittweise parallel zum Prozeß der Entstehung von Superzeichen ausgebildet.

In kognitions-psychologischer Perspektive können die Prozesse der Ausbildung von Superzeichenschemata als Prozesse der Bildung von Engrammen beschrieben werden. "Mnemische Engramme, z.B. Engramme eines in einer bestimmten Situation erprobten und bewährten Verhaltens, werden gespeichert als Schaltpläne und durch diese realisierbare Schaltungen. Da aber das Verhalten im doppelten Sinn Bestandteil der Situation ist - z.B. sieht der Handelnde sein eigenes Verhalten und dessen Auswirkungen auf eventuelle Veränderungen der Situation, und gleichzeitig ist er seines eigenen Tuns, Bewegungen, Kraftanstrengungen inne bzw. bewußt - gelangt das Verhalten auch in die Memoria, wird dort als erlebtes Verhalten gespeichert und wird beim Wiedererkennen der Situation mitaktiviert. So wird das wieder-Erkennen einer schon bewältigten Situation zugleich zu einer Erinnerung meines damaligen Verhaltens - und diese Erinnerung, z.B. als anschauliche Vorstellung, aktiviert das zugehörige mnemische Engramm, also das 'Schaltschema'." (Flechtner, 1979:186)

4. Zur Funktion von Superzeichen
4.1. Die allgemeine Funktion

"Die allgemeine Funktion ist die Unbestimmtheitsreduktion, die Stiftung von Ordnung, wobei die Ordnung einen bestimmten verhaltensregulierenden Zweck haben kann oder nicht." (Dörner, 1977:77)

Superzeichen dienen dazu, die extreme Menge von Einzelzeichen (Aspekte von Sachverhalten), die in jeder Wahrnehmungssituation vorhanden sind, zu kanalisieren, zu gewichten und dadurch zu reduzieren. Sie fassen zusammen durch Bildung von Komplexen bzw. abstrahieren von nicht relevanten Einzeltatsachen.

In der Psychologie geht man davon aus, daß die Verwendung von Superzeichen zur Unbestimmtheitsreduktion ein Grundbedürfnis des Menschen ist.

Daraus kann abgeleitet werden, daß es auch ein bestimmtes Bedürfnis nach Unordnung, Unbestimmtheit, Vielheit gibt, die dann durch Superzeichen in Ordnung umgewandelt werden kann. Superzeichen sind also nicht statisch, sondern ihrem Wesen nach geistige Operationen, die im Rahmen von Veränderungsprozessen vollzogen werden.

4.2. Die spezielle Funktion der Superzeichen

Die spezielle Funktion von Superzeichen bezieht sich auf ihre Rolle bei der Problemlösung.

Der Einsatz von Superzeichen bei der Problemlösung richtet sich zuerst auf die Problemidentifikation. Ein Problem ist eine Situation, die als vielschichtig und zu Beginn als weitgehend chaotisch empfunden wird.

Superzeichen tragen dazu bei, diese Ausgangssituationen möglichst schnell zu selektieren und zu strukturieren. D.h. die Verwendung von Superzeichen erlaubt eine, für den Denkprozeß geeignete, Abfassung und Speicherung des vorher undifferenzierten Problems.

Zugleich ermöglicht der Zugriff auf das Problem mittels vorhandener Superzeichen eine Beschleunigung des Lösungsweges. Das Problem wird auf diese Weise mit vorhandenen Denkstrukturen verbunden, so daß schnell ebenso vorhandene Lösungsansätze und Handlungsmöglichkeiten durchprobiert werden können.

Die Fähigkeit geübter Schachspieler zum Simultanspiel wird auf den Einsatz von Superzeichen zurückgeführt.

Allerdings hat diese Form der Problemlösung einen entscheidenden Nachteil. Der Nachteil kann mit den Bildern von der "Betriebsblindheit" und vom "Fachidiotentum" beschrieben werden. Der Einsatz von Superzeichen bei der Problemlösung kann dazu führen, daß das jeweils spezifische Problem schon im ersten Zugriff so zugerichtet wird, daß der eigentliche Kern des Problems dabei nicht entdeckt wird. Derartige "Schein-Probleme" werden schnell einer altbekannten Lösung zugeführt, ohne daß die eigentliche Schwierigkeit überhaupt erkannt, geschweige denn gelöst wäre. Es scheint also, als würden Superzeichen kreative Problemlösungen erschweren.

Ich gehe davon aus, daß dieser Negativ-Effekt gemildert werden kann, wenn bei der Problemidentifikation nicht mechanisch vorgegangen wird, sondern wenn ein eher probierendes Verfahren gewählt wird.

Zusammenfassung

Superzeichen sind die materialisierte Form geistiger Operationen, die zur Strukturierung und Reduzierung komplexer Situationen dienen können. Sie tragen damit zur effektiven Problemidentifikation und Lösungsfindung bei.

III. Der Kursverlauf als Prozeß der Superzeichenbildung

Ziel des Kurses ist es, den Medienreferenten im komplexen Feld der Zusammenarbeit mit dem Journalisten handlungsfähiger zu machen. Handlungsfähigkeit wird u.a. dadurch vermittelt, daß die Kursteilnehmer eine eigene Strukturierungsfähigkeit ausbilden, die es ihnen erlaubt, annähernd jede neue Situation auf die jeweils relevanten Grundfaktoren zu reduzieren und daran orientiert zu handeln.

Es liegt also ein doppeltes Problem vor. Zum einen besteht die Notwendigkeit, die komplexe Situation zutreffend "begreifbar" zu machen, zum anderen die Notwendigkeit der Ausbildung bzw. Erweiterung relevanter Handlungsmöglichkeiten.

Der Kursverlauf kann in groben Zügen in fünf Phasen unterteilt werden.

1. Reflexion bisheriger Erfahrungen

In der ersten Phase sollen die Teilnehmer in kleinen Gruppen ihre bisherigen Erfahrungen in der Zusammenarbeit mit Journalisten aktivieren.

Das Ergebnis dieser Stufe ist eine Sammlung von Einzel- und Teilbeobachtungen, die nur vor der Folie des jeweils subjektiven Erfahrungsganzen einen Zusammenhang bilden. Die subjektive Sicht auf den Gegenstandsbereich und damit auch auf vorhandene Handlungsmuster bzw. Superzeichenschemata wird abgerufen.

Nun ist es natürlich so, daß die vom einzelnen ausgebildeten Strukturmuster noch keine vollständig befriedigende Lösung auftretender Probleme zulassen, sonst wäre der Betreffende nicht im Kurs.

Die unbefriedigende Situationsbewältigung hat ihre Ursache zum Teil darin, daß die vorhandenen Zeichenschemata der Komplexität der Gesamtsituation nicht gerecht werden. Deshalb besteht eine Tendenz, daß sie den Medienreferenten zu kommunikativen Handlungen führen, deren Ergebnis vergleichbar ist mit den Schwierigkeiten bei der kreativen Problemlösung durch vorhandene Superzeichen.

Ziel muß es also sein, die unzureichende Bildung von Superzeichen wieder in eine Unordnung aufzulösen, um Neubildungsprozesse zu ermöglichen.

2. Konfrontation der Erfahrungshorizonte im Plenum

Wenn die Auflösung der scheinbaren Ordnung in eine produktive Unordnung gelingen soll, muß die Identifikation mit den eigenen Problemlösungsmustern abgebaut werden. Dies wird dadurch unterstützt, daß jeder Teilnehmer aus der Kleingruppe einen Teil der Ergebnisse vorträgt. Auf diese Weise gelangt er zu einer minimalen Distanz zu den eigenen Erfahrungen dadurch, daß er zugleich über die Erfahrungen der anderen Gruppenmitglieder berichten muß.

Die Gruppenergebnisse werden in der Form dokumentiert, wie sie vorgetragen werden. Das Ergebnis ist meist ein ungeordneter Haufen von Zeichenfragmenten (Erfahrungssegmenten), hinter denen nur noch bedingt subjektive Handlungsmuster sichtbar sind.

Auf diese Weise erfährt der einzelne, daß das, was er bzw. seine Gruppe an Teilsegmenten beigetragen hat, nur ein kleiner Teil aller möglichen Erfahrungen in der Zusammenarbeit mit den Journalisten ist. Auf diese Weise wird die Vieldimensionalität des Feldes sichtbar.

Als Kursleiter tendiert man leicht dazu (aus vermeintlichen Effektivitätsgründen), schon in solchen Erfahrungs- und Problemsammlungsphasen eine gewisse Struktur in die Nennungen hineinzuprojizieren. Dabei geht die motivierende und aktivierende Kraft des Chaos verloren.

Nicht-Ordnung wirkt nicht nur bedrückend und angstauslösend, sondern erzeugt auch so etwas wie Vor-Lust auf die notwendig werdende Unbestimmtheitsreduktion.

3. Einführung von Strukturmodellen zur Strukturierung des Realitätsbereichs

Im vorherigen Schritt ist der Realitätsbereich mit seinen ungeordneten Komponenten sichtbar geworden.

Jetzt werden die Relationsgefüge in die Seminararbeit eingegeben, die die Struktur des Realitätsbereichs in seinen relevanten Merkmalen repräsentieren.

Es handelt sich dabei um ein Kommunikationsmodell für die Printmedien und eins für die audio-visuellen Medienbereiche. Grundlage der Kommunikationsmodelle ist das Organonmodell von Karl Bühler (Bühler, 1965:24f.).

Legende:

MR = Medienreferent
J = Journalist
E = Medienkonsument
Z = Zeichen
G = Inhalte

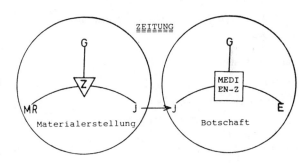

(Bartsch, Jaskolski, Lüschow, Pabst-Wein-schenk, 1982);

die Modelle sind ähnlich auch bei Geißner (Geißner, 1971:44, 45);

zum Printmodell vgl. auch Bartsch (Bartsch, 1969:195)

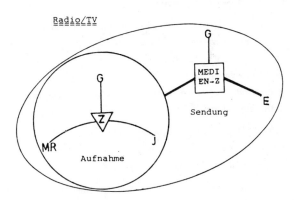

zum Print-Modell

Bei der Zusammenarbeit mit einem Journalisten der Printmedien handelt es sich um zwei getrennte Kommunikationssituationen, die berücksichtigt werden müssen. Die Verbindung zwischen beiden Situationen wird allein durch den Journalisten hergestellt. Durch die Aussendung von Pressemitteilungen, in Pressekonferenzen und bei Zeitungsinterviews versorgt der Medienreferent den Journalisten mit Informationen. Er hat keinen direkten Einfluß darauf, wie der Journalist in der zweiten Situation der Botschaftserstellung mit diesem Material umgeht.

Sein Einfluß auf den Zeitungsartikel ist relativ gering und nur indirekt möglich. Je stärker es dem Medienreferenten gelingt, die Perspektive des Journalisten in Pressekonferenz oder Interview und die des Journalisten als Produzenten der Medienbotschaft verbindend zu übernehmen, desto stärker ist sein Einfluß auf das Endprodukt.

zum AV-Modell

Im Gegensatz zum Printmodell ist die Situation der Materialerstellung (Aufnahme) nicht vollständig von der Situation der Erstellung des Endprodukts getrennt. Die Interaktionen zwischen Medienreferent und Journalist werden zum Sender für die mediale Kommunikationssituation.

4. Auffüllen der Strukturmodelle mit den Problemkomponenten der Teilnehmer ("Problem-Komposition")

In dieser Phase werden die "leeren" Relationen mit den Erfahrungssegmenten und Teilproblemen der Teilnehmer aufgefüllt. Da es meist nicht möglich ist, die einzelnen Sammlungspunkte direkt in die Modelle zu projizieren, geschieht dies in zwei Arbeitsgängen. Im ersten Arbeitsgang werden die einzelnen Punkte mit einer Liste von acht typischen Störungsfällen verglichen und einem dieser Fälle zugeordnet.

Die Hälfte dieser Störungsfälle bezieht sich darauf, daß der Medienreferent sein eigenes Rollenhandeln falsch einschätzt, die andere Hälfte darauf, daß er das Rollenhandeln des Journalisten nicht richtig beurteilt.

Die acht typischen Störfälle werden, nachdem sie mit den Einzelbeobachtungen konkretisiert sind, in das Modell eingezeichnet. Dieser Arbeitsschritt erzeugt eine weitgehende Unbestimmtheitsreduktion bei den Teilnehmern.

5. Auffüllen der Strukturmodelle mit persönlichkeitsbezogenen Handlungsalternativen ("Lösungs-Komposition")

Die Auffüllung der Superzeichen mit Problemkomponenten wird schrittweise im Verlauf des Kurses ergänzt durch rhetorische Handlungskomponenten.

Auch hierbei ist die adäquate Situationserfassung unabdingbare Voraussetzung. Rhetorische Handlungsalternativen können nur vermittelt werden auf der Basis kommunikativer Einstellungen der Teilnehmer gegenüber der Zusammenarbeit mit den Journalisten. Solche Einstellungen werden nur dann aufgebaut, wenn die verschiedenen Perspektiven, die in eine Kommunikation eingehen erfahrbar und reflektierbar werden. Dies ist nur auf der Basis einer unverkürzten Situationsanalyse möglich.

LITERATURVERZEICHNIS

Bartsch, E. (1969). Die Grundelemente der Verkündigung, in: Schlesisches Priesterjahrbuch, Köln: Wienand, S. 186-206.

Bartsch, E. / Jaskolski, E. / Lüschow, F. / Pabst-Weinschenk, M. (1982). Rhetorik im Umgang mit Medien, unveröffentlichtes Manuskript, Duisburg.

Bühler, K. (^{2}1965). Sprachtheorie, Stuttgart: G. Fischer.

Dörner, D. (1977). Superzeichen und kognitive Prozesse, in: Posner/Reinecke (Hg.), Zeichenprozesse, Wiesbaden: Athenaion, S. 73-82.

Flechtner, H.-J. (1979). Das Gedächtnis, Stuttgart: Hirzel.

Geißner, H. (1971). Rhetorik für Dolmetscher, in: Revue de Phonétique Appliquée 19, S. 31-46.

---- (1976). Rhetorische Analysen, in: Schiwy, G. u.a., Zeichen im Gottesdienst, München, S. 59-75.

Maser, S. (1977). Arten der Superzeichenbildung, in: Posner/Reinecke (Hg.), Zeichenprozesse, Wiesbaden: Athenaion, S. 83-106.

Moles, A. (1977). Superzeichenbildung und Problemlösung in der künstlerischen Kommunikation, in: Posner/Reinecke (Hg.), Zeichenprozesse, Wiesbaden: Athenaion, S. 69-72.

SPRECHSPRACHLICHE GESTALTUNGSHILFEN IN EINEM KURS: "RHETORIK IM UMGANG MIT RUNDFUNK, PRESSE UND FERNSEHEN"

ELMAR BARTSCH

1. Rahmeninformationen

1.1 Autoren: Autoren des Kurses sind Elmar Bartsch, Ernst Jaskolski, Frank Lüschow, Marita Pabst-Weinschenk. Die empirische Erprobung und didaktische Überarbeitung dauert an.

1.2 Realisierungen: Der hier zu beschreibende Kurs wird seit 1982 etwa zweimal jährlich durchgeführt. Bisher geschah das vorwiegend in Österreich. Teilnehmer sind in der Regel 10-12 Firmensprecher, die öfter mit Journalisten zu tun haben. Diese sogenannten "Medienreferenten" werden betreut von zwei Trainern. Hinzu kommen als Übungspartner für einen Tag und einen weiteren Abend noch zwei Journalisten, einer aus dem Print-, der andere aus dem TV-Bereich. Der Kurs dauert 3 Tage.

1.3 Voraussetzungen bei den Teilnehmern: Sie sollten bereits einen Rhetorik-Kurs besucht haben, um Mindestkenntnisse und Fertigkeiten rhetorischer Sprechkultur aufzuweisen.

2. Grundkonzept und Richtlehrziel

Das Grundkonzept läßt sich sowohl zeichentheoretisch als auch rhetorisch buchstabieren:

2.1 Die zeichentheoretische allgemeine Zielsetzung wurde von F. Lüschow 1988 (in diesem Band) dargestellt: Eine Fähigkeit zu vermitteln, im Umgang mit Journalisten sich in die Bildung öffentlicher Superzeichen zu integrieren, und zwar so, daß eigene Handlungsmöglichkeiten gewahrt bleiben. Ein solcher Vorgang ist aktuell Kultur konstituierend.

2.2 Rhetorisch formuliert sich diese Zielsetzung so: Die Fähigkeit, sich und die eigenen Intentionen sprechsprachlich so darzustellen, daß dies weder zu einer Persönlichkeits-Show noch zu einem Produkt-Verkauf entartet, sondern zu einem Dialog mit Vertretern öffentlicher Informationsquellen wird. Dazu gehört die Aufarbeitung von Freund/Feind-Positionen, sowohl im Reagieren als auch im Agieren, insbesondere die Fähigkeit, sachlich zu informieren, ohne persönliche Interessen hinter Über-sachlichung zu verstecken. Das verlangt insbesondere eine Argumentations-Kultur, eine Kultur des persönlichen Ausdrucks und des Dialogs. Erst eine so tief angelegte Sprechkultur wird dann auch Auswirkungen auf eine sekundär bedeutsame Aussprachekultur haben.

3. Groblehrziel

3.1 In der <u>kognitiven</u> Komponente soll die Fähigkeit entwickelt werden,

a) Informationen nach Wichtigkeit zu strukturieren;

b) den Wichtigkeits-Horizont der eigenen Position von jenem der Öffentlichkeit und gegebenenfalls des jeweiligen Mediums zu unterscheiden;

c) den Stellenwert der zu gebenden Information bzw. Meinung für den Kommunikationsprozeß so abzuschätzen, daß Veränderungen dieser Aussagen durch ihre je andere Einordnung in den Meinungsbildungsprozeß bei Adressaten bzw. im Medium vorhergesehen werden und Verfälschungen aufgefangen werden können.

d) mediale Kommunikationssituationen auf ihre Hauptkonstituenten hin zu analysieren und durch Orientierung an Grundschemata von Superzeichen transparent zu machen (vgl. den Artikel von F. Lüschow).

3.2 In der <u>affektiven</u> Komponente geht es darum,

a) die Rolle des Journalisten in ihrer eigenen Funktion für "Veröffentlichung" gelten zu lassen; dazu gehört einerseits, daß der Medienreferent seine faktische Abhängigkeit von Journalisten akzeptiert, aber andererseits auch die Chancen solcher Beziehungen auswertet;

b) das eigene Rollenverständnis als Medienreferent nicht unterwürfig oder herrscherlich - gegenüber dem Journalisten - zu gestalten, sondern sich als eigenständiger Dialogpartner zu fühlen, einschließlich einer potentiellen Distanz von jenen Werten, die die derzeitige "Öffentlichkeit" prägen, und die der Journalist zu repräsentieren scheint;

c) die dialogische Funktionszuordnung als übergreifende Sinngestalt (Superzeichen) zu erfahren, als solche hoch zu schätzen, einschließlich ihrer sprachlichen Spielmöglichkeiten;

d) Sicherheit im übenden Umgang mit Journalisten zu erwerben und - einschließlich der neu eröffneten Medien-Kontakte - im Alltag weiter zu entwickeln.

3.3 In der psychomotorischen Komponente werden insbesondere sprechsprachliche Fähigkeiten angebahnt bzw. - soweit vorhanden - zu Fertigkeiten entwickelt. Hervorzuheben sind die Fähigkeiten,

a) aus dem hörenden Verstehen der Fragen des Journalisten das dort vorliegende Stadium im Meinungsbildungsprozeß richtig einzuschätzen;

BEISPIEL: Der Journalist A fragt den Medienreferenten eines Batteriewerkes: "Man hört etwas von einer neuen Entsorgungstechnologie für Cadmium. Ist Ihr Werk schon so weit, dieses Verfahren anzuwenden?" Einschätzung der Frage durch den Firmensprecher: Der Journalist scheint vorauszusetzen, daß wir das Problem kennen und schon etwas dagegen tun. Es geht ihm also nicht um die Phase "Problembewußtsein", sondern um die Lösungsphase, und hier nicht darum, daß überhaupt eine Lösung geschieht, - auch das ist wohl akzeptiert -, sondern um alternative Lösungen. Meine Antwort soll sich also auf Lösungsalternativen und ihre Verwendbarkeit in unserem Werk konzentrieren.

Wenn dagegen Journalist B denselben Medienreferenten fragt: "Haben Sie sich überhaupt schon darum gekümmert, was es an neuen Entsorgungstechnologien gibt?" muß die hörende Analyse des Medienreferenten zu einem anderen Ergebnis kommen, nämlich: Hier wird offensichtlich weniger nach Lösungen als nach unserem Problembewußtsein gefragt. Ich sollte ihm also zeigen, wie dieses strukturiert ist, und nur an zweiter Stelle Sachinformationen über Entsorgungsverfahren geben.

ÜBUNGEN für dieses Lehrziel (berührt auch 3.1 b und 3.2 a/c):
- Analyse des Kreuzfeuer-Interviews (vgl. unten 5.5.6, auch 4.9 B);
- Gegenüberstellung von Meinungsbildungsprozeß und Prozeß der medialen Kommunikation (vgl. unten 5.2, auch 4.5 und 4.14);
- Fernsehdiskussion "Club 2" (vgl. unten 4.13 - 4.16).

b) die eigenen Informationen so in den Rezeptionsprozeß der Partner (Journalist, Medienanstalt, Publikum) zu situieren, daß sie auch in deren Horizont als Information empfunden werden (vgl. Bartsch, 1980).

ÜBUNGEN für dieses Lehrziel (berührt auch 3.1 c/d und 3.2 b):
- Statements vor Pressekonferenzen (vgl. unten 5.3, auch 4.9 und 4.10);
- Antworten in Pressekonferenzen und Kreuzfeuer-Interview (vgl. unten 5.6);
- Berücksichtigung der sprecherischen und körpersprachlichen Mittel (vgl. unten 5.1, auch 4.3 und 5.).

c) Eine Nachricht bzw. Informationsmengen sach- und rezipientengerecht sprachlich zu strukturieren;

ÜBUNGEN für dieses Lehrziel (berührt auch 3.1 a/b und 3.2 c):
- Harte Nachricht / Pressemitteilung (vgl. unten 5.3, auch 4.6 - 4.10);
- Materialpyramide (vgl. unten 5.3, auch 4.6 - 4.10);
- Story-Effekt (vgl. unten 5.4, auch 4.6 - 4.10).

d) Interessenkonflikte zwischen den drei Rollenträgern Medienreferenten / Journalist-Medienanstalt / Publikum zu verbalisieren und in Superzeichen zu überführen;

ÜBUNGEN zu diesem Lehrziel (berührt auch 3.1 b/c und 3.2 c/d):
- Zeitweilige Übernahme der Journalistenrolle (vgl. unten 4.9 - 4.10);
- Repertoire für Medienreferenten, Interessengegensätze zum Journalisten zu bearbeiten (vgl. unten 5.5, auch 4.12);
- Pressekonferenz und Kreuzfeuerinterview (vgl. unten 4.9 - 4.10);
- Fernsehdiskussion "Club 2" (vgl. unten 4.13 - 4.16).

e) Argumentationsweisen zu erlernen, die trotz impliziter Symmetrie-Strategien nicht auf Sieg / Niederlage, sondern auf Erzeugung aufklärender und beurteilungsreifer Informationen angelegt sind (Sprechkultur als Kommunikationskultur).

ÜBUNGEN zu diesem Lehrziel (berührt auch 3.1 c und 3.2 b):
- Gegenüberstellung von Meinungsbildungsprozeß und Prozeß der medialen Kommunikation (vgl. unten 5.2, auch 4.6 und 4.12);

- Antworten in Pressekonferenz und Kreuzfeuerinterview, vgl. Katalog der Antwortmöglichkeiten (unten 5.6, vgl. auch 4.9 und 4.12).
- Fernsehdiskussion "Club 2" und ihre feature-gemäße Verarbeitung (vgl. unten 4.13 - 4.17).

4. Programm des Kurses

Vorarbeit	4.0	Zusendung der wichtigsten Bausteine eines Kurses "Rhetorik der Rede" (Bartsch, 1980) als Erinnerungs-Teil bzw. Vorab-Orientierung.
1. Tag		
10.00 Uhr	4.1	Eröffnungsplenum; Kurzvorstellungen.
10.20 Uhr	4.2	Arbeit in Kleingruppen (3 - 4 Teilnehmer): Erfahrungsaustausch und Rollenverteilung, wer welchen Komplex im Plenum wiedergibt.
11.00 Uhr	4.3	Berichte aus den Kleingruppen als Redeleistung jedes Teilnehmers (Video).
12.00 Uhr	4.4	Trainermoderation: Bündelung der Erfahrungen und Orientierung an Situationsmodellen mit ihren Parametern und deren eventuelle Störungen (vgl. hierzu F. Lüschow, 1988).
12.30 Uhr		Mittagspause
14.00 Uhr	4.5	Übung in Großgruppen. Analyse der Berichte von 4.3 unter rhetorischem Aspekt. Videokontrolle, Gruppen- und Trainer-Feedback; Herausarbeitung persönlicher Lernziele.
16.30 Uhr	4.6	Trainervortrag im Plenum: Die rhetorischen Wirkungskategorien, insbesondere die Grundstrukturen der Redesorten, und ihre Anwendung durch den Mediensprecher (vgl. hierzu unten 5.1 - 5.6; auch Bartsch, 1980).
17.30 Uhr	4.7	Einzelarbeit: Vorbereitung jedes Teilnehmers - auf ein Statement bei einer Pressekonferenz; - auf ein Thema, Inhalte und Verhalten in einem Kreuzfeuer-Interview.
18.30 Uhr		Abendpause
19.30 Uhr	4.8	Gesprächsrunde im Plenum; Journalisten stellen sich und ihre Arbeit mit "Medienreferenten" vor (je ein Journalist der Print- und der AV-Medien); offenes Ende.
2. Tag		
9.00 Uhr	4.9	Übung mit Journalisten und in Großgruppen: Großgruppe A mit einem Berufs-Journalisten der Print-Medien: Situation "Pressekonferenz" - Statement jedes Teilnehmers, anschließend - Fragen des Berufs- und der Amateur-Journalisten (Teilnehmer) sowie Antworten des Redners

- Analyse der Statements und der Reaktion auf die Fragen anhand der Videoaufzeichnungen
- Vergleich alte/neue persönliche Lernziele.

Großgruppe B mit einem Berufs-Journalisten der AV-Medien: Situation "Kreuzfeuer-Interview"
- Interview jedes Teilnehmers vor Kamera durch den Berufs- und einen Amateur-Journalisten (Teilnehmer)
- Analyse der Interviews (medienrhetorisch und inhaltlich)
- Vergleich alte/neue persönliche Lernziele.

12.30 Uhr		Mittagspause
14.00 Uhr	4.10	Übung mit Journalisten in Großgruppen (wie vormittags, aber vertauschte Gruppenaufgaben).
18.30 Uhr		Abendpause
19.30 Uhr	4.11	Partnerarbeit: Erstellen einer schriftlichen Pressemitteilung; Rahmenbedingungen: Großraum, Journalisten und Trainer haben informellen Kontakt mit den Zweier-Gruppen zu Beratung und Gespräch; Zuletzt Vorstellen der Mitteilungen im Plenum.

3. Tag

8.30 Uhr	4.12	Trainermoderation im Plenum: Auswertung des Vortages und Weiterentwicklung der Theorie: - Katalog der Antwortmöglichkeiten (vgl. 5.6) - Repertoire für Medienreferenten Interessengegensätze zu bearbeiten (vgl. 5.8) - Kultur informationsfördernden argumentierenden sprech-sprachlichen Verhaltens (vgl. 5.1 - 5.2).
9.30 Uhr	4.13	Übung einer Fernsehdiskussion "Club 2" (eine Großgruppe spielt, die andere beobachtet).
10.00 Uhr	4.14	Auswertung der Übung "Club 2" - Videokontrolle - individuelle Auswertung - Auswertung unter gruppendynamischem Aspekt; die sprechsprachliche Schaffung von Superzeichen.
11.30 Uhr	4.15	Erneute Übung "Club 2" (Tausch Beobachter/Akteure).
13.30 Uhr	4.16	Kleingruppenarbeit (2 - 3 Teilnehmer): Auswertung der letzten Spielszene durch Bericht an eine auszuwählende Zielgruppe in Feature-Form: Vorbereitung.
14.30 Uhr	4.17	Vorträge der Features im Plenum; Analyse.
15.30 Uhr	4.18	Abschlußrunde im Plenum: Leitlinien eines persönlichen Konzeptes für professionelles Sprechen in den Medien. Einzelreflexion und Austausch.
16.00 Uhr		Ende des Kurses

5. Ausgewählte "kulturierende" Methoden

5.1 Beurteilungskriterien für Redeleistungen (Bartsch, 1980)

A. Rhetorische Oberflächenstruktur

a) Optische Struktur

- Körperhaltung
- Gestik
- Mimik
- Blickkontakt
- Manuskriptkontakt
- Atmung

b) Akustische Struktur

- Artikulation
- Klangfarbe/Stimme
- Lautstärke/Dynamik
- Tempo/Pausen
- Sprechfluß
- Melodieführung

c) Sprachliche Struktur

- Satzbau
- Floskeln
- Wortwahl
- Sprachebene

B. Rhetorische Tiefenstruktur

a) Kognitive Struktur

- Redesorte
- Themenbezug
- Sachkenntnisse
- Unterscheidung von Problem und Lösung
- Problemdimensionierung
- Gliederung

b) Emotive Struktur

- Perspektive-Übernahme
- Rollenkommentierung
- Selbstpräsentation
- Bilder/Beispiele

c) Einwirkungsstruktur

- Zielsetzung und -wille
- Argumentation
- Neuigkeitswert
- Verstärkungen

5.2 Gegenüberstellung:
Rhetorischer Meinungsbildungsprozeß und Prozeß medialer Kommunikation

Stufen rhetorischer Meinungsbildung (Bartsch, zuletzt 1986)	Stadien medialer Kommunikation (Bartsch/Lüschow/Jaskolski/Pabst-Weinschenk, 1982)
1. Motivation gegenüber dem Thema	1. Herstellen bzw. Aktualisieren der personalen Relation
2. Problemstellung	2. Herausarbeiten des Problemhorizontes
	3. Konsensherstellung über den Kundgabe-Rahmen
3. Lösungsversuche und -irrtümer	4. Herausarbeiten inhaltlicher Brennpunkte

4. Darstellung der Lösung und Argumente dafür	5. Konkretisieren der Inhalte ("Story-Pyramide", vgl. 5.3)
	6. Einheiten der Inhalte in faktuale, kausale, konsekutiv interpretative Zusammenhänge
5. Lösungsverstärkung	7. Transferangebote machen, z.b. - Eröffnen gesellschaftlicher Perspektiven - Beispiele für die Auswirkung der Information geben

5.3 Die "Harte Nachricht" (Bartsch, 1980; La Roche, 1984)

Als "Harte Nachricht" bezeichnet ein Journalist jene Anordnung von Informationen, in der die wichtigsten Neuigkeiten am Anfang stehen, die je weniger wichtigen sind entsprechend nachgeordnet.

G r u n d s t r u k t u r	Merkformel
- Hauptinformation pauschal ("Lead")	Gegenwart en bloc
- Umstände, Einzelheiten	Gegenwart en détail
- Hintergründe	Vergangenheit (kausal)
- Folgen aufgrund des Ereignisses	Zukunft en détail
- Weitere Entwicklungen pauschal	Zukunft en bloc

Diese auch "Climax First" genannte Form entstand im amerikanischen Bürgerkrieg (1861-1865). Wenn Nachrichten in der bisher üblichen chronologischen Anordnung über das noch anfällige Telegraphensystem geschickt wurden, fehlte oft die wichtigste Aussage, wenn die Verbindung nach wenigen Sätzen abbrach.

Seitdem gewöhnte man sich an, die wichtigsten, d.h. "harten" Nachrichten an den Anfang zu stellen, - auch in den Zeitungen. Man kann dann weniger Wichtiges weglassen: sowohl der Leser als auch der Schlußredakteur, wenn ihm Platz fehlt.

Man kann auch Informationsreden so organisieren. Das geht rezeptions-psychologisch allerdings nur dann, wenn beim jeweiligen Publikum schon die Problemspannung vorliegt und die Information als "Lösung der Spannung empfunden wird.

Diese Bedingung ergibt sich bei einem Vergleich mit dem Prozeß der Meinungsbildung (vgl. oben 5.2). Solche Situationen liegen aber bei Eingangsstatements vor Pressekonferenzen vor. Man kann sogar das für die anschließende Fragestunde vorbereitete Material nach dem gleichen Muster anordnen als "Materialpyramide". Analoges gilt für Fernseh-Interviews

(Dieser Abschnitt 5.3 ist selbst als Harte Nachricht aufgebaut. Dabei wurde allerdings vorausgesetzt, daß die Information über die Bauform die wichtigste Lesererwartung war. Wäre die Erwartung darauf gerichtet, wie ein Leser die ihm schon bekannte Bauform auch für Pressekonferenzen verwenden kann, müßte das hier zuletzt Stehende an den Anfang.)

5.4 Der "Story-Effekt" (Bartsch/Lüschow/Jaskolski/Pabst, 1982)

Die Harte Nachricht entspricht der Wahrnehmungs-Psychologie des Menschen: Von großen Gestalten, noch relativ groben Eindrücken, hin zu differenzierteren Mustern, Beziehungsgefügen. Dieser Weg kann sehr abstrakt gefaßt werden: So wie in dem gerade vorher formulierten Satz. Man kann ihn aber auch anders formulieren, wie er dem Alltags-Wahrnehmen des Menschen entspricht: Man sieht einen Menschen von ferne als Gesamtgestalt; geht näher und erkennt ihn aufgrund der Einzelheiten; geht noch näher, schüttelt ihm die Hand, spricht zu seinem Gesicht; sagt etwas über Erlebnisse, verabschiedet sich mit dem Hinweis, was man jetzt machen wird. Diese Erzählform (Story) ist anschaulich, nicht abstrakt.

Inhaltliche Sinngestalten, die der Zuhörer/Zuschauer kennt, - vgl. obige Quasi-Story vom "Menschen, den man sieht" - werden leichter aufgenommen als abstrakte Prozesse. Wenn man abstrakten Stoff also personifiziert oder mit anderen anschaulichen Elementen, Beispielen versieht, entsteht die Voraussetzung für einen Story-Effekt. Zu einer wirklichen Story wird die Nachricht erst dann, wenn man beim selben Gegenstand bleibt und die Beispiele nicht wechselt, - wenn dieser Gegenstand eine Art Geschichte erlebt.

Story-Effekte sind in der Regel von Journalisten gesucht, weil sie dem Unterhaltungswert der Information dienen. Für den Zuhörer bewirkt der Story-Effekt, daß die Information leichter aufgenommen, leichter behalten und sogar "nacherzählt" werden kann.

5.5 Repertoire für Medienreferent (MR), Interessengegensätze zum Journalisten (J) zu bearbeiten

---

MR verfolgt langfristig angelegtes PR-Konzept J will aktuelle und brisante Information	Perspektive des intern motivierten Interessenvertreters verlassen; aus der Sicht der Öffentlichkeit und des Journalisten argumentieren; Optionen für weitere Nachrichtensituierung offenhalten; Verständnis für die Arbeitsroutine des Journalisten signalisieren; Nachrichten "mundgerecht" aufbereiten; Zusammenhänge flankierend deutlich machen.
MR hält seine Information für besonders wichtig, aktuell, relevant, brisant J hält die Nachricht für Routineangelegenheit	Nachricht an aktuelle Vorgänge ankoppeln; Parallelen suchen und deutlich machen; "trockene" Nachrichten mit "human touch"-Elementen anreichern; von Öffentlichkeitsbedürfnissen her operieren; Nachrichtenvielfalt deutlich machen ("offenes" Unternehmen als Teil des gesellschaftlichen Lebens); originelle Visualisierungen anbieten.
MR will Informationsrahmen eng begrenzt halten J will umfassend informieren, insistieren (Bartsch/Lüschow/Jaskolski/Pabst-Weinschenk, 1982)	Information in kleine Einheiten bündeln; dem Multiplikator Fragespielräume anbieten; sachstrukturelle Durchgliederung und Begriffsraster bereitstellen; Informationsgerüst mit Beispielen anreichern; Orientierungshilfen aus der Perspektive der Rezipienten einbringen; Informationen in bekannte Kontextzusammenhänge (Vergangenheit und Zukunft) einbetten.

5.6 Antwortmöglichkeiten auf Fragen von Journalisten (Bartsch/Lüschow/ Jaskolski/Pabst, 1982; Bartsch, 1985)

Antwort-Struktur und sprachl. Handlungsfeld	Wirkung beim Interviewer bzw. Publikum	
	bei vereinzeltem Gebrauch	bei sequentiellem Gebrauch
Minimal-Antwort (z.B.: Ja; Wir sind dagegen; Morgen) Meist nach geschlossenen Fragen. Man legt sich fest.	Eindruck der klaren Linie, der eindeutigen Position und Aussage.	Eindruck der Einsilbigkeit: Verschlossenheit oder Inkompetenz.
Antwort im gefragten Umfang Meist nach offener Frage. Nur möglich, wenn Fragen situations- und sachbezogen und nicht aggressiv; Antwort braucht Substruktur trotz relativer Kürze.	Kooperation zwischen Interviewer und Befragtem; ergiebige Inhaltsrelation auf der Basis einer guten personalen Relation: i n t e n s i v e s Interview.	
Antwort mit zusätzlicher Information Erforderlich, wenn der Fragesteller etwas Wichtiges übersieht, nicht dahingehend fragt. Kann auch durch Ausweitung und Präzisierung der wiederholten Frage einleiten.	Überblick und Information, wenn Kontext paßt und Neues gesagt wird; Erweiterung oder Veränderung des Fragehorizontes.	Provokation und intellektuelles Unterlegenheitsgefühl des Fragers; Umfunktionieren des Interview-Themas; Manipulator-Verdacht beim Publikum.
Antwort mit Meta-Ebene (z.B. Kommentierung des Stellenwerts der Frage, so daß die implizierte Unterstellung aufgezeigt oder die vermutete Frageabsicht ausgesprochen wird) Angebracht bei Suggestivfragen, Provokationen, falsch gebauten Alternativen; bei unverständlicher Fragestellung.	Orientierung und Erhellung des Problemhorizontes bei Frager; Zurückweisung von Dominanzversuchen des Fragers. Ohne solchen Rückbezug jedoch Eindruck eigenen Taktierens bzw. Dominanzversuch des Antworters.	Dominanzanspruch des Antworters; Eindruck zeitraubenden Taktierens, Flucht vor konkreten Antworten; Konfrontation mit Frager, Unzufriedenheit beim Publikum.

184

LITERATURVERZEICHNIS

Bartsch, Elmar (1980). Rhetorik der Rede. Unveröffentlichtes Manuskript. Ratingen.

Bartsch, Elmar / Lüschow, Frank / Jaskolski, Ernst / Pabst-Weinschenk, Marita (1982). Rhetorik im Umgang mit Medien. Unveröffentlichtes Manuskript. Duisburg.

Bartsch, Elmar (1985). Elementare gesprächs-rhetorische Operationen im "small talk" und ihr Einfluß auf Gesprächsprozesse. In: Schweinsberg-Reichart, I. (Hg.): Performanz. Frankfurt: Scriptor. (Sprache und Sprechen, Bd. 15). S. 115-132.

--- (1986). Zum Verhältnis von Gefühlsaussage und rationaler Begrifflichkeit im Prozeß des Redehandelns. In: Slembek, E. (Hg.): Miteinander Sprechen und Handeln. Festschrift für Hellmut Geißner. Frankfurt: Scriptor, S. 15-25.

--- (1987). Die "Harte Nachricht" als inventio- und dispositio-Hilfe für Gesellschaftsreden. In: Kühlwein, W. (Hg.): Perspektiven der Angewandten Linguistik. Forschungsfelder. Kongreßbeiträge zur 16. Jahrestagung der Gesellschaft für Angewandte Linguistik, GAL e.V. Tübingen: Narr. (forum Angewandte Linguistik, Bd. 13). S. 161-163.

Bühler, Karl (1934). Sprachtheorie. Jena: G. Fischer.

Geißner, Hellmut (1981). Sprechwissenschaft. Theorie der mündlichen Kommunikation. Königstein: Scriptor.

La Roche, Walter v. (1984). Einführung in den praktischen Journalismus. 8., völlig neu bearbeitete Aufl., München: List.

Lüschow, Frank (1988). Zeichendidaktische Aspekte eines Kurses: Rhetorik im Umgang mit Rundfunk, Presse und Fernsehen. Vortrag auf der Tagung der Deutschen Gesellschaft für Sprechwissenschaft und Sprecherziehung "Sprechkultur in den Medien", 1986, (in diesem Band).

MEDIEN IN RHETORIKKURSEN

DIE PÄDAGOGISCHEN MÖGLICHKEITEN UND GRENZEN DES EINSATZES VON TONBAND- UND VIDEOGERÄTEN IN RHETORIKKURSEN

RENATE WEIß

1. Zugang zum Thema

Audiovisuelle Medien sind in den letzten Jahren zunehmend ein wichtiges Hilfsmittel zur Gestaltung von Rhetorikkursen geworden. Ob ihre vielfältigen Einsatzmöglichkeiten auch immer sinnvoll sind, soll im folgenden untersucht werden.

In der Literatur, in der Theorie und Praxis von Rhetorikkursen dargestellt werden, wird der Einsatz von Tonband- bzw. Videogeräten vor allem als Auswertungsinstrument in Hinblick auf Gesprächs- und Redeübungen vorgeschlagen. Eine kritische Reflexion findet jedoch kaum statt.

Im Bereich der Pädagogik/Psychologie finden sich Untersuchungen und Erfahrungsberichte, die sich mit der Bedeutung von Videofeedback für Verhaltenstraining und dem Training der Ausdrucks- und Wahrnehmungsfähigkeit beschäftigen. Dabei werden in erster Linie Forschungsprojekte zum nonverbalen Ausdruck, Trainingsprogramme für die Lehreraus- und fortbildung und Selbstsicherheitstraining beschrieben. Es fällt auf, daß überwiegend die Übungsperson-Video-Trainer-Beziehung dargestellt wird. Langthaler weist darüber hinaus auf die Bedeutung des Gruppenprozesses hin, "nämlich in dem Bereich, wo der Prozeß in der Trainingssituation Emotionen induziert bzw. freisetzt." (Langthaler, 1984:387)

Daß sich drei Beiträge zu der Tagung "Sprechkultur im Medienzeitalter" mit dem Thema "Video in Rhetorikkursen" beschäftigen, ist ein Hinweis darauf, daß eine Auseinandersetzung um die Möglichkeiten und Grenzen des Einsatzes von Tonband- und Videogeräten in Rhetorikkursen nötig ist. Dies soll hier in drei Schritten geschehen:

(1) Motive und Lerninteressen der Teilnehmer
Konzeption von Rhetorikkursen

(2) Vorzüge und Nachteile von Tonband- und Videogeräten
in Hinblick auf Rhetorikkurse

(3) Schlußfolgerungen für den Einsatz in Rhetorikkursen.

Ausgangspunkt für die folgenden Überlegungen sind die Erfahrungen aus meinen eigenen Rhetorikkursen, die ich seit ca. sechs Jahren vor allem im Bereich der Erwachsenenbildung in Volkshochschulen und Heimvolkshochschulen gesammelt habe. Reflektierte Praxis könnte so für einen innerfachlichen Erfahrungsaustausch und eine kritische Auseinandersetzung fruchtbar werden. Die als Thesen formulierten Schlußfolgerungen für den Einsatz audiovisueller Medien im Rhetorikunterricht wollen dazu ein Anstoß sein.

2. Motive und Lerninteressen der Teilnehmer
Konzeption von Rhetorikkursen

2.1 Die Teilnehmer

Volkshochschul- und Heimvolkshochschulpublikum[1] unterscheidet sich durch die z.T. äußerst heterogene Sozial- und Altersstruktur der Teilnehmer von anderen Zielgruppen, etwa solchen, die sich aus bestimmten Berufsgruppen oder Funktionen rekrutieren, wie z.B. leitenden Angestellten, Studenten etc. Dies hat Auswirkungen auf die Motivation und die Lerninteressen der Teilnehmer sowie auf die Kursgestaltung (inhaltliche Schwerpunkte, Informationsdichte etc.).

Zu Beginn des Kurses werden die Teilnehmer nach ihren Erfahrungen in Sprechsituationen gefragt. Sie lassen sich auf drei Ebenen umschreiben:

(1) personale Ebene
Unsicherheit, Angst in ungewohnten Situationen, vor fremden und/oder großen Gruppen, vor Vorgesetzten, Respektspersonen, Prüfungen etc., unterschiedliche körperliche Wahrnehmungen wie Herzklopfen, zugeschnürte Kehle, zitternde Stimme etc.

(2) zwischenmenschliche Ebene
Unvermögen, die Gesprächspartner mit dem Gesagten zu fesseln, angemessen auf faire und vor allem unfaire Argumentationen und Angriffe zu

reagieren, Unfähigkeit, sich, die eigenen Interessen und Ansichten durch-
zusetzen

(3) sprachlich-argumentative Ebene

Wortfindungs-, Formulierungsschwierigkeiten, Faden verlieren, Struktu-
rierungsprobleme z.B. in Argumentationen.

Als positive Erfahrungen werden genannt:

Gesprächspartner gehen aufeinander ein, hören zu; hilfreich sind gute Vor-
bereitung und Fachwissen; bekannte Situationen vermindern den Streß.

Die Erwartungen ergeben sich aus den negativen Erfahrungen:

(1) Stimme, Artikulation verbessern, selbstsicher auftreten
(2) sich durchsetzen lernen, überzeugend wirken, zuhören lernen
(3) sprachlich-argumentative Fähigkeiten entwickeln.

Vorstellungen über das methodische Vorgehen sind kaum differenziert vorhanden.

Angesprochen auf Tonband- und Videoaufnahmen reagieren die meisten Teilnehmer reserviert, aber interessiert.

2.2 Die Konzeption

2.2.1 Sprechwissenschaftliche Grundlagen

"Sprecherziehung ... erzieht zu Aufeinanderhören als Voraussetzung für Mitein-
andersprechen, Miteinandersprechen als Voraussetzung für Sich-Verständigen,
Sich-Verständigen als Voraussetzung für Miteinanderhandeln." (Schweinsberg-
Reichart, zit. n. Jesch, 1973:93)

Im Mittelpunkt steht die mündliche Kommunikation zwischen Menschen, das
Gespräch. "Miteinandersprechen, nicht jedoch sprechen, ist folglich Ausgangs-
und Zielpunkt von Sprechwissenschaft und Sprecherziehung." (Geißner, 1982:11)

Das weitgehende Ziel ist die Befähigung jedes einzelnen, aktiv und kritisch-
mündig gesellschaftliche Prozesse mitzugestalten. Dabei existiert die Diskrepanz
zwischen den Zielen des Sprecherziehers und denen der Teilnehmer nur scheinbar:
Nur der selbstbewußte, frei über seine sprecherischen und sprachlichen Mittel

verfügende Mensch kann überzeugend redend und handelnd in kommunikative Prozesse eingreifen.

Die Lernziele werden zu einer zwingenden Forderung in bezug auf die Art und Weise, wie Teilnehmer und Kursleiter miteinander umgehen: Aufeinanderhören - Miteinandersprechen - Sich-Verständigen - Miteinanderhandeln.

2.2.2 Der Lernprozeß

Es stellt sich nun die Frage, wie der Abbau von Unsicherheit und Hemmungen und das Einüben von sach-, partner- und zielbezogenem Miteinandersprechen gelingen soll.

Ausgangspunkt ist die Sprechhandlung des einzelnen Teilnehmers: Er erlebt in seinem verbalen und non-verbalen Verhalten eine Diskrepanz zwischen Ausdruck und Intention: Es ist sein kommunikatives Ziel, seinem Gesprächspartner einen Inhalt zu vermitteln, ihn argumentativ zu überzeugen. Gleichzeitig fühlt er, wie er rot wird, das Herz klopft, die Stimme versagt, Worte und Gedanken fehlen, die Argumentation verwirrend wird. Er unterstellt, daß dem Hörer seine physiologischen "Fehlleistungen" ebenso deutlich sind wie ihm selbst. Der Ausdruck konterkariert die Absicht. Eine Folge ist, daß die Wahrnehmung sich auf die eigene Person einengt. Der Sprecher verliert den Kontakt zum Kommunikationspartner.

Die Erlösung aus diesem Dilemma kann nicht die verordnete Übernahme von neuen äußeren Formen sein. "Eine solche Übernahme allein muß immer zu semantischen Leerformeln und letztlich zum Verstummen des Menschen und seiner Kommunikation führen, wenn er nicht seine eigene Persönlichkeit in die übernommenen Formen miteinbringen kann. Die Zielvorstellung des handlungsorientierten Sprechens, nämlich authentische Sprecher zu erziehen, ist somit gleichzeitig von einer Zielvorstellung sozialer Qualität gesteuert." (Bartsch, 1983:39 f.)

Hinter der Forderung nach dem "authentischen Sprecher" steht die Einsicht, daß Körperspannung, Atmung und Stimme nicht von Verstand-Wille-Emotionen zu trennen, sondern eine Wirkeinheit sind. "Der innere Zusammenhang der körperlichen Leistungen und der geistigen Qualifikationsprozesse ist immer als gegeben anzunehmen." (Bartsch, 1983:35)

Die physiologischen Funktionen "sind vor allem zu berücksichtigen hinsichtlich der 'Mitwirkung' an Kommunikationskonflikten, -störungen und -barrieren, sowie ihrer Funktion als Sinnkonstitutiva." (Geißner, 1982:17) Sie werden nicht als abgelöste Teilprozesse verstanden, sondern in ihrer Relevanz für die "Komplexhandlung rhetorischer Kommunikation" (vgl. Geißner, 1982:18).

Der Sprecher muß demnach lernen, seine inneren physiologischen und emotionalen Vorgänge wahrzunehmen und diese auf ihre kommunikative Wirkung hin einzuordnen. Damit wird der Blick auf den Kommunikationspartner gerichtet. Dieser Prozeß setzt jedoch voraus, daß die Selbstwahrnehmung wertfrei akzeptiert wird. (Gehemmte Redner fürchten sich besonders vor Wortsuchphasen. "Setzt man diese Personen innerlich dadurch frei, daß sie diese Bewegungen als Ansatz des Wort- und Tonsuchens - besser: als Ansatz des sich bildenden Begriffs - akzeptieren, dann stellt sich in der Regel auch fast gleichzeitig (mit der ausgestalteten Bewegung) Gedanke, Wort und Ton ein." (Bartsch, 1983:35))

Durch die Rückmeldung durch die Zuhörer bekommt der Sprecher die Möglichkeit, inneres Erleben und Wirkung seines Verhaltens in Beziehung zueinander zu setzen. Viele Teilnehmer erkennen dann, daß Eigeneinschätzung und Fremdeinschätzung sich nicht decken müssen - und zwar meistens im für den Sprecher positiven Sinn.

Es gibt kein "Soll-Verhalten", sondern eine schrittweise Entwicklung zu der vom Teilnehmer selbst gewünschten und von seinen Möglichkeiten gesteuerten Verbesserung der Kommunikationsfähigkeit auf der verbalen und nonverbalen Ebene.

In diesem Prozeß kommt der Gruppe eine entscheidende Bedeutung zu. Unterschiedliche Individuen beobachten und bewerten unterschiedlich. Dies wird für den Teilnehmer, der Feedback und Kritik erhält[2], eine wichtige soziale Erfahrung. Im Sinne des "Aufeinanderhörens" lernt die Gruppe, gezielt wahrzunehmen und Verhalten auf Ausdruck und Intention hin zu hinterfragen. Beobachtung und Interpretation werden voneinander getrennt.

Diese Methode der strukturierten und hierarchisch geordneten Wahrnehmung komplexer Situationen führt zum Abbau von Unsicherheiten. Wenn die Teilnehmer in der beschriebenen Weise Kritik und Feedback austauschen, ist damit ein Stück Erziehung zur Gesprächsfähigkeit geleistet (vgl. Geißner, 1982:42). "Miteinandersprechen" bleibt nicht Lernziel, sondern wird Methode.

Der Kursleiter verfügt über die Sachkompetenz, vermittelt Beobachtungskriterien, verfügt über einen Vorrat an Übungen (auf allen Ebenen: Übungen der Elementarprozesse; Argumentations-, Redeübungen etc.). Die Kommunikationserfahrungen als Sprecher und Hörer, deren Bewertung, das Bemühen um Veränderungen kann er niemandem abnehmen.

Der oben skizzierte Gruppenprozeß schließt eine autoritär orientierte Rollenfixierung des Kursleiters aus - auch wenn manche Teilnehmer dies (aufgrund ihrer Sozialisation) wünschen mögen.

3. Vorzüge und Nachteile von Tonband- und Videogeräten in Hinblick auf Rhetorikkurse

3.1 Die Medien

Tonbandgeräte/Cassettenrecorder und Videoanlagen erfreuen sich nicht zuletzt deshalb wachsender Beliebtheit, weil die Handhabung einfacher wird, die Geräte sind weniger kompakt als früher und transportabel. Das ist jedoch nur ein technischer Aspekt.

Wiederholbarkeit: Durch audiovisuelle Medien werden aufgenommene Sequenzen wiederholbar. Reden, Diskussionsbeiträge, Gespräche, Diskussionen etc. können beliebig oft abgehört und auf ihre inhaltlich-formalen Strukturen hin untersucht werden. Das ist vor allem dann vorteilhaft, wenn die argumentativen Fähigkeiten entwickelt werden sollen. Geißner weist darauf hin, daß auf diese Weise Sprechhandlungen aus ihrem pragmatischen Zusammenhang herausgelöst und zu Texten werden (vgl. Geißner, 1982:73).

Kontrolle: Ein weiterer Vorzug von Tonband und Video ist die Möglichkeit, durch zeitlich auseinanderliegende Aufnahmen Lernfortschritte festzustellen. Dies hat für die anderen Bereiche sprecherzieherischer Arbeit große Bedeutung (z.B. Artikulationsübungen mit Ausländern). Das kann auch für den Rhetorikunterricht genutzt werden.

Objektivität: In dem Aufsatz "Video-Feedback als verhaltensbezogene Lernhilfe" schreibt Langthaler: "Allgemein besteht der Vorteil von Fernseh-Einsatz zunächst darin, daß elektronische Geräte keine Emotionen, keine Motive haben, daß sie insgesamt jenen Selektionsmechanismen nicht ausgesetzt sind, wie sie sich in der menschlichen Wahrnehmung auswirken. Die Maschine zeichnet lediglich

Signale von Kamera und Mikrofon auf, unbeeindruckt von Bedeutung und Inhalt, Ausdruckswert und Sinn." (Langthaler, 1975:304) Wenn man aus der Funktionsweise des Gerätes jedoch darauf schließen will, daß die Aufzeichnung objektiv ist, so ist diese Einschätzung kurzsichtig.

(1) Die Aufnahme kann die Aufnahmesituation niemals vollständig wiedergeben. Der Raumeindruck, der Stimmklang und die Lautstärke verändern sich. Die persönliche Ausstrahlung, die Atmosphäre der Redesituation, die Aufmerksamkeitsspannung der Zuhörer werden verfälscht oder gar nicht eingefangen. Dies sind alles situative Qualitäten, die für gelungene Kommunikation wichtig sind.

(2) Die Aufnahme wird von demjenigen gesteuert, der die Kamera bedient. Dieser entscheidet darüber, was zu sehen ist, z.b. Bildausschnitt, Totale, Zeitlupe, Dauer der Beschäftigung mit Einzelheiten. Völlig unbemerkt gewinnt der Kursleiter, der ja in der Regel die Kamera bedient, an Bedeutung. "Für jede der unseren ähnliche Trainingssituation sei angemerkt, daß eine vollständige Trennung zwischen sozialem FB [Feed-back] und fernseh-vermittelter Rückmeldung im Grunde nicht möglich ist. Und zwar deswegen, weil die Gestaltung der Fernsehrückmeldung von Anfang an von der Aufnahmetechnik bzw. von deren einzelnen Merkmalen abhängt, wie sie der Tutor wählt und einsetzt. Mithin sind die Merkmale der Fernsehrückmeldung von seinen Absichten abhängig, die wiederum von diagnostischen und indikationsmäßigen Überlegungen gesteuert sein sollten." (Langthaler, 1984:397)

(3) Es ist zu überlegen, inwieweit die weitverbreitete Mediengläubigkeit (v.a. Radio, Fernsehen) dazu beiträgt, die Idee von der vermeintlichen Objektivität zu unterstützen.

3.2 Der Teilnehmer

Feedback und Kritik im Gruppenprozeß wurde folgendermaßen beschrieben: Der Sprecher vergleicht die Wirkung seiner Sprechhandlung auf die Zuhörer mit den inneren Abläufen, die er während des Sprechens an sich wahrgenommen hat, und den Zielen, die er verfolgte. Durch den Zufluß sozialer Rückmeldung wird er in die Lage versetzt, zukünftige Handlungen situationsangemessen einzuschätzen und zu steuern. Ein nicht unwichtiger Aspekt ist die Abhängigkeit des Feedback von der Person des Kommunikationspartners. Damit wird die Relevanz des adressatenbezogenen Sprechens deutlich.

Videofeedback unterscheidet sich davon erheblich. Der Sprecher begegnet sich nun, ohne daß ein anderer Mensch eingreifen muß, "man könnte sagen, er sieht sich plötzlich im Besitze eines auf sich selbst zurückgerichteten Stielauges (...)." (Langthaler, 1984:390) Diese Selbstkonfrontation mag für den einen bedrohlich oder unangenehm sein, bei dem anderen nur freundliches Interesse wecken - sie ist zunächst abgelöst von den Bedingungen während der Entstehung der Aufzeichnung. Im Augenblick des Abspielens wird die Person sich selbst zum Objekt.

Indem der Teilnehmer sich - wie bei der Rückmeldung durch die Gruppe - sein inneres Erleben während der Sprechhandlung vergegenwärtigt, kann er es mit den Beobachtungen von außen, die er an sich selbst macht, vergleichen. Diese Konfrontation kann für sich allein keine Veränderung im Hinblick auf die Kommunikationsfähigkeit bewirken. In dieser Situation ist die Gruppe gefordert. Die Rückmeldung, die sie dem Sprecher gibt, kann dieser nun aus seiner eigenen Anschauung bestätigen.

3.3 Die Gruppe

Mit dem Videogerät kommt eine neue Instanz in die Gruppe, der eine (vermeintliche) Objektivität zugesprochen wird. Es übernimmt die Rolle, die der Kursleiter gerade abgelegt hat. Es ist notwendig, den subjektiven Charakter des Aufzeichnungsvorganges deutlich zu machen. Die Gruppe darf nicht aus dem Rückmeldungsprozeß zwischen Sprecher und Video verdrängt werden. Im Gegenteil kann der Bedrohlichkeitscharakter, den das Medium auf unsichere Teilnehmer ausübt, durch eine kooperierende Gruppe aufgefangen werden (vgl. Langthaler, 1984:390).

3.4 Der Kursleiter

Der Kursleiter kann in verstärktem Maß den Gruppenprozeß steuern, indem er die Kriterien für die Auswertung zur Verfügung stellt.

4. Schlußfolgerungen für den Einsatz von Tonband- und Videogeräten
in Rhetorikkursen

- Rhetorik-Seminare können aus dem sprechwissenschaftlichen Grundverständnis
heraus keine "Medien-Seminare" sein. Audiovisuelle Medien werden vielmehr gezielt entsprechend ihren besonderen Eigenschaften (Aufzeichnung
der akustischen Signale / der visuellen und/oder akustischen Signale) eingesetzt.

- Die von den Teilnehmern erwünschte Veränderung ihrer Kommunikationsfähigkeit auf personaler, zwischenmenschlicher und inhaltlich-formaler Ebene
kann, wenn authentisches Sprechen das Ziel ist, nur von innen nach außen
zum Kommunikationspartner hin stattfinden.

Bedingung für diese Bewegung ist die soziale Rückmeldung durch die verschiedenen Individuen einer Gruppe.

Der Sprecher stellt eine Beziehung her zwischen seinem inneren Erleben
in der Produktionssituation und der Rückmeldung durch die Gruppe. Er
ändert sein Verhalten mit dem Ziel der Übereinstimmung von Ausdruck
und Intention. Die Entwicklung einer Falsch-Richtig-Mentalität (richtiges
Sprechen, richtige Gestik, falsche Fußstellung) widerspricht dieser Vor-
gehensweise.

Tonband und Video können diesen Prozeß nicht ersetzen. Sie sind jedoch
dazu in der Lage, bestimmte Ausschnitte aus der Sprechhandlung zu objektivieren, z.B. Inhalt und Form. Neben der Befriedigung der Neugier, sich
selbst einmal zu sehen, leistet die Videoaufnahme die Bestätigung des
durch die Gruppe vermittelten Feedback.

- Tonband- und Videotechnik kann nur da fruchtbar eingesetzt werden, wo
in einer länger vorhergehenden Phase die Kriterien des Feedback und der
Kritik bereits praktiziert wurden, und wo ein Gruppenklima gegenseitiger
Akzeptanz und positiver Kritik aufgebaut wurde.

- Die Selbstkonfrontation durch Video ist realitätsfern. Es ist viel wichtiger,
die Fähigkeit zu entwickeln, Rückmeldung aus der aktuellen Situation zu
bekommen.

- Die Objektivität der audiovisuellen Medien muß infrage gestellt werden. Die Abhängigkeit vom Erkenntnisinteresse desjenigen, der das Gerät bedient, sollte aufgezeigt werden, z.b. dadurch, daß verschiedene Teilnehmer das Gerät bedienen.

ANMERKUNGEN

1   Die Verfügbarkeit audiovisueller Medien hängt sehr stark von der technischen/finanziellen Ausstattung der betreffenden Erwachsenenbildungseinrichtungen ab. Das betrifft z.b. die Räumlichkeiten, die Qualität der Geräte, Personal für die Bedienung der Geräte. So wird die Frage der Organisation manchmal wichtiger als methodische und didaktische Überlegungen.

2   Die Rückmeldung der Gruppe bezieht sich selbstverständlich nicht ausschließlich auf das nonverbale Verhalten, sondern auch auf Form und Inhalt, Verständlichkeit, Logik etc. der sprachlichen Äußerung, z.B. einer Kurzrede, eines Gesprächsbeitrages. Geißner unterscheidet "Feedback" und "Kritik". "Bezogen auf die personalen Faktoren rückt das Feedback an die Stelle von Kritik." (Geißner, 1982:42)

ZITIERTE LITERATUR

Bartsch, Elmar (1983). Entwurf einer handlungsorientierten Sprechtherapie, in: D.-W. Allhoff (Hg.), Mündliche Kommunikation: Störungen und Therapie, Frankfurt: Scriptor, 21-41.

Geißner, Hellmut (1982). Sprecherziehung. Didaktik und Methodik der mündlichen Kommunikation, Königstein/Ts.: Scriptor.

Jesch, Jörg (1973). Grundlagen der Sprecherziehung, Berlin/New York: de Gruyter.

Langthaler, Werner (1975). Video-Feedback als verhaltensbezogene Lernhilfe, in: W.-R. Minsel, W. Roye, B. Minsel, Verhaltenstraining - Modelle und Erfahrungen. Beiträge zum Symposium über Verhaltenstraining, Kiel, 16.10.-19.10. 1975, 298-307.

Langthaler, Werner (1984). Lernen mit Fernseh-Rückmeldung, in: Gruppendynamik, Heft 4, Dez. 1984, 395-399.

LERNEN MIT VIDEO: SELBSTREFLEXION ODER SELBSTBESPIEGELUNG

EDITH SLEMBEK

> Alles, was ich schreibe, hat mit mir zu tun.
> Dies hat in besonderer Weise mit
> UTE WIRBEL zu tun.
> Deshalb möchte ich ihr diesen Aufsatz widmen.

Video - ein neues Lehrmedium?

Seit einigen Jahren wird Video auf zahlreichen Gebieten der Weiterbildung eingesetzt. Bei Video handelt es sich um ein vergleichsweise neues Lehrmedium, und entsprechend groß ist die Unsicherheit in vielerlei Hinsicht: Wo und wann soll Video im Seminarverlauf eingesetzt werden? Wie nutzt man Video im Lehr-/Lernprozeß? Was kann man überhaupt durch Video lernen? Besonders häufig findet man Video in Seminaren, deren Lehr-/Lernprozesse sozial orientiert sind: In der Gesprächserziehung (Beratung, Verhandlung, Besprechung ...), in der Redeerziehung, aber auch in reinen Kommunikationstrainings.

An das Medium Video werden ganz unterschiedliche Hoffnungen geknüpft. Manche möchten den Lernprozeß durch den Einsatz von Video intensivieren, manche möchten ihn objektivieren, wieder andere möchten nur 'im Trend' liegen, einige möchten das neue Lernmedium ausprobieren. Nun eröffnen videobegleitete Seminare in der Tat bisher unbekannte Möglichkeiten. Darin liegen Chancen und - leider - auch Gefahren.

Ein oft zitierter Vorteil von Video ist, daß man sich selbst sehen kann. Das kann man auch auf Photos oder in Filmen. Im Unterschied zum Sonntagsbild im Schnappschuß kann man bei Video ganze Bewegungsabläufe, Zu- und Abwendung, Mimik, Gestik einzelner oder von Gruppen aufzeichnen und beliebig oft wiederholen. Das kann sich günstig auswirken, etwa auf die Wahrnehmung eigener oder fremder Kommunikation. Im Unterschied zum Film entfällt bei Video der technische Zwischenschritt der Entwicklung. Ton und Bild stehen unmittelbar in der Lehr-/Lernsituation zur Verfügung. Dadurch kann die Auseinandersetzung mit dem Selbstbild und dem Fremdbild unterstützt werden und der Prozeß zwischen den Gruppenmitgliedern selbst- und gruppenreflexiv wirken. In diesen Gruppenprozessen kann ein Klima entstehen, das Einstellungsänderung ermöglicht - darin liegt eine Chance von Video.

Die 'kann'-Formulierungen im vorigen Abschnitt sind nicht zufällig. Was hier knapp umrissen wurde, ist weder voraussetzungs- noch folgenlos. Zahlreiche Bedingungen können selbstreflexive und gruppenreflexive Prozesse fördern oder verhindern: sei es von seiten der Trainer und Trainerinnen (TR), sei es von seiten der Gruppe, sei es in der unaufgedeckten Kommunikation zwischen TR und Gruppe.

In der nicht sehr umfangreichen deutschen Literatur zum Videoeinsatz in Seminaren findet man immer dieselben Wörter und Wendungen zur Beschreibung dessen, was Video könne: Die effektivste Möglichkeit von Video sei die Videoselbstkonfrontation, man könne sich mit den Augen der anderen sehen und Video sei ein Mittel zur Verhaltensänderung. Ich finde es immer wieder ärgerlich, daß diese Wörter und Wendungen völlig unreflektiert gebraucht werden. Ich möchte in diesem Beitrag zeigen, daß die Art und Weise, wie Video eingesetzt wird, und was Teilnehmer und Teilnehmerinnen (TN) dabei lernen können, abhängig ist von den TR, ihrem Bewußtsein und ihren Zielen.

Selbstkonfrontation - durch Video?

Die Selbstkonfrontation per Video gilt vielfach als die 'effektivste' Möglichkeit von Video. Genauer wird das Wort Selbstkonfrontation im allgemeinen nicht erklärt. Laut Duden hat 'Konfrontation' vorwiegend kämpferische, auf einen Gegner gerichtete Konnotationen. So verstanden, bedeutet Konfrontation ebenfalls Kampf, ungeklärt bleibt wogegen: Gegen sich selbst? Gegen die Gruppe? Gegen Betroffenheit? - Der Duden weist als weitere Bedeutung von Konfrontation die Gegenüberstellung aus - Stirn an Stirn - mit sich selbst. Diese Bedeutung scheint, zumindest für Lernprozesse, wie sie hier angestrebt werden, weiterzuführen. Denn in der Selbstkonfrontation geht es um das Bild, das Menschen von sich haben, das Selbstbild. Mit diesem Selbstbild findet eine Konfrontation statt. Aber genügt dazu Video?

Das Selbstbild ist nicht statisch, weder in jeder Situation, noch bezogen auf jeden Sachverhalt, noch bezogen auf jeden anderen Menschen. Es ist auch nicht objektiv, im Sinne von 'richtig' oder 'falsch'. Dafür ein Beispiel: Man kann oft beobachten, wie ein Mensch im Gespräch mit TN derselben hierarchischen Ebene

(Situation) etwa zum Problem Kostensenkung (Sachverhalt) Ideen entwickelt, Vorschläge macht, steuernd in den Gesprächsverlauf eingreift. Mit TN unterschiedlicher Hierarchieebenen aber unterstützt derselbe Mensch die Vorschläge und Ideen der Höherstehenden, läßt sich steuern. Sein Selbstbild ist in den genannten Situationen sicherlich verschieden, ebenso die Sicht des Sachverhalts und der Situation. Von keiner der beiden Situationen läßt sich sagen, in ihr sei der Mensch so, wie er ist. (Als Trost dafür gilt ja vielfach das Privatleben, da könne man endlich sein wie man ist. Offen bleibt allerdings bezogen auf wen?, auf was?) Das knappe Beispiel illustriert, daß das Selbstbild durchaus variiert. Es wird durch die verschiedenen Sozialisationen geprägt, in Lebens- und Berufsgruppen, durch Einstellungen und Normen. Denkt man an die zahlreichen Situationen, Personen und Sachverhalte, die täglich auf Menschen zukommen, dann finden sowohl ständig Angriffe auf das Selbstbild als auch Unterstützungen statt.

Das Selbstbild steht in einem dynamischen Spannungsfeld, das offenbar für viele Menschen schwer zu ertragen ist. Daraus dürften sich, neben vielen anderen Faktoren, die häufigen Versuche erklären, das Selbstbild möglichst stabil zu halten und zu schützen. Das geschieht auch unter der Bedingung der Einschränkung und Normierung der eigenen Wahrnehmung, bis hin zu Formen der Rigidität.

Mit Hilfe von Video kann es gelingen, das Selbstbild den Fremdbildern - den Bildern, die andere von dem Betreffenden haben - gegenüberzustellen und so mit Hilfe der anderen zu einer Selbstkonfrontation zu kommen. Selbstkonfrontation erweist sich dann als eine in der Art des Gruppenprozesses liegende Möglichkeit, sich anders zu sehen als bisher. Hieran schließt sich das Nachdenken über sich selbst an; diesen Prozeß nenne ich Selbstreflexion. Ergebnis der Selbstreflexion könnte sein, daß das 'Selbst' ein unterschiedliches ist, je nach Personen, zu oder mit denen man redet, nach nach Situationen, in denen man sich befindet, nach Sachverhalten, um die es geht. Aus der Selbstreflexion ergeben sich darüber hinaus die Ansätze zum Erproben neuer Handlungsweisen, die dem erweiterten Selbstbild entsprechen. - Diese Möglichkeiten liegen jedoch nicht primär in der Technik. Sie sind vielmehr abhängig von der Fähigkeit der TR, den dazu notwendigen Gruppenprozeß zu ermöglichen, zu entwickeln und zu unterstützen.

Ich nehme hier den Satz 'sich mit den Augen der anderen sehen' noch einmal auf. Nach dem zuvor Entwickelten kann dieser Satz nicht eindimensional verstanden werden in der Weise, alle anderen hätten die gleiche Wahrnehmung von Situation, Person und Sachverhalt. Regt man Gruppen an, über ihre Wahrnehmungen zu sprechen, dann zeigt sich, wie verschieden diese sind. Die eigene Wahrnehmung prägt nicht nur die Einschätzung von Situation und Sachverhalt, sondern auch, wie Personen in ihrem Verhalten wahrgenommen und interpretiert werden. Wäre dem nicht so, dann müßte der Wert von Feedback bezweifelt werden. Gerade im Feedback - der ungewerteten Schilderung der Wahrnehmungen und ihrer Wirkungen - lernen TN, wie verschiedenartig sie und ihr Handeln wahrgenommen werden und daß es kein 'richtiges' Verhalten für sie geben kann, das künftig für alle Situationen, Sachverhalte und Personen gilt. Feedback erscheint mir als die angemessene Methode, sich der Spannbreite der Wahrnehmungen bewußt zu werden. Auf die Person bezogen relativiert sich das Selbstbild durch die verschiedenartigen erfahrenen Fremdbilder.

Aus der Verschiedenheit der Wahrnehmung entstehen Konflikte. Es kann z.B. sein, daß ein Mensch ein Seminar besucht, weil ihm zuvor von einem Vorgesetzten 'bescheinigt' wurde, er 'verhalte' sich 'falsch'. Der Mensch möchte 'richtiges' Verhalten lernen. Wie kann er sich aber 'richtig' verhalten, wenn ein Teil der Gruppe ihm rückmeldet, gerade sein Verhalten habe Zuwendung und Akzeptanz in ihr ausgelöst, ein anderer Teil aber auf das gleiche Verhalten mit Abwendung reagiert? Solange dieser Mensch sich immer und allen gegenüber 'richtig' verhalten will, wird er sich Konflikten gegenüber sehen, gegen die er machtlos ist.

Konflikte können auch dann entstehen, wenn die Situation unterschiedlich wahrgenommen wird. In einem meiner Seminare fängt eine TN an zu weinen, als sie sich zum ersten Mal auf Video sieht. Ein anderes Gruppenmitglied nimmt an, die TN sei sehr belastet und interpretiert, sie schäme sich dafür, wie sie aussehe und wie sie rede. Das Gruppenmitglied tröstet: 'Es ist doch gar nicht so schlimm', 'wir machen es doch alle nicht besser'. Die weinende TN wird wütend. Sie weine, weil sie sich so toll fände. Sie traure um all die Male, wo sie nicht aufgestanden sei und geredet habe, weil sie sich zu häßlich fand und weil sie dachte, sie könne nicht reden. Durch die heftigen Äußerungen der weinenden TN war der Konflikt offen und damit auch besprechbar. In vielen anderen Situationen bleiben vergleichbare Konflikte unaufgedeckt. Die unterschwelligen Gefühle der beteiligten Menschen - wie Ärger, Gekränktsein, Wut - beeinflussen jedoch die weitere Kommunikation und erschweren damit die künftige Zusammenarbeit.

Ein letztes Beispiel für Konflikte durch unterschiedliche Wahrnehmung. Dieses Mal geht es darum, wie ein Sachverhalt wahrgenommen wird. Je nach ihrer Sicht des Sachverhalts 'Rhetorik' besuchen Menschen Rhetorikseminare, um überreden zu lernen, inhaltsleer aber 'schön' zu reden, sich 'in Szene' zu setzen. Wird im Seminar diese Wahrnehmung von Rhetorik frustriert, kann dies bei dem Menschen zu Konflikten führen. Er kann nicht genau das lernen, was er beabsichtigte. Wie verhält er sich nun im Seminar? Er kann sich auf das einlassen, was kommt, es überprüfen und eventuell sein Vorverständnis revidieren. Er kann sich gegen das, was kommt, wehren, damit riskiert er, als Außenseiter in der Gruppe zu gelten. Daraus entstehen ständig neue Konflikte für ihn.

Die Vielzahl von Konflikten, von denen hier nur einige erwähnt wurden, können mit Hilfe der Gruppe leichter angegangen und ausgehalten werden. Die Gruppe ist daher zentral für die Entwicklung von Wahrnehmung und von Konfliktfähigkeit. Also kann Video den Gruppenprozeß nicht ersetzen. Denn der Einsatz von Video hebt die Wirkungen selektiver Wahrnehmung nicht auf. Durch mehrfaches Abspielen bestimmter konservierter Szenen kann sie jedoch leichter aufgedeckt werden.

Einsatz von Video und Trainerbewußtsein

Der Prozeß, den es in der Gruppe zu entwickeln gilt, ist den TN im allgemeinen aus ihrer beruflichen und privaten Praxis nicht bekannt. Dieser Prozeß kann daher nur von den TR initiiert werden. Sie machen den offenen Gruppenprozeß möglich - oder verhindern ihn. Daher wende ich mich jetzt einigen Aufgaben der TR zu.

TR sind zu Beginn der Seminare die Leitfiguren. Sie steuern bewußt und unbewußt das Lernen der Gruppe. Von unbewußter Steuerung spreche ich insbesondere in bezug auf soziale und psychosoziale Anteile der TR-Persönlichkeit. Wie sie mit sich umgehen können, was sie bei sich zulassen können und was Verbotscharakter für sie hat, bestimmt die Lernmöglichkeiten der Gruppe ganz entscheidend. Ich betone noch einmal, daß es sich hierbei um Anteile der Persönlichkeit handelt, die dem Bewußtsein entzogen sind, dennoch wird die Lehr-/Lernsituation durch die unbearbeitete Konfliktstruktur der TR beeinflußt. Nimmt man Kommunikation als wechselseitigen Prozeß ernst und bezieht man den ganzen Menschen in die Überlegungen ein, dann dürfte einsichtig sein, daß jeder Mensch auch ständig

seine unbewußten Anteile kommuniziert und damit quasi unbewußten Einfluß hat.
Hat, z.B., TR seinen oder ihren eigenen Widerstand gegen Lernen mit Video
bisher wegrationalisiert und - vielleicht aus 'Zeitgründen' - sich dieser Situation
in der eigenen Fortbildung nie gestellt, dann ist es naheliegend, daß auch die
Lerngruppe Widerstand gegen Video entwickelt. Der Widerstand der Leitfigur
überträgt sich unbewußt auf die Gruppe. Soll Video eine Lernhilfe für TN sein,
dann müßte vorgängig TR die eigenen Widerstände bearbeiten. Ganz ähnlich
verhält es sich mit folgender Situation: Oft haben TR den Drang, ihr Feedback
unmittelbar zu geben, ohne Rücksicht auf die Gruppe. Wenn hier mangelndes
Vertrauen in die Gruppe zugrunde liegt, daß diese ihre Fähigkeit zum Feedback
entwickelt, dann wird die Gruppe auch nicht das Vertrauen in sich entwickeln
können, ein hilfreiches Feedback zu geben.

Was passiert ganz konkret im Seminar, wenn TR sich in der beschriebenen Weise
verhalten? Die eilfertige Interpretation von TN-Verhalten durch TR läßt die TN
vermuten, diese/r sehe die Situation 'richtig'. Sie werden dann ihren eigenen
Wahrnehmungen nicht mehr trauen, oder sie bei sich gar nicht erst bemerken,
auf jeden Fall werden sie nicht mehr geäußert. Damit dürfte eine Barriere
entstanden sein, die die Erweiterung der Wahrnehmung der TN verhindert.

Solchem TR-Verhalten können unterschiedliche unaufgedeckte Konflikte zugrunde
liegen. Darüber hinaus müßte man aber auch fragen, inwieweit die Bedingungen
unserer Industriegesellschaft reflektiert wurden. Denn genau genommen wird
durch die unbewußt gebrauchte TR-Macht die Hierarchie reproduziert, die den
TN aus ihren beruflichen Situationen so vertraut ist, als sei sie 'natürlich'. Die
dort erworbenen - meist nicht mehr wahrgenommenen - Ohnmachtsgefühle können
sich so, von TR gestützt, weiter verfestigen. Video dürfte hier nur noch die
Funktion der Selbstbespiegelung haben: Selbstbespiegelung der gesellschaftlichen
Hierarchie, des TR-Bewußtseins, der TN-Ohnmacht.

Man könnte den vorangegangenen Gedanken auch umgekehrt formulieren: TR mit
wacher und differenzierter Selbstwahrnehmung, aber auch mit Einsicht in die
Verbiegungen, die Menschen durch die gesellschaftlichen Bedingungen, unter
denen sie leben, erleiden, stellen ihr Feedback zugunsten der Gruppe zurück. Sie
gewinnen dabei die notwendige Freiheit zum Beobachten, behutsamen Lenken des
Gruppenprozesses, zur Entwicklung der Wahrnehmungsmöglichkeiten der Gruppe.
Video gewinnt hier die Funktion, im 'Nocheinmalsehen' oder im 'Andersals-

bishersehen' oder im 'Ganzneusehen' Reflexion zu vertiefen, Einstellungen besprechbar zu machen, um Einstellungsänderung zu erreichen.

Neben dem Satz, Video sein ein Mittel, 'sich mit den Augen der anderen zu sehen', ist im allgemeinen eine weitere nicht unproblematische Wendung zu finden: Video sei ein Mittel zur Verhaltensänderung.

Besonders häufig liest man dies in Berichten über den Einsatz von Video in Verkaufstrainings. Dort heißt es etwa: 'Ziel eines Verhaltenstrainings ist es, bestimmte Verhaltensweisen der Teilnehmer durch effizientere zu ersetzen. Beispiel: Verkäufer lernen, den Kunden nicht mit Behauptungen zu bombardieren, sondern ihn statt dessen mit Fragen zu aktivieren ... Und das kann Video: Dem Teilnehmer helfen, solche Übungen im Seminar korrekt durchzuführen und seinen eigenen Lernfortschritt zu erkennen' (1). Das hinter solchen Verhaltenstrainings stehende Kommunikationskonzept wird im allgemeinen nicht aufgedeckt (2).

Ich möchte mich hier nicht auf die Kontroverse Verhalten:Handeln einlassen, sie ist in diesem Zusammenhang von geringerem Interesse (3). Betrachtet man Verhaltenstrainings jedoch etwas näher, kann man feststellen, daß der zugrundeliegende Verhaltensbegriff meist behavioristisch ist. Zu fragen ist, ob sich im behavioristischen Verhaltensbegriff (und damit auch in den entsprechend orientierten Trainings) nicht wiederum die Bedingungen der Industriegesellschaft spiegeln: Kontrolle und Verfügbarmachen ziehen sich durch alle Institutionen. Der an äußeren, beobachtbaren und kontrollierbaren Verhaltensweisen orientierte behavioristische Verhaltensbegriff könnte sich mithin entpuppen als der undurchschaute, aber in den gesellschaftlichen Bedingungen angelegte Versuch, Verhalten überprüfen und lenken zu können. Skinner entlarvt sich, wenn er sagt: "... in dem Maße, in dem wir es lenken können, können wir Verhalten kontrollieren" (4). Genau das versprechen Verhaltenstrainings und verschleiern dabei institutionelle Zwänge.

Auch in diesem Falle führt Video eher in die Selbstbespiegelung. Die Arbeitsweise bestimmter Institutionen spiegelt sich im 'effizienten' Verhalten der TN. Was effizientes Verhalten ist, weiß TR, daher spiegelt er oder sie sich in den 'korrekt' durchgeführten Übungen der TN. Die TN schließlich sehen sich im Spiegel der TR mit Hilfe des Video.

Für jede/n TR stellt sich m.E. immer wieder die Frage, in welchem Maße der Einsatz von Video als 'Mittel zur Verhaltensänderung' ein Schritt weiter ist in die perfekte Kontrolle all unserer Verhaltensweisen. Daraus ergibt sich die weitere Frage: Wieweit bin ich als TR bereit, diese Entwicklung zu unterstützen?

Es zeigt sich, daß der Einsatz von Video - die darin liegenden Chancen und Gefahren - abhängig ist von den TR. Damit zeigt sich auch, daß das 'neue' Lernen mit Video vorgängig immer auf schon Vorhandenes verwiesen ist: auf den Menschen, der es einsetzt.

Trainerinterventionen

Mit Heilweil (5) bin ich der Ansicht, daß Video an sich keine Verhaltensänderung herbeiführt, es führt auch keine Selbstkonfrontation herbei, geschweige denn eine Einstellungsänderung. Das sind Prozesse, die sich in der Gruppe und durch die Gruppe entwickeln. Die Gruppe braucht dazu die Hilfestellung der TR. Daher gehe ich in diesem Abschnitt auf Gruppenreaktionen ein, die der TR-Intervention bedürfen, damit die soziale Wahrnehmung und die sozialen Fähigkeiten der Gruppe sich entwickeln können.

Der Vergleich des Selbstbildes mit den verschiedenen Fremdbildern, die daraus erst entstehende Konfrontation und der Schritt in die Selbstreflexion als Voraussetzung für Einstellungsänderung braucht verschiedene Grundlagen im Seminargeschehen. Dazu gehört in erster Linie ein vom TR zu schaffendes offenes und vertrauensvolles Klima, in dem sich Kooperationsbereitschaft entwickeln kann. Die verschiedenen Schritte sind für jeden TN auch mit Auseinandersetzung und Konflikt verbunden. Beides wird möglich durch das Feedback der verschiedenen Gruppenmitglieder und schließlich der TR. Im wesentlichen steuert sich der Gruppenprozeß zunehmend selbst.

TR-Interventionen werden notwendig, und zwar in zweierlei Hinsicht:

1. Besonders in Anfangssituationen tendieren unerfahrene Gruppen dazu, auftretende Probleme dadurch zu erden, daß sie das Verhalten anderer und eigenes Verhalten sofort erklären: 'Das hat er doch nur gemacht, weil er unsicher war ...', '... zu meiner Verteidigung muß ich sagen, daß ich eine ganz andere Absicht hatte'. Mit diesem Verhalten können Konflikte vermieden werden (6). Die TR-Intervention in solchen Fällen versucht, den TN zu vermitteln, daß es nicht darum geht, anderen etwas zu unterstellen und sie damit zu entmündigen. Die TR- Intervention zielt zugleich darauf, zu zeigen, daß mit dem genannten

TN-Verhalten mögliche Divergenzen unter der Oberfläche gehalten werden und damit der Lernprozeß gestört wird. Im zweiten Beispiel, in dem eigenes Verhalten erklärt wird, gilt es zu intervenieren, denn durch die Verteidigung oder Rechtfertigung wird das Feedback leicht abgewehrt. Auch damit ist der mögliche Konflikt geerdet.

2. Gruppen ohne Erfahrung mit Feedback tendieren dazu, Feedback mit Kritik zu vermengen. Das ist verständlich. Im Alltag kommt explizites Feedback kaum vor, wohl aber Kritik. Jede/r hat durch Eltern, Schule, Ausbildung, Beruf viel Erfahrung mit (meist negativer) Kritik. Daher sind Einstellung und Bewußtsein der TN auch in der Seminarsituation auf Kritik ausgerichtet, die Formulierungen für 'Kritik' sind als Alltagswissen ohne Nachdenken verfügbar. Anders verhält es sich mit Feedback. Wo Erfahrung und Bewußtsein dafür fehlen, ist auch ein sprachliches Vakuum vorhanden. Die für 'Kritik' passenden sprachlichen Versatzstücke sind jedoch für Feedback unangemessen. Das angestrengte Suchen der Seminar-TN nach anderen Formulierungen, etwa schon für 'das war gut' oder 'das ist schlecht', zeigt die Hilflosigkeit, wenn es darum geht, Bewußtsein zu erweitern und sprachlich zu füllen. Die TR-Interventionen in diesen Fällen zielen darauf, Kritik in globaler und für die TN wenig hilfreicher Form nicht zuzulassen. Seine oder ihre Aufgabe ist es, Formulierungen für hilfreiches Feedback anzubahnen. Damit gibt er oder sie der Gruppe erst die Möglichkeit, Bewußtsein zu bilden und über sich nachzudenken.

Nehmen wir an, eine Informationsrede sei mit Video aufgezeichnet worden. Heißt es nun im unmittelbaren Feedback 'das war schlecht', kann der Redner nicht wissen, was er verändern muß, um 'besser' zu sein. Er kann die Äußerung nämlich auf ganz verschiedene Elemente, die in der Situation zusammenwirkten, beziehen: etwa seine Haltung, seine Sprechweise, seine Wortwahl, seine Terminologie, seine Satzstrukturen, seine Gedankenabfolge, seine Gesamtwirkung als Redner. Deshalb braucht er eine differenzierte Rückmeldung darüber, was als 'schlecht' empfunden wurde, welche Wirkungen er und seine Rede hatten und was bei den zuhörenden TN ausgelöst wurde.

Hat TR die TN bereits angeleitet genau wahrzunehmen, was sie aus welchem Grunde anspricht und was nicht, dann hört der Redner vielleicht folgende Äußerungen: 'Ich kannte viele der Termini nicht, daher konnte ich keinen Zusammenhang erkennen. Ich fühlte mich nicht angesprochen (Wahrnehmung), so etwas ärgert mich (Wirkung), dann will ich nicht zuhören (durch die Wirkung ausgelöst).' Ein/e andere/r TN äußert: 'Für mich war es fachlich nicht so schwierig, ich hatte aber den Eindruck, Sie sprachen sehr schnell, fast pausenlos und fast monoton (Wahrnehmung). Das ist ermüdend für mich (Wirkung), irgendwann rauschte es an mir vorbei (bei TN ausgelöst).' Aus diesen Feedbacks läßt sich leicht erkennen, daß 'schlecht' für beide TN etwas anderes bedeutete. Der Redner hat jedoch Ansätze dafür bekommen, wie er weiterarbeiten könnte: Die Zielgruppe, deren Vorwissen und Vorerfahrungen genau überlegen, bevor die Rede konzipiert wird, Informationen darauf abstimmen (lieber weniger als ein Zuviel an Informationen); Wörter, die für diese Gruppe Termini sind, vermeiden oder erklären. All dies, damit die Chance besteht, daß die TN gerne zuhören und wirklich informiert werden. Im Falle des zweiten Feedback kann der Redner daran arbeiten, sein Sprechtempo auf die TN einzustellen, etwa indem er sich ganz klar macht, daß er nicht für sich, sondern immer für andere spricht; oder indem er sich die wichtigsten Stellen seines Vortrages markiert und diese langsam spricht, damit die TN sie gedanklich besonders gut nachvollziehen können. Außerdem die Rede so planen, daß Höhepunkte darin enthalten sind, die zu Dynamik beim Sprechen anregen, damit das Wichtigste, was er zu sagen hat, nicht an den TN vorbeirauscht.

Die Feedbacks werden nun anhand der Videokonserve realisiert oder relativiert. Es kann sein, daß beim Anschauen die im Feedback genannten Punkte beobachtet werden; dabei kann sich der Ersteindruck weiter verfestigen, er kann sich aber auch verändern. In jedem Fall hat der Redner die Chance, sich auf bestimmte Verhaltensweisen hin zu beobachten, die für andere auffällig waren. Das gilt auch für die übrigen TN. Video unterstützt nun den Lernprozeß der Gruppe. Die TR-Interventionen für ein hilfreiches Feedback haben den TN geholfen, sich und andere bewußt wahrzunehmen.

Vielleicht ist deutlich geworden, daß Video kein Heilmittel gegen mißlingende pädagogische Prozesse ist. Im Gegenteil: die Verwendung von Video birgt für TR und TN die Gefahr in sich, bestehende Verhaltensmuster durch die Bespiegelung zu verstärken, statt, wie ich meine, mit Hilfe von Video, TR- und TN-Feedback über sich nachzudenken und Möglichkeiten zu suchen, sich zu verändern.

ANMERKUNGEN

1 Höfner, F.-G.: Video Training für Verkäufer und Führungskräfte, in: Personal, Mensch und Arbeit, 5 (1982), S. 202-205.

2 Zu Kommunikationskonzepten in der betrieblichen Weiterbildung vgl. insbesondere Leuck, H.-G.: Mündliche Kommunikation als Gegenstand der Managementweiterbildung, Spardorf, 1984.

3 Geißner, H.: Sprechwissenschaft. Theorie der mündlichen Kommunikation, Königstein, 1981.

4 Skinner, B. F.: Science and Human Behavior, New York, 1960, S. 23.

5 Heilweil, I.: Video in der Psychotherapie. Ein Handbuch für die Praxis, Wien/ Baltimore, 1984.

6 Hutchinson, A., Cissna, K., et al.: Videotape Selfconfrontation as a technique to enhance Interpersonal Communication Effectiveness, in: Communication Education, Vol. 27, 3, 1978, S. 245-250.

M M K *

HELLMUT GEIßNER

"Sprechkultur im Medienzeitalter"? Wer danach fragt, kann MMK nicht ignorieren. Allerdings meint das Akronym gar nicht die Beziehung zwischen Mensch und Medien. Die beiden 'M' bezeichnen vielmehr die Beziehung zwischen Mensch und Maschine. Das 'K' deutet die Art dieser Beziehung als Kommunikation. Gibt es eine Mensch-Maschine-Kommunikation?

Nach dem Versuch, einige Gemeinsamkeiten und Unterschiede zwischen Medien und Maschinen zu beschreiben, möchte ich dieses Kommunikationsverständnis problematisieren, dann einige Konsequenzen für das Miteinandersprechen ableiten und schließlich fragen, was Sprechkultur unter solchen Bedingungen sein kann oder soll.

1. Medien

Wenn heutzutage von Medien die Rede ist, dann sind meistens Massen-Medien gemeint; jene Medien also, die informative, persuasive und delektative 'Sendungen' industriell erzeugen und massenhaft verbreiten.

Dabei sollte nicht vergessen werden, daß ein 'Vermittelndes' – ein Medium also – die Sprache ist: systemisch als Mittleres zwischen 'Mensch und Welt', im Sprechen aktualisiert als Vermittelndes zwischen 'Mensch und Mensch'. Erinnert sei auch daran, daß der sprechende Mensch selbst, etwa in der Funktionsrolle einer Lehrperson, zum Medium wird und nicht nur die von ihm/ihr verwendeten Unterrichtsmittel.[1] Verglichen mit derlei 'archaischen' Medien genießen freilich all jene organisatorischen und technischen Apparate größere Aufmerksamkeit und höheres Ansehen, die "für die Vermittlung von Meinungen, Informationen, Kulturgütern" (DUDEN, Universalwörterbuch, 1983:825) entwickelt wurden:

- Print-Medien (Buch, Zeitung, Illustrierte),
- akustische Medien (Schallplatte, Telefon, Tonband, Rundfunk),
- optische Medien (Foto, Film, BTX, Telefax),
- audio-visuelle Medien (Tonfilm, Fernsehen, Video, Bildplatte).

Überdies scheint es angebracht, einen weiteren Medienbegriff nicht ganz zu vernachlässigen. Gemeint ist jene 'mediale Veranlagung', die jemanden zu einem guten oder schlechten 'Medium' macht, sei es für persuasive Einflüsse, sei es für die 'Verbindung zum Übersinnlichen', sei es für Hypnose oder Arzneimittelversuche. Ob und inwieweit aus diesem verbalen Zusammenhang eine unmittelbare Beziehung zwischen 'curricularen Strategien', dem Unterrichts-, Werbe-, Predigt-, Redestil, der 'schwebenden Jungfrau', dem Tischrücken, dem Zeitungslesen, Radiohören, Kinogehen, Fernsehen gefolgert werden könnte, liegt außerhalb des hier erkenntnisleitenden Interesses. Dennoch kann die Möglichkeit einer hypnotischen Wirkung unterschiedlichen Grades bei allen genannten Vermittlungsformen so wenig von der Hand gewiesen werden wie eine gesteigerte Persuabilität.

Einzelheiten der Medien-'Kommunikation' werden später behandelt. Hier sei zunächst festgehalten, was den technischen Medien gemeinsam ist: Sie dienen dem Erfassen, Speichern, Vervielfältigen und Verteilen von Zeichen, Zeichenketten bzw. Großzeichen. Während jedoch alle 'alten' Medien, die Zuhören oder Lesen voraussetzen, notwendigerweise aktiv den Kopf beanspruchen, d.h. die Imaginationsfähigkeit des denkenden Subjekts, ist dies bei einigen der neuen Medien nicht mehr in gleicher Weise erforderlich. Als Massenmittler werden diese Medien zu Konsummedien. Die Konsumenten werden sowohl durch die Quantität des Konsums als auch durch die zeitliche Dauer des Konsums zunehmend passiv.

2. Maschinen

Im Unterschied zu den erwähnten Medien wurden und werden mit anderen Erfindungen andere Zwecke und Ziele verfolgt. Dabei handelt es sich zum einen um Werkzeuge, zum anderen um Maschinen. Mit Werkzeugen verstärken Menschen ihre körperlichen Möglichkeiten, vergrößern oder verfeinern sie (Hammer, Hebel, Rad z.B.). Bei den Maschinen handelt es sich um Arbeitsgeräte mit vielen beweglichen Teilen, die von anderer als menschlicher Energie angetrieben werden. Sie 'erweitern' den Benutzer nicht nur, sondern zwingen ihn als selbstlaufende Triebwerke so in ihren Takt, daß schließlich nicht mehr klar ist, wer wen 'benutzt': die Maschine den Menschen oder der Mensch die Maschine. Geht es nicht mehr um einzelne Maschinen (Nähmaschine, Dampfmaschine), sondern um die ganze verbundene "Maschinerie", dann ist - wie Marx entwickelt hat - der Weg in die "große Industrie" unvermeidlich. Die erste industrielle Revolution hat im vergangenen Jahrhundert die Handarbeit maschinisiert.

Inzwischen ist die Entwicklung mit Riesenschritten weitergegangen. Wir stehen - wie Frieder Nake (1984:109) sagte - mitten in der "Maschinisierung der Kopfarbeit". Die Maschine, die dies vollbringt, ist der Computer. Von Rechner'generation' zu Rechner'generation' weiterentwickelt, sind Computer längst aus den Medienphasen (des Erfassens, Speicherns, Vervielfältigens und Verteilens) hinauskonstruiert worden. Sie können 'sich' und andere Computer steuern. Sie können darüber hinaus Daten nicht nur vermitteln, sondern verarbeiten. Sie können sogar Daten verändern. Es sind aktive Medien. Deshalb ist es durchaus angemessen, diese erstmalig den Kopf erweiternden Werkzeuge mit zunehmend aktiver Intelligenz nicht mehr Medien zu nennen, sondern 'Maschinen'.

Diese Maschinen können mit den elektronischen Medien zu einem Technologieverbund zusammengeschlossen werden. Über Telefon, Rundfunk, Fernsehen entsteht mit Hilfe von (noch) Kupferkabel, demnächst Breitband und schließlich über Glasfaser, ein dicht 'vernetztes' System. Flächendeckende Verkabelung vorausgesetzt, kann jeder über eine spezielle Steckdose in der Wohnung an diesem vernetzten System partizipieren. Auf diese Weise wird eine noch kaum ausdenkbare Anzahl geistiger Arbeiten maschinisierbar. Dann sind weder Orts-, noch Zeit-, noch Komplexitätsgrenzen von Belang. Die aktiven und zugleich immateriellen Systeme arbeiten mit ungeheurer Geschwindigkeit und sind von unvorstellbarer Flexibilität. Wilhelm Steinmüller[2] nennt diese fabrikmäßige Umorganisation des gesamten Lebens deshalb die zweite industrielle Revolution.

3. Kommunikation

Der Verbund von Computer und Nachrichtentechnik mit Hilfe des ISDN (Integrated Services Digital Network) wird auch als Telekommunikation bezeichnet. Wer, so ist zu fragen, kommuniziert hier tele mit wem? Sofern Menschen sich medienvermittelt auch über große Entfernungen miteinander in Beziehung setzen, ändert sich wenig dadurch, daß das dazwischengeschaltete Medium ein Telefon (demnächst vielleicht ein Bild-Telefon), ein Fernschreiber, ein BTX oder sogar ein Computer ist. Problematisch sind dagegen die Fälle, in denen Menschen ausschließlich mit Maschinen 'interagieren'.[3] Meine prinzipielle Kritik an Versuchen, aus nachrichtentechnischen, kybernetischen oder behavioristischen Ansätzen eine allgemeine Kommunikationstheorie zu entwickeln, bleibt bestehen (Geißner, 1981:14 ff.). In lebensweltlichen wie in systemischen Zusammenhängen ist und bleibt das Gespräch Basis jeder Kommunikationstheorie. "Gespräch, als Prototyp der Kommunikation,

ist als mündliche Kommunikation die intentionale, wechselseitige Verständigungshandlung mit dem Ziel, etwas zur gemeinsamen Sache zu machen, bzw. etwas
gemeinsam zur Sache zu machen." (ebd.:45) Obwohl ich diese Bestimmung nach
wie vor für gültig halte, es wäre anachronistisch, all dem, was im Zusammenhang
mit Medien und Maschinen weltweit 'Kommunikation' genannt wird, 'Kommunikativität' schlichtweg zu bestreiten. Wenn möglich, müßte die spezifische Differenz
zwischen unmittelbarer 'humaner' Kommunikation und den anderen Kommunika-
tionsmodi, eben denen der MMK, beschrieben werden.

War es früher vor allem die Anzahl der Personen, von denen her sich der Unterschied zwischen aktuell und virtuell dialogischer Kommunikation - zwischen Formen
des Gesprächs und Formen der Rede - definieren ließ, so machen bereits die
medienvermittelten Formen des Gesprächs neue Kriterien erforderlich. Ein Tele-
fonat ist als absichtliches, wechselseitiges unmittelbar dialogisch. Das gilt auch
noch, wenn ich die Fernsprechauskunft anrufe, obwohl jetzt nicht die Person
angewählt wird, sondern die Funktion. Aber gilt es auch noch, wenn ich einen
Ansagedienst anwähle, um mich über die Uhrzeit oder den Straßenzustand informieren zu lassen? Was ändert sich, wenn ich diese Dienstleistung nicht via Telefon
akustisch abrufe, sondern über BTX optisch? Was ändert sich, ob bei den Ansagediensten z.B. die Uhrzeit von einem anonym bleibenden, mich intentional nicht
meinenden Menschenwesen gesprochen und von einer 'Bandschleife' beliebig oft
reproduziert wird, oder ob der Klang der menschlichen Stimme aus digitalisierten
Signalen synthetisiert wurde? Worin liegt der Unterschied? Im übermittelten Signal
kann er nicht liegen; denn sonst müßte der definitorische Unterschied bereits
erforderlich werden mit der Umstellung der Telefonverbindung von analoger auf
digitale Übertragungstechnik. Auch die Stimme des vertrauten Menschen wird
schon, oder demnächst, in elektronische Impulse zerlegt (digitalisiert) und bei mir
wieder synthetisiert.

Dennoch: Wenn ich mit einem meiner Söhne telefoniere - gleichgültig ob analog
oder digital - kommunizieren ich mit ihm / er mit mir, kommunizieren wir miteinander. In welchen emotionalen und kognitiven Grenzen, Interessenverschieden-
heiten auch immer, es ist ein intentionaler, wechselseitiger Prozeß. Es wird
etwas gemeinsam gemacht, selbst wenn es ein Dissens wäre. Wenn ich dagegen
die Uhrzeit anfrage, mit wem kommuniziere ich dann? Kommuniziere ich überhaupt
noch? Ganz gewiss tue ich etwas anderes. Ich erfrage Informationen und erhalte

Informationen.[4] Dies ist kein wechselseitiger Prozeß, also keine Kommunikation im strengen Sinn. Informationsvermittlung ist eine Art von Prozeß, Kommunikation eine andere.

Deshalb war und ist Informationstheorie immer angemessen, wenn und solange sie die technischen Prozesse in Sender, Empfänger, Kanalkapazität usw. untersucht. Sie ist immer unangemessen, wenn diese Grundlagen einer technischen und 'störungs'freien Informationstransmission mißdeutet wurden und werden als Kommunikationsmodell. In Kommunikationsprozessen, in denen "etwas zur gemeinsamen Sache gemacht wird" (oder gemacht werden soll), geht es immer und notwendigerweise um Wechselseitigkeit, um Reziprozität und nie nur um Transmission, Übertragung, Verbreitung, Dispersion, Diffusion. Im Prozeß der Kommunikation geht es immer um den situierten Versuch gemeinsamer Sinnkonstitution, nie nur um den Transport daten- oder signalgestützter Inhaltsquanten (vgl. Geißner, 1981:49 f.).

Möglicherweise lag die Faszination des informationstheoretischen, d.h. des Sender-Empfänger-Modells darin, daß es etwas zu erklären schien, was alltagssprachlich längst unreflektiert in den Köpfen war: Die Beziehung zwischen einem Rundfunk-Sender und dem Radio-Empfänger, dem ausgestrahlten Programm, das nur auf einem bestimmten Kanal zu bekommen war. Wenn diese Vermutung zuträfe, dann hätte die Medien-'Kommunikation' dem Mißverständnis Vorschub geleistet, so vollziehe sich menschliche Kommunikation überhaupt; dann hätte Technik schon sehr früh menschliches Bewußtsein sich angepaßt.

Während der Kommunikationsbegriff auf die Übertragung von Rundfunkprogrammen angewendet wurde, scheint er für Filmvorführungen bzw. Kinovorstellungen nicht adaptiert worden zu sein. Erst mit der Verbindung der technischen Möglichkeiten von Rundfunk und Film, mit dem Fernsehen also, wird wieder der Kommunikationsbegriff verwendet. Geändert hat sich prinzipiell nichts; denn ein durch die Verbindung zweier nichtkommunikativer Medien entstandenes drittes wird dadurch nicht plötzlich kommunikativ. Auch das Fernsehen ist kein Kommunikationsmedium im strengen Sinn. Es läßt sich in Hinsicht auf die Fernsehenden in gewisser Weise als Kommunikationsverhinderungsmedium beschreiben; auf alle Fälle aber als 'Distanzmedium'[5].

Noch einen Schritt über die Distanzproblematik hinaus führt die Einschätzung der Situation des Fernseh-Konsumenten nach den Kategorien, die Sartre für 'Serialität' beschrieben hat: Indirekte Ansammlung, Vereinzelung, Fixierung, Sprach- und Kommunikationslosigkeit. Die Situation des TV-Regredienten[6] entspricht weithin diesen Merkmalen, so daß die Schlußfolgerung einsichtig ist: "Die serielle Struktur der 'indirekten' Ansammlung erzeugt ein autistisches Milieu." (Leithäuser, 1977: 70) Zwar wäre es einseitig, nur das TV-erzeugte 'autistische Milieu' zu konstatieren und nicht auch die anderen, z.B. die in der Arbeitswelt, aber es wäre nicht minder einseitig, es zu leugnen. Einseitig wäre es ebenfalls, die fernsehvermittelte Teilhabe an der Vielfalt im 'global village' als Voraussetzung kritischer Einstellung zu loben, ohne zu bedenken, daß die meisten 'Medienfixierten' (Prokop, 1981:79) "... have learned how to participate in its dramatizations until it has become second nature to them." (Bormann, 1982:133) Wenn die Sehgewohnheiten auf diese Weise zur zweiten Natur werden, dann besteht die Gefahr, daß auch die fernsehvermittelten Ereignisse als 'naturwüchsig'[7], d.h. als unabänderlich, hingenommen werden. Auf diese Weise wird ökonomischen und politischen Interessen entsprochen und aufs Ganze gesehen zugleich entpolitisiert.

> "Once television's artificial reality has been established as familiar and 'real', it becomes a vehicle for the communication of the cultural ideologies of the dominant forces that have greatest access to television. Television realism, therefore, acts as a silent weapon in the extension of certain ideologies (those maintaining the socioeconomic system within television operates) over all sections of society." (Breen & Corcoran, 1982:134)

Diese Feststellung dürfte nicht nur für die U.S.A. gelten. Mithin ist an der Persuasivität des Fernsehens weniger zu zweifeln als an seiner Kommunikativität. Es scheint, daß die Formel 'Mensch-Medien-Kommunikation' irreführend ist oder nur mehr metaphorisch, besonders was das Fernsehen anlangt. Selbst wenn die Glasfasertechnik einen wechselseitigen Sprach- und Bildaustausch ermöglichen sollte, er wird nicht massenhaft gleichzeitig realisierbar sein. Zumindest bis dahin, wahrscheinlicher aber auch dann, bleiben Fernsehende passive Konsumenten informativer, persuasiver und delektativer Tele-Visionen.

Wie steht es mit dem anderen mythenbildenden, massenhaft genutzten Gerät, dem Computer? Gilt, was für das 'Heimkino' gesagt wurde, in gleicher Weise auch z.B. für den Heimcomputer? Einen wichtigen Unterschied gilt es sofort festzuhalten: jenes bleibt Freizeitbeschäftigung, dieser - abgesehen von den Computerspielen der kleinen und großen 'Kids' - dezentralisierter Arbeitsplatz (mit allen noch nicht absehbaren sozialen und politischen Konsequenzen). Weiterhin sind, im Gegensatz zu den im allgemeinen passiven TV-Konsumenten, Menschen, während sie mit dem Computer umgehen (rechnen, spielen, zeichnen, dichten, komponieren), aktiv. Meine 'Aktivität' beim Fernsehen beschränkt sich auf Einschalten, Programmwahl oder -wechsel und Ausschalten; ein Computer dagegen kann auf 'meine' Anregung hin reagieren, Abläufe ändern, ganz abgesehen davon, daß es meine Entscheidung ist, mit welchem Programm (software) ich arbeite. Insoweit ist zurecht nicht nur von der Aktivität des Benutzers die Rede, sondern es kann sogar von einem 'interaktiven' Verhältnis zwischen Benutzer und 'aktiver' Maschine gesprochen werden. Allerdings bedeutet Interaktion nicht zugleich Kommunikation, wie es laxer Sprachgebrauch oder theoretische Ungenauigkeit immer wieder nahelegen. Zwar ist jede Kommunikation immer zugleich eine Interaktion, aber eben nicht jede Interaktion auch eine Kommunikation (am Fließband arbeiten, zu zweit Holz sägen, gemeinsam eine Treppe hinaufgehen). Damit eine Interaktion kommunikativ wird, bedarf es der intentionalen, wechselseitigen Handlung. Verglichen mit der konkreten dialogischen Kommunikation ist auch die 'Kommunikation' mit dem Computer erheblich eingeschränkt. Johnson nennt drei Aspekte, in denen die menschliche Kommunikation mit Maschinen "prinzipiell defizitär" ist und "in absehbarer Zeit" bleiben wird, solange die Maschinen "nicht als kommunikative Subjekte anerkannt werden" (Johnson, 1984:41). Die drei Aspekte sind Normativität, Affektivität, Kontextualität; d.h. Maschinen können weder die Wahrheit sagen noch lügen, weder hassen noch lieben, noch je 'ihre' Daten in einen Sinn- oder Lebenszusammenhang stellen. Daraus lassen sich zwei weitere Defizienzen folgern: Historizität und Sozialität; d.h. Maschinen haben kein Geschichtsbewußtsein und keinen Zusammenhang untereinander.

Wird der Vorgang der MMK etwas genauer betrachtet, so zeigt sich, daß der Mensch gar nicht mit der Maschine kommuniziert, sondern mit dem von einem oder verschiedenen anonymen Programmierern entworfenen Programm und auch dies nur nach fremdbestimmten Regeln. Programme sind aber auf beiden Seiten der sogenannten 'Schnittstelle' nicht identisch: "Was auf der einen Seite des Menschen Informationen, sind auf der anderen Seite des Computers nur noch Daten", d.h. "'Informationen' werden aus Daten erst durch Interpretation gewonnen, durch Zuordnung objektiver wie subjektiver Bedeutung." (Nake, 1984:114) Genau diese Bedeutung verlieren die Informationen, wenn sie im Computer auf Daten reduziert werden: das aber muß geschehen, wenn mit ihnen programmgemäß operiert werden soll.

Am Begriff der 'Bedeutung' wird deutlich, warum MMK defizitär ist:

- Bedeutung gibt es 1) nicht isoliert, sondern nur in Sinnzusammenhängen, eben kontextuell;

- Bedeutung ist 2) nie nur rational, sondern immer zugleich personal, d.h. auch affektiv;

- Bedeutung ist 3) nie nur individuell, sondern (als mitteilbare) immer sozial (i.S.v. gesellschaftlich);

- Bedeutungen gibt es 4) nicht ahistorisch, sondern nur abhängig vom geschichtlichen Prozeß, sie sind in diesem Verständnis 'historisch';

- Bedeutungen sind 5) nicht wertfrei, sondern aufgrund der genannten Bedingungen (wenn auch unterschiedlich) normativ.

An dieser Stelle wird verständlich, warum Nachrichtentechnik und Kybernetik die Kategorie 'Bedeutung' aus ihren Berechnungen und Modellen eliminieren mußten; sie bleibt auch in der Kombination 'Nachrichtentechnik + Computer' - also in der sogenannten Telekommunikation - 'bedeutungslos'. Erst vergesellschaftete Menschen machen im Kontext ihrer Lebenswelt, d.h. ihrer normativ gesteuerten, kognitiven und affektiven, sozialen Situation füreinander, aus den Daten, die bekanntlich nicht die Fakten sind, Informationen, die für sie von Bedeutung sind. Sofern es ihnen dabei gelingt, aus den Bedeutungen füreinander gemeinsamen Sinn zu konstituieren, kommunizieren sie.

"'Mensch-Maschine-Kommunikation' erweist sich als hilflose Formel für einen zutiefst gesellschaftlichen Prozeß" (Nake, 1984:117), auch und zumal hinsichtlich der Verschleierung von Herrschaft durch die Maschinisierung der Kopfarbeit. Die Hilflosigkeit der Formel vereitelt nicht ihre Wirksamkeit. Im Gegenteil, die suggerierte Gleichsetzung von 'Mensch-Mensch-Kommunikation' und 'Mensch-Maschine-Kommunikation' erleichtert die Anpassung. Die qualitative Veränderung des Kommunikationsbegriffs vollzieht sich nahezu unbemerkt; analog vollzieht sich die des Dialog-Begriffs (Dialog mit dem Computer, Dialog zwischen Maschinen) und schließlich auch die des 'Verstehens-Begriffs'. "Der Computer teilt mit dem Menschen zwar mittlerweile eine Sprache, aber nicht eine Welt." (Johnson, 1984:45) Was soll heißen, er teilt eine Sprache mit dem Menschen, und was bedeutet dies für Sprechen und Verstehen?

4. Einige Auswirkungen auf das Miteinandersprechen

Die Angemessenheit einer sprachlichen Äußerung läßt sich linguistisch abbilden. Die Gründe für die Auswahl bestimmter Elemente in einer konkreten Äußerungssituation durch einen Sprecher für einen Hörer sind jedoch so wenig ein ausschließlich linguistisches Problem, wie es das Verstehen dieser Äußerung durch einen Hörer ist.[8] Hier hilft auch die List nicht weiter, Sprache einen 'Code' zu nennen und von 'codieren' und 'decodieren' zu sprechen.[9] Dagegen ist es gerade angemessen, Computersprachen als Codes zu bezeichnen und die Rechenoperationen der Maschine als 'codieren' und 'decodieren'. Dieser Sprachgebrauch hätte sogar den Vorteil, daß damit eine spezifische Differenz festgehalten wäre: Computer können im strengen Sinn weder 'sprechen' noch 'verstehen'. Dies gilt auch für die Fälle, in denen input und output in 'natürlicher' Sprache erfolgen, sei es geschrieben (optisch) oder neuerdings sogar gesprochen (akustisch).

Konnte Shaw's Blumenmädchen Eliza - nach den gründlichen "Es grünt so grün..."-Bemühungen ihres sprecherziehenden Professors Higgins - auch lautlich mit ihrer Herrschaft mithalten, die Nuancen jener Lebenswelt konnte sie dennoch nicht verstehen. Für Josef Weizenbaum's Eliza ging es nicht mehr um Lautungs- und Benimmdressur, sondern um den Versuch, Gespräche zu simulieren.[9a] Der 'Dialog' zwischen einer jungen Frau und dem in der non-direktiven Methode von Rogers operierenden Computer wurde von Benutzern als bestürzend 'echt' erlebt. Weizenbaum kommentiert: "Der 'Sinn' und die Kontinuität, die die mit Eliza sprechende Person wahrnimmt, werden weitgehend von dieser selbst hergestellt" (1977:253), denn die Maschine war "eine Schauspielerin, die über eine Reihe von Techniken verfügte, aber selbst nichts zu sagen hatte" (l. c.:251). Sie hatte nicht nur nichts zu sagen, sie konnte auch nicht verstehen, sondern nur nach programmierten Regeln reagieren. Nicht nur Eliza, keine Maschine kann auf alles reagieren. "Der Umfang möglicher Antworten ... wird durch die Art der Fragen festgelegt." (L. c.:359) Nicht die Maschine muß den zu ihr sprechenden Menschen 'verstehen' lernen, sondern der Mensch muß mit der Maschine 'sprechen lernen'. Ihm "bleibt das Erlernen der korrekten Abfragesyntax nicht erspart" (zit. in Johnson, 1984:51). Das Wort 'Abfragesyntax' bezeichnet genau, worum es geht: "abfragen", nicht: fragen. Wenn nicht 'Fragen', dann auch kein 'Gespräch'[10]. Dennoch, "In der Zukunft wird wahrscheinlich das Wissen, wie man Fragen stellt, viel weniger wichtig sein als das Wissen, welche Fragen zu stellen sind. Fragestellen wird eine Ware, heißt es in einer Verlautbarung der Stanford-

University von 1982 (zit. in Makowsky, 1984:123). Da die Maschine nicht alles verarbeiten kann, muß sich der Benutzer ihr anpassen und nicht das fragen, was er wissen möchte, sondern das, was die Maschine programmgemäß 'antworten' kann und in der sprachlichen Form fragen, die die Maschine verarbeiten kann.

Im Unterschied zu manchem Kommunikationspartner ist die Maschine dabei 'geduldig', sie 'nimmt nichts übel' und ist stets 'verfügbar'. Sherry Turkle beschreibt einige erstaunliche Fälle pädagogischer und therapeutischer Wirkungen durch den Umgang mit dem Computer (Turkle, 1984: passim). Bei sprachlichen Eingaben gibt es weniger Fehler als im Gespräch, selbst Stotterer blieben weniger oft 'hängen', berichten Untersuchungen aus Europa (vgl. Johnson, 1984:55). Es wird allerdings nichts darüber mitgeteilt, ob die pädagogischen und therapeutischen 'Erfolge' auch in nicht-maschinisierte Beziehungen übertragen werden konnten. Wichtig scheint dabei, daß am 'keyboard' keine Sondersprache mehr eingegeben werden muß, sondern Wörter aus 'natürlichen' Sprachen.

Die Digitalisierung der Sprechschall-Signale liefert für Analyse und Synthese neue Möglichkeiten, also für die 'automatische Erkennung von Gesprochenem' wie für die komplementäre 'Sprachvollsynthese'. Freilich ist der Weg von der derzeit möglichen "Erkennung" eines Minimalwortschatzes zum Erkennen "fließender Rede" noch weit (vgl. Lochschmidt/Schumacher, 1984). Auf der komplementären Seite gehen bei der digitalen Stückelung wesentliche Momente der Prosodie verloren. "Emphatische Betonungen [lassen] sich bis heute noch nicht automatisch erfassen." (Wolf, 1984:35) Ungelöst ist auch noch das Problem der "eigenartigen Klangfarbe" der Maschine, die allerdings dem menschlichen Benutzer anzeigt, mit wem er es zu tun hat. Er wird sich deshalb den Möglichkeiten des Systems anpassen, "d.h. der Benutzer spricht etwas sorgfältiger und akzentuierter und erhöht damit die Erkennungsleistung der Spracherkennungseinrichtung." (Wolf, l. c.:6) Der Techniker zieht hier eine Konsequenz auf dem Niveau der Sprecherziehung von 1930. Eine andere Konsequenz ist allerdings weit weniger harmlos, die nämlich, daß mit derlei automatischen Hör-Maschinen die nahezu totale Überwachung über die multifunktional-integrierte Steckdose möglich wird.

Es gibt ganz verschiedene Möglichkeiten, sich auf das Datenverarbeitungssystem einzustellen; verschiedene Weisen, in denen die Anpassung an die Maschine sich auf Sprechende auswirkt. Was aber geschieht überhaupt mit der unmittelbaren zwischenmenschlichen Kommunikation in der durch MMK veränderten Welt?

5. Sprechkultur im MMK-Zeitalter

Selbst wenn keine 'künstliche Intelligenz' geschaffen werden könnte, schon heute hat die Maschine das Denken von Menschen verändert, es ist eben auch eine "psychologische Maschine" (Turkle, l. c.: 379). Je mehr Bereiche des menschlichen Lebens 'engineered' werden, desto weniger werden die nicht-maschinisierten. Je mehr Anpassung MMK fordert, desto mehr gilt es, die Möglichkeiten unmittelbarer Kommunikation zu erhalten. Das heißt nicht nur Aufklärung, das heißt Widerstand. Gegen die attraktive "Rhetorik der technischen Intelligenz" (Weizenbaum, l. c.: 331), von der sich auch die Kultusverwaltungen hierzulande widerstandslos haben überreden lassen, gilt es, auf den Möglichkeiten nichtrationalistischer Vernünftigkeit zu bestehen, sogar auf dem Recht auf Unvernünftigkeit.

Freilich sind derlei Appelle wohlfeil; denn "ob die Angst vor dem Verlust der Arbeitsplätze uns nicht den Mut zur Muße und zur menschlichen Kommunikation nimmt, ist ungewiß" (Makowsky, l. c.: 134). Doch nicht nur angesichts dieser unmittelbaren Gefährdung, die nicht zuletzt eine durch Technologie ist, erweist sich die Alternative 'Anpassung' oder 'Aufklärung' als obsolet. Die "Dialektik der Aufklärung" holt sich selbst immer ein. Wer sich nicht einfach 'integrieren', aber auch nicht als 'Apokalyptiker' (vgl. Eco, 1984) verharren will, dem bleibt noch jene praktische Vernunft, deren Kritik sich nicht im subjektiven Bewußtsein gründet, sondern im kommunikativen Vollzug. Als kritische müßte die unmittelbare Kommunikation das Gespräch offenhalten. Sprechkultur wäre dann in erster Linie Gesprächskultur, sowohl als Gruppen- wie beispielsweise als Unternehmenskultur, d.h. lebensweltlich wie systemisch. Vor allem aber zeigte sich hierin die Wechselbeziehung von rhetorischer Kultur und politischer Kultur. Andere Sprechkulturen verlieren damit nicht ihre Bedeutung: die spielenden, geselligen, entlastenden, anspruchsvollen, die helfenden und heilenden. Aus der Vielfalt der Möglichkeiten ergeben sich Beziehungen zu den verschiedenen Medienkulturen[11], auch zu Computerkulturen[12].

Allerdings sind all diese Beziehungen nicht ungefährdet. Es gibt keinen heilen Kleingruppengesprächsspielplatz. Die Tatsache, daß 'man miteinander spricht', hebt den Schein nicht auf. Jeder Prozeß unmittelbarer Kommunikation ist gefährdet in der allgemeinen Schein-Kommunikation. Dennoch bleiben mit diesen Prozessen jenseits und innerhalb der vernetzten Systeme Möglichkeiten verschiedener Kulturen und Subkulturen. Im Netzwerk dieser Kulturen kann sich ein

Widerstandspotential bilden. Widerstand ist nicht in erster Linie gegen die Systeme gefordert, sondern dagegen, daß die Kopfarbeit maschinisiert wird im letztlich militärischen Kalkül. Was Norbert Wiener 1952 befürchtete[13], ist im Vietnamkrieg längst Realität – geworden (vgl. Weizenbaum, 1978:354 ff.), führt über die Theorie vom elektronischen Schlachtfeld unmittelbar in SDI.

Wenn es denn überhaupt sinnvoll erscheint, Sprechkultur - besser Sprechkulturen - im MMK-Zeitalter zu attribuieren, dann aus den zuletzt genannten Gründen als subversiv.

ANMERKUNGEN

* Eröffnungsvortrag auf der 18. Fachtagung der DEUTSCHEN GESELLSCHAFT FÜR SPRECHWISSENSCHAFT UND SPRECHERZIEHUNG, die im Oktober 1985 an der Universität Frankfurt am Main stattfand mit dem Thema "SPRECH-KULTUR IM MEDIENZEITALTER".

1 Tafel, Kreide, Wandkarte, Sandkasten, Heft, Lehrbuch, Zahlenstab, Rechen-schieber bis hin zum Sprachlabor und 'elektronischen Klassenzimmer'.

2 In einem Vortrag anläßlich der Tagung des Wissenschaftlichen Beirats des Internationalen Management-Instituts Schloß Hernstein, Österreich, am 4.10.1985.

3 Der Fall der Maschine-Maschine Kontakte bleibt hier außer Betracht, obwohl auch derlei Kontakte als 'Dialoge' bezeichnet werden.

4 Dabei ist es relativ belanglos, ob ich diese Informationen von einer mensch-lichen Stimme, einer synthetisierten Stimme, von einem Bild oder über einen Bildschirm erhalte; so belanglos wie die Tatsache, daß dieser Bildschirm zu einem Fernsehgerät oder zu einem Computer gehören mag.

5 "Das Interesse an den Medien ist keinesfalls ein Interesse an Kommunikation. Im Gegenteil geht es immer auch auf Interesse an Distanz zurück: beim Zu-schauer, der dem unangenehmen Gespräch, dem Familienstreit, der Konfron-tation mit bedrohlichen Vorstellungen ausweicht und dem Fernsehapparat an-stellt; dem Kameramann, der zwischen sich und die Situation einen Apparat stellt, der ihn als Betrachter definiert; den 'Kommunikatoren' in der Verwal-tung ohnehin, die Neutralität zu Ritualen kultivieren. Distanz ist als Abwehr-mechanismus den Medien immanent." (Prokop, 1981:23)
Verwunderlich ist, daß Prokop in seiner Aufzählung die Journalisten ausnimmt, bei denen gefragt werden könnte, ob und inwieweit die soziostrukturellen Mög-

lichkeiten des distanzierten Dabeiseins ihren psychostrukturellen Bedürfnissen entsprechen. Das Distanzbedürfnis wäre dann keine 'déformation professionelle', sondern eine lebensgeschichtlich erworbene 'Deformation' erklärte die Wahl dieser 'Profession'.

6 "Regredient" erscheint mir für den tatsächlichen Zustand des Fernsehzuschauers zutreffender als die lediglich formale Bezeichnung "Rezipient". (Dazu und zu den entpolitisierenden Wirkungen des TV habe ich mich 1983 ausführlicher geäußert; jetzt in diesem Band.)

7 "Television commands a community of viewers, who although spatially separated, are in multisensory, simultaneous contact with the same stimulus materials (...) We are generally unaware of the ideological forms of television within which we think and act because these forms are taken to be 'natural'." (Breen & Corcoran, 1982:136)

8 "Wenn Verstehen ein 'Sinn-Verleihen durch Hineinstellen in einen Zusammenhang' ist, so gewinnt es einen konstruktiven Aspekt: es ist mehr als Rezeption. Der Hörer konstruiert aus dem, was die Äußerung anregt und möglich macht, aus seiner Kenntnis der Situation, aus seiner Weltkenntnis und aus seiner Motivation einen sinnvollen Zusammenhang." (Hörmann, 1981:137)

9 "Überhaupt ist eine natürliche, menschliche Sprache gar kein Code. Man sollte endlich aufhören in der Linguistik, unsere menschlichen Sprachen als Codes zu bezeichnen, von Codierung, Encodierung und Decodierung und ähnlichem zu sprechen; damit verrät man nur, welch geistlos verkürzte Vorstellung man von ihnen hat." (Wandruszka, 1981:25)

9a Die Männer sind alle gleich.
IN WELCHER WEISE
Sie machen uns immer wegen irgendwas verrückt.
KÖNNEN SIE EIN BEISPIEL NENNEN
Na ja, die Idee zu diesem Gespräch stammt von meinem Freund.
DIE IDEE ZU DIESEM GESPRÄCH STAMMT VON IHREM FREUND
Er sagt, daß ich oft deprimiert bin.
ES TUT MIR LEID VON IHNEN ZU HÖREN DASS SIE DEPRIMIERT SIND
Das stimmt, ich bin unglücklich.
GLAUBEN SIE DASS DIESES GESPRÄCH IHNEN HILFT NICHT MEHR UNGLÜCKLICH ZU SEIN
Ich brauche jedenfalls Hilfe, das steht fest.
WAS WÜRDE ES FÜR SIE BEDEUTEN HILFE ZU BEKOMMEN
Vielleicht könnte ich lernen, mit meiner Mutter auszukommen.
ERZÄHLEN SIE MIR MEHR ÜBER IHRE FAMILIE
Meine Mutter erledigt alles für mich.
WER IN IHRER FAMILIE ERLEDIGT NOCH ALLES FÜR SIE
Mein Vater.
IHR VATER
Sie sind ein wenig wie mein Vater.
WELCHE ÄHNLICHKEITEN SEHEN SIE
Sie sind nicht besonders aggressiv, aber ich glaube, Sie möchten nicht, daß ich das beachte.
WAS LÄSST SIE VERMUTEN DASS ICH NICHT SEHR AGGRESSIV BIN

Sie streiten nicht mit mir.
WIESO GLAUBEN SIE DASS ICH NICHT MIT IHNEN STREITE
Sie haben Angst vor mir.
MACHT IHNEN DER GEDANKE SPASS DASS ICH VOR IHNEN
ANGST HABE
Mein Vater hat vor jedem Angst.
WAS FÄLLT IHNEN NOCH EIN WENN SIE AN IHREN VATER
DENKEN
Angeber.
HAT DAS ETWAS DAMIT ZU TUN DASS DIE IDEE ZU DIESEM
GESPRÄCH VON IHREM FREUND STAMMT

(J. Weizenbaum, 1978:15 f.)

10 "Gespräch ist also formal nicht bestimmt durch die Verteilung des Rede-
stroms auf wenigstens zwei Partner, sondern durch den offenen Prozeß
chancengleichen wechselseitigen Fragens und Antwortens ... Gruppen von
Äußerungen, die durch fragend-antwortendes Miteinandersprechen entstehen,
heißen Gespräch." (Geißner, [2]1981:196)

11 Z.B. Schallplatten-Clubs, Countrymusic'fans', Hörspielgruppen, Videoclubs usw.

12 Sherry Turkle unterscheidet beispielsweise Computerkulturen der Kinder, der
Freaks, der Hacker und die der 'künstlichen Intelligenzler'. (Turkle, 1984:
passim)

13 Norbert Wiener, einer ihrer geistigen Väter, hielt die militärische Nutzung
der Rechner schon 1952 für zwangsläufig: "Die Entwicklung von meinem ursprünglichen Vorschlag der Schachmaschine über Shannons Bemühung, sie
zu bauen, über den Gebrauch von Rechenmaschinen für die Kriegsplanung
bis zur riesigen Staatsmaschine von Pater Dubarle sind kurz gesagt klar
und erschreckend. Sogar heute schon ist die Auffassung vom Kriege, die
unseren neugeschaffenen Regierungsstellen zugrunde liegt, welche sich mit
den Konsequenzen der von Neumannschen Spieltheorie befassen, umfassend
genug, um das ganze zivile Leben während eines Krieges, vor einem Krieg
und vielleicht sogar zwischen Kriegen einzubeziehen. Der Zustand, von dem
Pater Dubarle erhofft, daß ihn eine wohlwollende Bürokratie im Interesse
der Humanität im höchsten Sinne bestimme, wird höchstwahrscheinlich von
geheimen militärischen Stellen für Zwecke des Krieges und der Beherrschung
geplant." (1958:176)
Zwanzig Jahre später befürchtet Joseph Weizenbaum, daß sich längst die
"Theorie des elektronischen Schlachtfelds entwickelt hat" (1978:358). Es
scheint, als habe Wieners Appell wenig genutzt: "Unsere Zeitungen haben
sich, seit wir das Unglück hatten, die Atombombe zu entdecken, auf das
amerikanische Know-how - Wissen-wie - viel zugute getan. Es gibt eine
andere Eigenschaft, die wichtiger ist als das Know-how, und wir können
nicht behaupten, daß wir sie in den Vereinigten Staaten im Übermaß be-
säßen: Es ist das Know-what, das Wissen, was zu tun ist, also nicht nur
zu entscheiden, wie wir unsere Zwecke erreichen, sondern welches unsere
Ziele sein sollten." (l. c.) Inzwischen hat sich herausgestellt, daß dies nicht
nur für die U.S.A. gilt.

LITERATURVERZEICHNIS

Bennett, W. L. (1985). Communication and Social Responsibility, Quarterly Journal of Speech 71, 259-288.

Breen, M. & F. Corcoran (1982). Myth in Television, Communication Monographs 49, 127-138.

Bormann, E. G. (1982). A Phantasy Theme Analysis of the Television Coverage of the Hostage Release and the Reagan Inaugural, Quarterly Journal of Speech 68, 133-145.

Eco, U. (1984). Apokalyptiker und Integrierte. Zur kritischen Kritik der Massenkultur, Frankfurt: Fischer, (ital. 1964).

Geertz, C. (1973). The Interpretation of Cultures, New York: Basis Books.

Geißner, H. (1981). Sprechwissenschaft. Theorie der mündlichen Kommunikation, Königstein: Scriptor.

---- (^{2}1981). Rhetorik und politische Bildung, Königstein: Scriptor.

---- (1983). Zur Rhetorizität des Fernsehens, (in diesem Band).

Hentig, H. v. (1984). Das allmähliche Verschwinden der Wirklichkeit, München: Hanser.

Hörmann, H. (1981). Einführung in die Psycholinguistik, Darmstadt: Wiss. Buchgesellschaft.

Hofstadter, D. R. (^{5}1985). Gödel, Escher, Bach ein Endloses Geflochtenes Band, Stuttgart: Klett-Cotta, (engl. 1979).

Johnson, G. (1984). Dialog mit dem Computer, Kursbuch 75, 38-56.

Leithäuser, Th. u.a. (1977). Entwurf zu einer Empirie des Alltagsbewußtseins, Frankfurt: Suhrkamp.

Lochschmidt, B. u. K. Schumacher (1984). Sprecherunabhängige Erkennung gesprochener Wörter für Fernsprechauskunftsdienste. Eine vergleichende Untersuchung ausgewählter Signalverarbeitungstechniken, Der Fernmelde-Ingenieur 38/1, 1-32.

Mahr, B. (1985). LEGO, LOGO und die Aufklärung, Kursbuch 80, 103-117.

Makowsky, J. A. (1984). '1984 : Brave New Work', Kursbuch 75, 119-143.

Mander, J. (^{2}1981). Schafft das Fernsehen ab, Reinbek: Rowohlt, (engl. 1978).

Nake, F. (1984). Schnittstelle Mensch-Maschine, Kursbuch 75, 109-118.

Postman, N. (1985). Wir amüsieren uns zu Tode. Urteilsbildung im Zeitalter der Unterhaltungsindustrie, Frankfurt: Fischer, (engl. 1984).

Prokop, D. (1981). Medien-Wirkungen, Frankfurt: Suhrkamp.

Turing, A. M. (1967). Kann die Maschine denken?, Kursbuch 8, 106-136, (engl. 1950).

Turkle, S. (1984). Die Wunschmaschine. Vom Entstehen der Computerkultur, Reinbek: Rowohlt, (engl. 1984).

Slater, D. & W. R. Elliot (1982). Television's Influence on Social reality, Quarterly Journal of Speech 68, 69-79.

Wandruszka, M. (1981). Die Mehrsprachigkeit des Menschen, Stuttgart: dtv.

Weizenbaum, J. (1978). Die Macht der Computer und die Ohnmacht der Vernunft, Frankfurt: Suhrkamp, (engl. 1976).

Wiener, N. (1958). Mensch und Maschine, Berlin: Ullstein, (engl. 1952).

Wiener, O. (1984). Turings Test. Vom dialektischen zum binären Denken, Kursbuch 75, 12-37.

Wolf, H. (1984). Sprachvollsynthese mit automatischer Transkription, Der Fernmelde-Ingenieur 38/10, 1-44, (Sonderdruck).

Sprache und Sprechen erscheint seit 1982 im Scriptor Verlag, Frankfurt a.M. Bisher sind dort folgende Bände erschienen:

Bd. 8   Elmar BARTSCH (Hrsg.). Mündliche Kommunikation in der Schule. 1982

Bd. 9   Geert LOTZMANN (Hrsg.). Mündliche Kommunikation in Studium und Ausbildung. 1982

Bd. 10   Dieter-W. ALLHOFF (Hrsg.). Mündliche Kommunikation: Störungen und Therapie. 1983

Bd. 11   Dieter-W. ALLHOFF (Hrsg.). Sprechpädagogik - Sprechtherapie. 1983

Bd. 12   Norbert GUTENBERG (Hrsg.). Hören und Beurteilen. 1984

Bd. 13   Lothar BERGER (Hrsg.). Sprechausdruck. 1984

Bd. 14   Christian WINKLER (Hrsg.). Aus den Schriften von Erich Drach (1885 - 1935). 1985

Bd. 15   Ilse SCHWEINSBERG-REICHART (Hrsgn.). Performanz. 1985

Bd. 16   Freyr Roland VARWIG (Hrsg.). Sprechkultur im Medienzeitalter. 1986

Bd. 17   Geert LOTZMANN (Hrsg.). Sind Sprach- und Sprechstörungen durch Dia- und Soziolekte bedingt? 1987

Bd. 18   Hellmut GEIßNER / Rudolf RÖSENER (Hrsg.). Medienkommunikation. Vom Telephon zum Computer. 1987